有道而正
信財人任

稳健·卓越·专业

总部地址： 北京市西城区阜成门北大街2号楼

邮政编码： 100034 **服务热线：** 400-608-8800

电　　话： 010-83321800 **公司网址：** www.sdictktrust.com

国投泰康信托有限公司

国投泰康信托有限公司(简称“国投泰康信托”)是经中国人民银行批准设立、中国银行保险监督管理委员会监管的非银行金融机构，注册资本金26.705亿元人民币。公司现有股东四家，分别为：国投资本控股有限公司，出资比例61.29%；泰康保险集团股份有限公司，出资比例27.06%；悦达资本股份有限公司，出资比例8.20%；泰康资产管理有限责任公司，出资比例3.45%。

公司致力于成为卓越的资产管理机构和值得托付的财富管理人，在中国信托业协会开展的行业评级中获评A级。多年来，公司充分发挥信托跨资本市场、货币市场和实业市场的独特优势，不断提升资产管理、财富管理能力，为客户提供专业、综合的金融服务解决方案。目前，公司已获得特定目的信托受托机构资格、受托境外理财业务资格、以固有资产从事股权投资业务资格、股指期货交易业务资格等，已落地多单QDII项目，满足了客户多元化的资产配置需求。

公司秉承“有道而正 信则人任”的核心价值观，形成了稳健、规范、创新、进取的经营风格；坚持市场化、专业化、特色化的发展思路，形成了财富管理、资产管理、融资投行和服务信托四位一体的业务体系。自成立以来，公司所有信托产品均实现平稳运行，为投资人实现了预期收益。

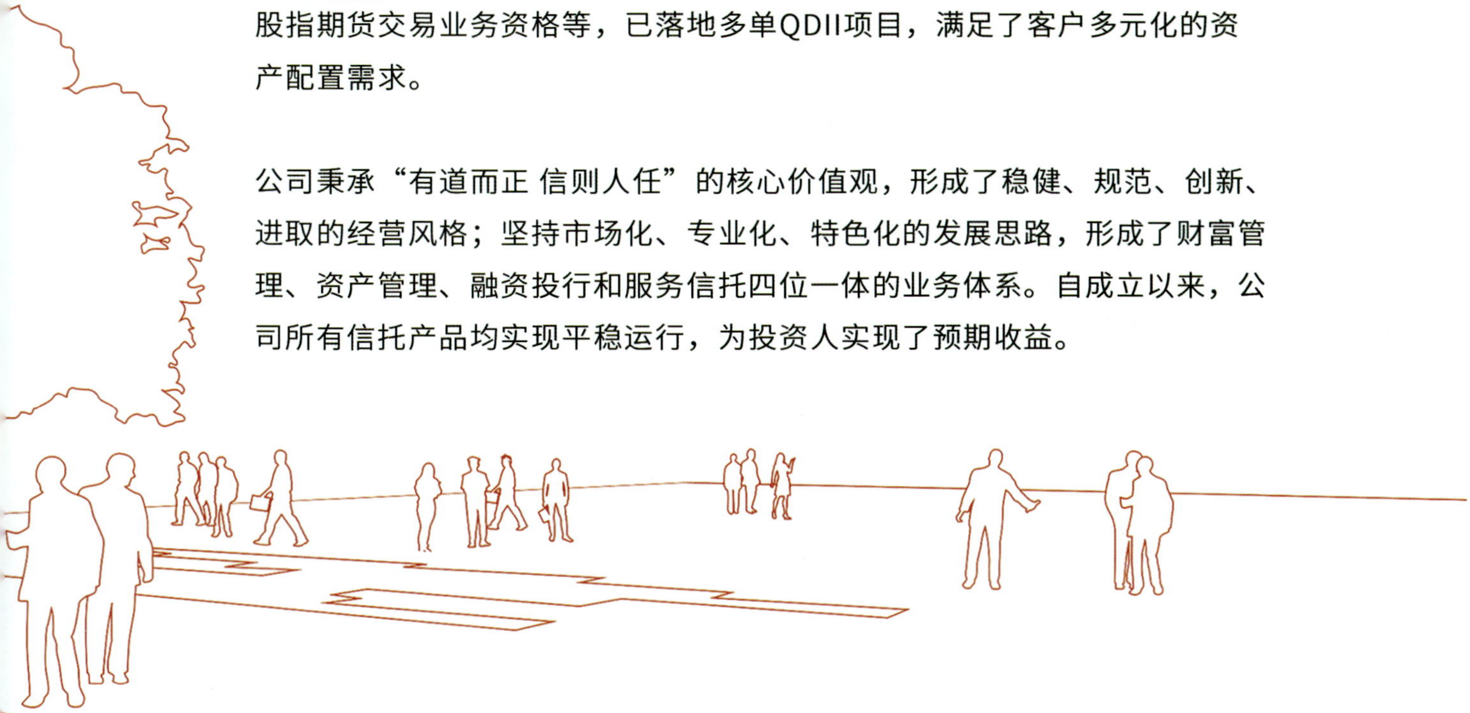

微信服务号　微信订阅号　国投财富APP

SDIC 国投泰康信托有限公司

中国信托业发展报告

（2021）

清华大学法学院金融与法律研究中心　著

战略合作伙伴　昆仑信托有限责任公司

中国经济出版社
CHINA ECONOMIC PUBLISHING HOUSE
北　京

图书在版编目(CIP)数据

中国信托业发展报告.2021 / 清华大学法学院金融与法律研究中心著. --北京:中国经济出版社,2021.5

ISBN 978-7-5136-6470-7

Ⅰ.①中… Ⅱ.①清… Ⅲ.①信托业-研究报告-中国-2021 Ⅳ.①F832.49

中国版本图书馆 CIP 数据核字(2021)第 078614 号

责任编辑 严 莉
责任印制 巢新强
封面设计 任燕飞

出版发行 中国经济出版社
印 刷 者 北京力信诚印刷有限公司
经 销 者 各地新华书店
开 本 787mm×1092mm 1/16
印 张 19.5 **彩页印张** 0.75
字 数 327 千字
版 次 2021 年 5 月第 1 版
印 次 2021 年 5 月第 1 次
定 价 228.00 元
广告经营许可证 京西工商广字第 8179 号

中国经济出版社 **网址** www.economyph.com **社址** 北京市东城区安定门外大街 58 号 **邮编** 100011

本版图书如存在印装质量问题,请与本社销售中心联系调换(联系电话:010-57512564)

专家委员会主任：

夏　斌

国务院参事、当代经济学基金会理事长

专家委员会成员：

王增业	昆仑信托有限责任公司	董事长
姚江涛	中航信托股份有限公司	董事长
傅　强	国投泰康信托有限公司	总经理
江　龙	杭州工商信托股份有限公司	总　裁
崔　斌	陆家嘴国际信托有限公司	总经理
陈　赤	中铁信托有限责任公司	总经理

王增业

昆仑信托有限责任公司　董事长

姚江涛

中航信托股份有限公司　董事长

傅 强

国投泰康信托有限公司　总经理

江　龙

杭州工商信托股份有限公司　总裁

崔　斌

陆家嘴国际信托有限公司　总经理

陈　赤

中铁信托有限责任公司　总经理

前 言

清华大学法学院金融与法律研究中心是我国唯一一家融法律与金融两大领域为一体的研究机构，中心专注和致力于国内外法律与金融理论与实践的研究，深度参与和见证了中国金融信托业的发展与法律制度建设历程。

迄今《中国信托业发展报告》已于2004—2021年连续出版十八年。报告以翔实的数据和权威的观点，成为信托业监管、业者经营投资以及信托研究最重要的决策参考资料，受到普遍与热烈的欢迎。在充分总结以前年度的《中国信托业发展报告》编写与出版经验的基础上，报告课题组推出了本年度的《中国信托业发展报告（2021）》。本报告沿袭了多年来一贯秉持的以事实案例和数据统计为根据的研究理念，高度贴近市场与实践，以专业的高度、公正的观点，全面分析了2020年信托业发展的现状，总结存在的问题，提出操作性的方案，并对2021年中国信托业的发展前景和趋势做出预测。报告的研究内容涵盖2020年信托业发展的热点和难点问题，牢牢把握党的十九届五中全会提出的防范化解重大金融风险的重大战略决策，围绕"加强受托人文化建设，提高受托人管理能力"这一主线，从行业分析、信托公司、信托产品、信托市场、法规与政策、焦点问题几个方面，对2020年和2021年的中国信托业进行了全景式的回顾、总结、解析与展望，提出了一系列既具理论高度又有操作价值的思路、观点和理念。本书是一部十分难得、极具学术价值和实用价值的行业性发展报告。

本报告的主要编写人员为：周小明、邢成、赵廉慧、袁吉伟 、矫德峰 、陈镜宇、秦红军、曹丽思、邓婷、徐绍颖、闫丽如等。其中，周小明、邢成负责创意和总纂；邢成独立及与陈镜宇、王楠、秦红军、邓婷、闫丽如等共同撰写完成第一、第四、第六章；曹丽思、袁吉伟撰写第二章；袁吉伟撰写第三章；赵廉慧撰写第五章。

本报告在编写过程中，有关数据的获得得到中国银行保险监督管理委员会信托监管部和中国信托业协会的大力支持；报告中部分资料参考、引用了有关专家、机构和网站的数据和观点；本报告的出版，还得到了昆仑信托有限责任公司、中航信托股份有限公司、杭州工商信托股份有限公司、陆家嘴国际信托有限公司以及中国经济出版社总编辑毛增余和责任编辑严莉的大力支持，在此一并表示衷心的感谢。

清华大学法学院金融与法律研究中心

2021年3月

目 录

图目录

表目录

第一章

2020 年中国信托业回顾与展望

第一节 2020 年宏观经济形势分析与 2021 年展望

一、新冠肺炎疫情对全球经济造成严重冲击

（一）全球经济增长率

国际货币基金组织（IMF）于 2020 年 10 月发布《世界经济展望报告》，预测 2020 年全球经济将萎缩4.4%，较6 月预测上调了0.8 个百分点。中国将是全球唯一实现正增长的主要经济体。国际货币基金组织强调，国际社会需要加强合作，推动全球经济可持续性复苏。

报告认为，疫情对全球经济造成严重冲击。目前新冠肺炎疫情远未结束，2020 年全球经济将深度衰退，但与 6 月预测相比，整体衰退程度有所缓和。第二季度和第三季度全球经济形势略好于预期。报告特别指出，中国经济复苏力度强于预期。4 月初，中国逐步开始复工复产，经济活动正常化的速度快于预期。在强劲的政府政策支持和出口弹性的支撑下，中国第二季度经济出现正增长。另有迹象显示，第三季度全球经济复苏更为强劲，国际货币基金组织小幅上调全年预测，并预计 2021 年全球经济有望增长 5.2%。

具体而言，国际货币基金组织预测发达经济体 2020 年将衰退 5.8%，其中，美国经济衰退 4.3%，欧元区经济衰退 8.3%，英国经济衰退 9.8%。新兴市场和发展中经济体经济衰退 3.3%，其中印度经济将萎缩 10.3%。此外，2020 年第四季度的全球经济复苏趋势得益于各国超常规的刺激政策措施。受益于前所未有的支持政策，全球经济正走出上半年的严重衰退的困境，但危机远未结束。具体数据如表 1－1 所示。

表1-1　全球经济增长率　（%）

地区	2019年	2020年预期	2021年预期
世界	2.8	-4.4	5.2
发达经济体	1.7	-5.8	3.9
新兴经济体和发展中经济体	3.7	-3.3	6.0
亚洲新兴市场和发展中经济体	5.5	-1.7	8.0
欧洲新兴市场和发展中经济体	2.1	-4.6	3.9
拉丁美洲和加勒比	0.0	-8.1	3.6
中东和中亚	1.4	-4.1	3.0
撒哈拉以南非洲	3.2	-3.0	3.1
低收入发展中国家	5.3	-1.2	4.9

资料来源：国际货币基金组织（IMF）《世界经济展望报告》。

（二）全球商品和服务贸易情况

表1-2显示了自2018年以来世界范围商品和服务贸易的增长情况，国际货币基金组织于2020年10月发布的《世界经济展望报告》预期2020年全球商品和服务贸易量年增长率为-10.4%，较2019年大幅下调。其中，新兴经济体出口增速为-9.4%，进口增速为-7.7%，较发达经济体分别高出2.1个百分点和3.9个百分点。

在新冠肺炎疫情暴发之前，2019年的全球贸易就已呈现放缓之势，在持续的贸易紧张局势重压下，全球商品贸易陷入停滞并在接近2020年底时出现下滑。2020年，全球贸易又受到了疫情冲击，疫情不可避免地导致全球贸易和产出下降，并给企业带来严重后果。

表1-2　商品和服务贸易增长情况　（%）

	2018年	2019年	2020年	2021年
世界贸易量（商品和服务）	3.9	1.0	-10.4	8.3
出口：发达经济体	3.6	1.7	-11.5	7.3
出口：新兴经济体	5.0	-0.6	-9.4	11.0
进口：发达经济体	3.5	1.3	-11.6	7.0
进口：新兴经济体	4.1	0.9	-7.7	9.5

资料来源：国际货币基金组织（IMF）《世界经济展望报告》，2020年和2021年数据为预测值。

二、我国经济增长由负转正,经济复苏势头稳定强劲

国家统计局于 2021 年 1 月 19 日发布《2020 年四季度和全年国内生产总值(GDP)初步核算结果》,我国 2020 年国内生产总值突破 100 万亿元大关,达到 1015986 亿元。随着 2020 年第四季度国内经济强势反弹,以不变价格计算,我国 2020 年经济增速达到 2.3%,远超国际货币基金组织在 2020 年 10 月对中国经济增长的预期(1.9%)。

从正式发布的数据来看,前三季度国内生产总值为 722786 亿元,按可比价格计算,同比增长 0.7%。分季度看,第一季度同比下降 6.8%,第二季度同比增长 3.2%,第三季度同比增长 4.9%。其中,第一产业增加值为 48123 亿元,同比增长 2.3%;第二产业增加值为 274267 亿元,同比增长 0.9%;第三产业增加值为 400397 亿元,同比增长 0.4%。从环比看,第三季度国内生产总值增长 2.7%。

虽然受到疫情影响,我国整体经济受到严重冲击,但是经过严格有效的疫情防控,以及相关经济调整政策的落地见效,我国国内生产总值在第一季度同比下降 6.8 个百分点的基础上,稳步回升,并在第二季度、第三季度恢复正增长,前三季度国内生产总值同比增长 0.7 个百分点。在新冠肺炎疫情导致的全球经济衰退大环境下,中国迅速扭转经济形势,维持了可持续的高质量经济增长。

2020 年三产业产值同比增速变动趋势差异依旧明显:首先,受制于疫情影响,三产业第一季度均呈现负增长,其中第二产业受影响最为严重,同比增速为 -9.6%。随着疫情防控形势的好转,以及国家经济政策的落地见效,三产业同比增速逐渐稳步回升,并在第二季度均转负为正,稳步回升。如表 1-3 所示。

表 1-3 2020 年三产业产值同比增速季度数据 (%)

产业	2020Q1	2020Q2	2020Q3
第一产业	-3.2	3.3	3.9
第二产业	-9.6	4.7	6.0
第三产业	-5.2	1.9	4.3

资料来源:国家统计局。

三、国家政策落地见效,消费与投资稳步回升

2020 年 10 月,社会消费品零售总额 38576 亿元,同比增长 4.3%,增速比上月提高 1.0 个百分点。其中,除汽车以外的消费品零售额 34868 亿元,增长

3.6%。1—10月，社会消费品零售总额311901亿元，同比下降5.9%。其中，除汽车以外的消费品零售额281428亿元，下降6.0%。

按消费类型分，10月，商品零售34204亿元，同比增长4.8%；餐饮收入4372亿元，增长0.8%，9月下降2.9%。1—10月，商品零售282303亿元，同比下降4.0%；餐饮收入29598亿元，下降21.0%。

1—10月，全国网上零售额91275亿元，同比增长10.9%，增速比1—9月提高1.2个百分点。其中，实物商品网上零售额75619亿元，增长16.0%，占社会消费品零售总额的比重为24.2%；在实物商品网上零售额中，吃类、穿类和用类商品分别增长34.3%、5.6%和17.4%。

从同比增速来看，受疫情影响，2020年1—10月社会消费品零售总额分月同比增长速度严重下滑。上半年各月社会消费品零售总额同比增长速度均为负数，其中1—2月同比增速更是达到-20.5%，为全年社会消费品零售总额增速最低的月份。其后，各月增长速度稳步回升，于8月转正，其中10月同比增速为4.3%，为全年社会消费品零售总额增速最高的月份。

另外，2020年1—10月，全国固定资产投资（不含农户）483292亿元，同比增长1.8%，增速比1—9月提高1.0个百分点。其中，民间固定资产投资269183亿元，下降0.7%，降幅收窄0.8个百分点。从环比增速看，10月固定资产投资（不含农户）增长3.22%。

分产业看，第一产业投资11861亿元，同比增长17.3%，增速比1—9月提高2.8个百分点；第二产业投资138736亿元，同比下降2.1%，降幅收窄1.3个百分点；第三产业投资332695亿元，同比增长3.0%，增速提高0.7个百分点。第二产业中，工业投资同比下降2.2%，降幅比1—9月收窄1.1个百分点。其中，采矿业投资下降8.4%，降幅收窄1.1个百分点；制造业投资下降5.3%，降幅收窄1.2个百分点；电力、热力、燃气及水生产和供应业投资增长18.2%，增速提高0.7个百分点。第三产业中，基础设施投资（不含电力、热力、燃气及水生产和供应业）同比增长0.7%，增速比1—9月提高0.5个百分点。其中，铁路运输业投资增长3.2%，增速回落1.3个百分点；道路运输业投资增长2.7%，增速回落0.3个百分点；水利管理业投资增长2.7%，增速提高1.8个百分点；公共设施管理业投资下降2.5%，降幅收窄0.8个百分点。

通过对比发现，随着疫情防控取得重大成果以及稳投资政策不断落地见效，2020年，社会消费品零售总额和新建固定资产投资额的同比增速变动展现出较高的同向相关特征，固定资产投资与社会消费品零售总额间的经济传导机制充分发挥效能，我国宏观经济不断趋稳向好。如图 1－1 所示。

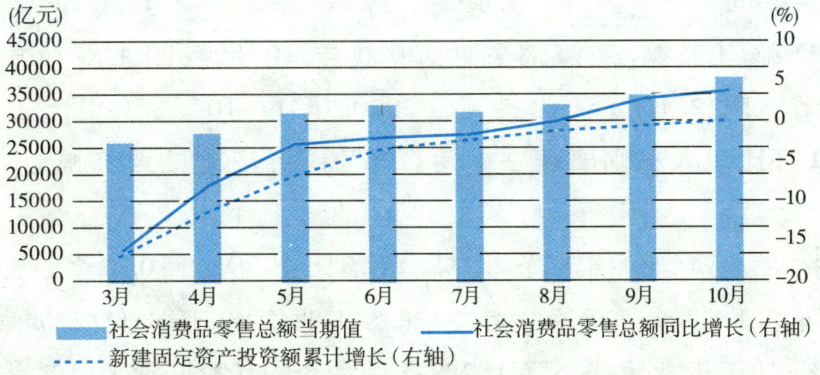

图 1－1　2020 年社会消费零售总额及固定资产投资情况

资料来源：国家统计局。

注：其中，1—2 月统计数据并未披露，故此图中部分数据在 2020 年初有所缺失。

四、CPI 与 PPI 增速下降后回调，变化幅度趋于稳定

从居民部门来看，2020 年 10 月我国居民消费价格指数（CPI）同比上涨 0.5%，环比下降 0.3%。其中，城市上涨 0.5%，农村上涨 0.4%；食品价格上涨 2.2%，非食品价格持平；消费品价格上涨 0.6%，服务价格上涨 0.3%。1—10 月，全国居民消费价格比上年同期上涨 3.0%。CPI 环比最大涨幅月份为 1 月，涨幅 1.4%；环比最大降幅为－1.2%，出现在 3 月。

从环比看，10 月 CPI 下降 0.3%。食品价格由上月上涨 0.4% 转为下降 1.8%，影响 CPI 下降约 0.41 个百分点。食品中，生猪产能持续恢复，猪肉供给持续改善，价格下降 7.0%，降幅比上月扩大 5.4 个百分点；鸡蛋和鲜菜供应充足，价格分别下降 2.3% 和 2.1%。非食品价格上涨 0.1%，涨幅比上月回落 0.1 个百分点，影响 CPI 上涨约 0.08 个百分点。非食品中，国庆中秋假期居民出行增多，飞机票、宾馆住宿和旅游价格分别上涨 9.4%、4.1% 和 2.8%；受国际原油价格波动影响，汽油和柴油价格分别下降 2.3% 和 2.6%。

从同比看，10 月 CPI 上涨 0.5%，涨幅比上月回落 1.2 个百分点。同比涨幅回落较多，主要是受上年同期对比基数较高、翘尾因素减少以及猪肉价格由升转降的影响。其中，食品价格上涨 2.2%，涨幅比上月回落 5.7 个百分点，影响 CPI 上涨约 0.49 个百分点。非食品价格持平。其中，医疗保健价格上涨 1.5%；教育

文化和娱乐价格上涨1.1%；交通和通信价格下降3.9%，其中汽油和柴油价格分别下降17.4%和19.1%。扣除食品和能源价格的核心，CPI同比上涨0.5%，涨幅与上月相同。

从生产部门来看，受疫情影响，2020年10月我国工业生产者出厂价格（PPI）同比下降2.1%，环比持平。2020年1—10月，PPI比上年同期下降2.0%，PPI环比最大涨幅出现在1月，PPI持平；环比最大降幅为－3.7%，出现在5月。

PPI中，生产资料价格下降2.7%，降幅比上月收窄0.1个百分点，影响PPI总水平下降约1.97个百分点。其中，采掘工业价格下降5.1%，原材料工业价格下降6.0%，加工工业价格下降1.2%。生活资料价格下降0.5%，降幅比上月扩大0.4个百分点，影响PPI总水平下降约0.14个百分点。其中，食品价格上涨0.8%，衣着价格下降1.7%，一般日用品价格下降0.7%，耐用消费品价格下降1.8%。

图1－2表明2020年年初月度CPI和PPI增速呈现明显下降趋势，年中月度CPI增速进行短暂回调后稳步下降，月度PPI增速同样在年中进行短暂回调，其后稳步上升。受疫情影响，国家经济遭受严重冲击。但随着疫情防控形势的逐渐好转，以及国家经济政策的落地见效，我国市场供求总体趋于稳定，国内工业生产持续恢复。

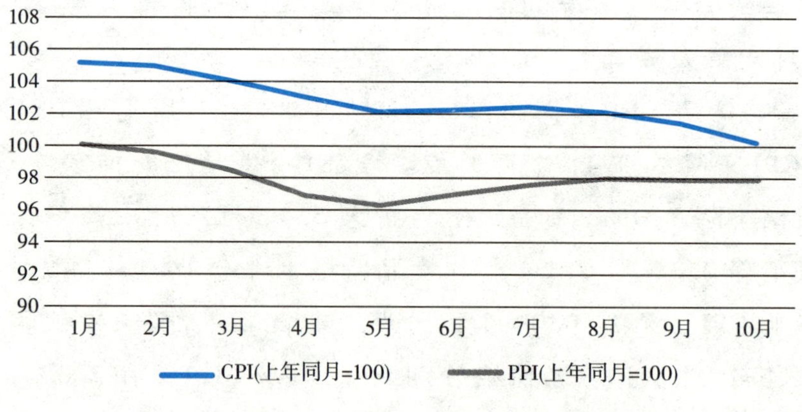

图1－2　2020年CPI、PPI月度变动情况

资料来源：国家统计局。

五、非制造业、制造业 PMI 下滑调整后趋于稳定

图 1－3 显示了 2020 年 1—10 月中国非制造业、制造业采购经理指数(PMI)的变动情况。受疫情影响,2020 年 2 月,中国制造业 PMI 为 35.7,比上月下降 14.3%,同比增速为－27.4%;非制造业 PMI 为 29.6,比上月下降 24.5%,同比增速为－45.4%。制造业和非制造业经济总体回落明显。但随着党中央、国务院统筹推进疫情防控和经济社会发展,企业复工率回升较快,生产经营活动有序恢复,经济形势持续向好。

随着做好"六稳"工作、落实"六保"任务的各项政策措施持续发力,我国经济延续稳定恢复态势。10 月,中国制造业 PMI 为 51.4%,比上月微落 0.1 个百分点,是 2020 年以来连续第八个月位于 50% 的荣枯线上,这也创下了 2018 年 12 月以来我国 PMI 维持在景气区间的最长时间纪录。自 3 月以来连续位于临界点以上,表明制造业总体持续回暖。此外,3 月,我国非制造业商务活动指数和综合 PMI 产出指数分别为 56.2% 和 55.3%,分别高于上月 0.3 个百分点和 0.2 个百分点,连续保持回升势头。需求的持续回暖也同时带动价格回升,2020 年 10 月主要原材料购进价格指数和出厂价格指数为 58.8% 和 53.2%,分别高于上月 0.3 个和 0.7 个百分点,均为近期高点。表明经济运行基本恢复正常,市场活力释放,市场需求增长态势较为强劲。

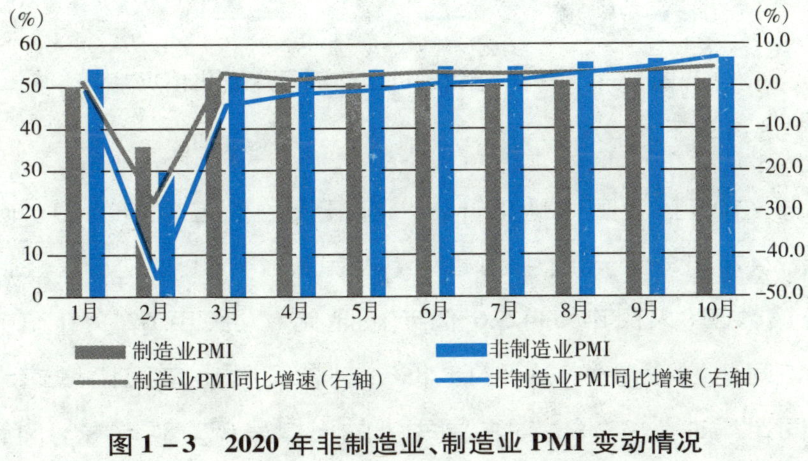

图 1－3 2020 年非制造业、制造业 PMI 变动情况

资料来源:国家统计局。

六、贸易顺差下滑调整后呈现一定幅度波动

海关总署发布的进出口商品国别（地区）总值表（人民币值）披露，2020 年 1—10 月我国累计出口额为人民币 14.33 万亿元，同比增长 2.4%；累计进口额为人民币 11.62 万亿元，同比减少 0.5%；贸易顺差为人民币 2.71 万亿元，同比增长 15.7%。

图 1-4 描述了我国 2020 年 1—10 月进出口数据月度变化情况。由于受疫情影响，年初进口额和出口额出现较大波动，出口额在 1—2 月急剧减少。此后，出口恢复上升趋势，进口则在上半年出现小幅波动回调，5 月贸易顺差增至 4435 亿元，达到全年最高水平；3 月以来出口额呈现稳步上升趋势，进口额有一定波动幅度，贸易差额也由此产生一定波动。

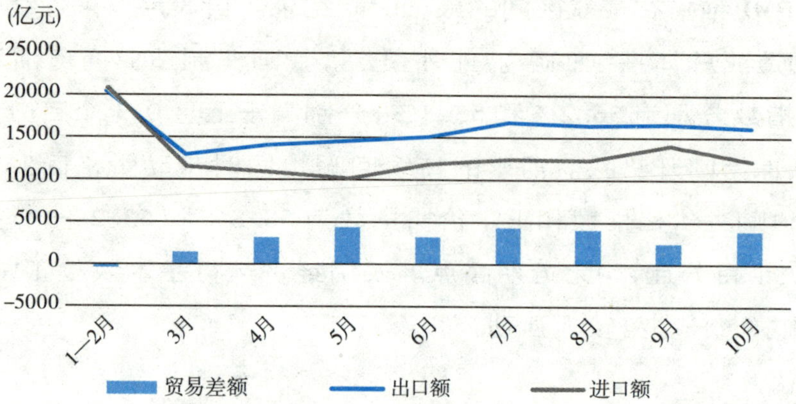

图 1-4 2020 年我国进出口额月度变化情况

资料来源：海关总署。

2020 年 1—10 月，我国内地累计出口额最大的前五位目的国（地区）分别为美国（人民币 24761.5 亿元）、中国香港（人民币 14763.7 亿元）、日本（人民币 8091.7 亿元）、韩国（人民币 6342.6 亿元）、越南（人民币 6219.9 亿元）。其中，对越南的出口同比增速最快，达到 15.8%；对韩国的出口同比增速为 1.4%；对美国的出口同比增速为 3.6%；对中国香港的出口呈现衰退现象，下降 4.4%。

2020 年 1—10 月，我国大陆累计进口额最大的前五位来源国（地区）分别为中国台湾（人民币 11268.6 亿元）、韩国（人民币 9874.4 亿元）、日本（人民币 9867.0 亿元）、美国（人民币 7256.5 亿元）、澳大利亚（人民币 6697.6 亿元）。其中，从中国台湾的进口同比增速最快，达到 16.8%，中国台湾也超越韩国成为我

国大陆第一大进口来源地；从韩国的进口额同比增速为 0.4%；从日本的进口额同比增速为 2.7%；从美国的进口额同比增速为 5.2%；从澳大利亚的进口额同比增速减少 4.3%。

七、2021 年经济形势展望

从全球视角来看，2020 年，随着新冠肺炎疫情的暴发、全球贸易壁垒增加和地缘政治的紧张局势，国际货币基金组织 10 月 13 日发布《世界经济展望报告》，预计 2020 年全球经济将萎缩 4.4%；中国经济将增长 1.9%，中国是全球唯一实现正增长的主要经济体。随着经济逐步重启，全球经济正走出低谷。中国作为重要贡献者，帮助全球贸易自 6 月起复苏。但由于部分地区疫情蔓延加速，很多经济体自 8 月起放慢经济重启步伐。

从国内视角来看，在摆脱疫情拖累之后，"双循环"新格局逐步发力。从"内循环"角度，消费新动力与投资新重心有望形成共振，以有力推动内需扩张。从"外循环"角度，得益于出口新韧性与人民币资产新角色，中国经济与全球体系的纽带有望趋于巩固。政策方面，货币政策的重回常态、积极财政的"减额增效"以及改革开放的提速深化，将推动经济治理从逆周期向跨周期转型。

消费方面，在 8 月开始进入恢复增长的第一个阶段，当月同比实现了正增长。8 月社会商品零售总额跟上年 8 月同比恢复正增长 0.5%，消费目前虽然恢复较快，但总体上相对较慢，消费需求的增长有进一步恢复的空间。投资方面，1—8 月投资需求下降了 0.3%，说明投资虽然处于逐步向上改善的过程，但还未恢复到增长的过程。10 月投资转负为正，新建固定资产投资额的同比增速为 0.6%。随着投资需求增长的逐步加速，在未来经济恢复增长的过程中，投资需求将扮演重要的角色。作为内需的核心双引擎，中国消费和投资有望在 2021 年进一步摆脱疫情拖累，收获亮丽的复苏表现。物价方面，前三季度，全国居民消费价格同比上涨 3.3%，涨幅比上半年回落 0.5 个百分点。其中，城市上涨 3.1%，农村上涨 4.1%。食品价格和猪肉价格涨幅显著收窄，CPI 同比涨幅回到"1"时代。随着服务类消费需求逐渐复苏，对非食品价格形成一定支撑。

总的来说，随着疫情防控形势持续向好，国家经济政策落地生效，疫情导致的宏观经济总需求下降影响逐渐消退，货币政策的重回常态、积极财政的"减额增效"将对经济增长产生一定正面影响。预计 2021 年，我国经济增长格局可能延续2020年的轨迹，继续保持相对稳定增长，但出口增速可能受到外需持续疲弱的负面影响。

第二节 2020年金融货币政策分析与2021年展望

一、净现金投放规模增加，广义货币增速上涨后趋稳

2020年，中国人民银行科学把握货币政策力度，坚持稳健的货币政策更加灵活适度、精准导向，以引导资金更多地流向实体经济，有效发挥结构性货币政策工具精准滴灌的作用，提高政策的直达性，强化对稳企业、保就业的金融支持。总体看，当前全社会流动性合理充裕，货币信贷和社会融资规模合理增长。

2020年以来中国人民银行综合运用多种货币政策工具，保持流动性总量在合理充裕水平。1—9月三次降准释放长期流动性资金1.75万亿元，开展中期借贷便利MLF操作，净投放中期流动性资金4100亿元，及时满足金融机构合理的中长期流动性需求。在此基础上灵活开展公开市场操作，对冲季节性因素和政府债券发行等因素，维护短期流动性平稳。总的来看，银行体系流动性总量始终保持在合理充裕水平，短、中、长期流动性供给需求均较为均衡。

货币供应量方面，如图1-5所示，9月末广义货币M2的余额是216.41万亿元，同比增长10.9%，增速分别比上月末和上年同期高0.5个百分点和2.5个百分点。狭义货币M1的余额是60.23万亿元，同比增长8.1%，增速分别比上月末和上年同期高0.1个百分点和4.7个百分点。流通中货币M0的余额是8.24万亿元，同比增长11.1%，前三季度净投放现金是5181亿元。10月金融数据出现季节性回落，广义货币M2与新增信贷小幅增长，结构整体呈改善趋势。具体来看，10月M2余额214.97万亿元，同比增长10.5%，增速比上月末低0.4个百分点，比上年同期高2.1个百分点。10月狭义货币M1余额60.92万亿元，同比增长9.1%，增速分别比上月末和上年同期高1个百分点和5.8个百分点。

社会融资方面，2020年前三季度社会融资规模的累计增量是29.62万亿元，比上年同期增加9.01万亿元。9月当月社会融资规模增量是3.48万亿元，比上年同期增加9630亿元。贷款方面，前三季度人民币贷款新增量是16.26万亿

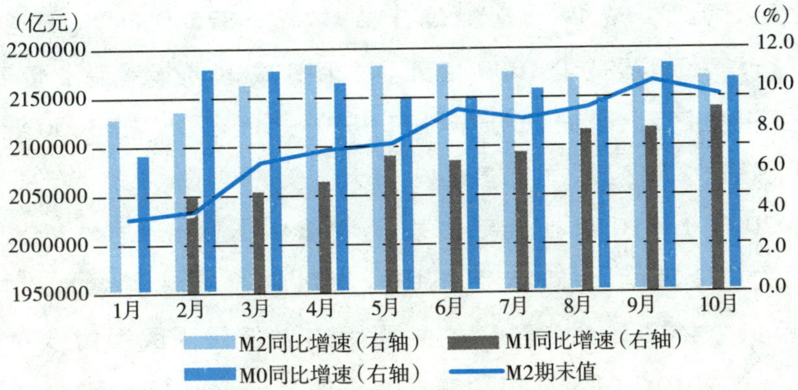

图 1－5　2020 年货币供应量

资料来源：国家统计局网站及中国人民银行《金融统计数据报告》。

元，同比多增 2.63 万亿元。10 月新增贷款增量与上年同期基本持平，新增金融机构人民币贷款 6898 亿元，环比少增 12102 亿元，同比多增 285 亿元。

2020 年，中国人民银行使用货币政策更加重视把握稳增长与防风险的平衡，保证市场货币量的合理性，保持货币供应与反映潜在产出的名义国内生产总值增速基本匹配。在疫情防控的特殊时期，宏观杠杆率有所上升，2021 年 GDP 增速回升后，宏观杠杆率将会趋于稳定。货币政策将控制好货币供应量，平滑宏观杠杆率波动，长期维持宏观杠杆率的合理稳定。

二、社融存量逐步上行，融资结构持续优化

（一）社会融资规模

2020 年 10 月末，社会融资规模存量为 281.28 万亿元，同比增长 13.7%。其中，对实体经济发放的人民币贷款余额占同期社会融资规模存量的 60.1%，同比低 0.2 个百分点；对实体经济发放的外币贷款折合人民币余额占比 0.8%，同比低 0.1 个百分点；委托贷款余额占比 4%，同比低 0.7 个百分点；信托贷款余额占比 2.5%，同比低 0.6 个百分点；未贴现的银行承兑汇票余额占比 1.3%，与上年同期持平；企业债券余额占比 9.8%，同比高 0.6 个百分点；政府债券余额占比 16%，同比高 1 个百分点；非金融企业境内股票余额占比 2.9%，与上年同期持平。

2020 年 10 月，社会融资规模增量为 1.42 万亿元，比上年同期多 5493 亿元。其中，对实体经济发放的人民币贷款增加 6663 亿元，同比多增 1193 亿元；对实体经济发放的外币贷款折合人民币减少 175 亿元，同比多减 165 亿元；委托贷款

减少174亿元，同比少减493亿元；信托贷款减少875亿元，同比多减251亿元；未贴现的银行承兑汇票减少1089亿元，同比多减36亿元；企业债券净融资2522亿元，同比多490亿元；政府债券净融资4931亿元，同比多3060亿元；非金融企业境内股票融资927亿元，同比多747亿元。

对比2020年1—10月社会融资规模增量中人民币贷款、企业债券、股票融资结构变化的月度数据，发现人民币贷款增量和企业债券增量占比在年初相对较高，人民币贷款依然是社会融资的主要渠道。但是人民币贷款对社会融资规模增量的贡献度较2019年有所降低，债券融资对社会融资规模增量的贡献度较2019年也有所降低，股票融资对社会融资规模增量的贡献度较2019年有所提高，债券市场和股票市场的逐步完善有效拓宽了企业的融资渠道。如图1－6所示。

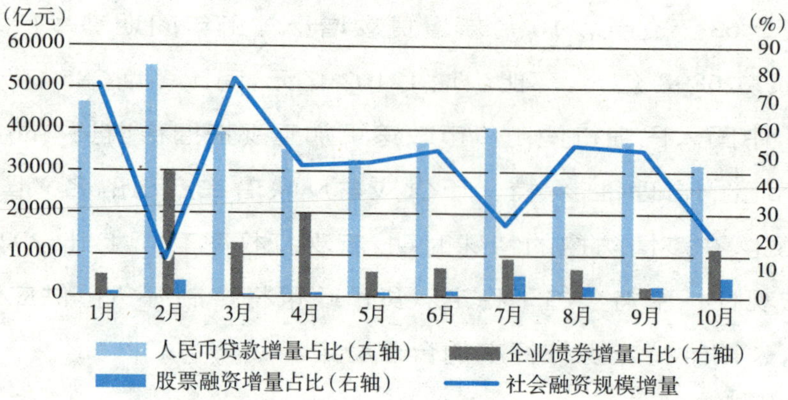

图1－6　2020年中国社会融资规模增量

资料来源：中国人民银行网站。

（二）债券市场发行与运行情况

2020年11月20日，中国人民银行发布《2020年10月份金融市场运行情况》。报告显示，2020年10月，债券市场共发行各类债券4.8万亿元。其中，国债发行7831.1亿元，地方政府债券发行4429.3亿元，金融债券发行5968.3亿元，公司信用类债券发行1万亿元，资产支持证券发行1225.4亿元，同业存单发行1.8万亿元。截至10月末，债券市场托管余额为114.6万亿元。其中，国债托管余额为19万亿元，地方政府债券托管余额为25.5万亿元，金融债券托管余额为27万亿元，公司信用类债券托管余额为25.6万亿元，资产支持证券托管余额为4.1万亿元，同业存单托管余额为11.1万亿元。

10月，银行间货币市场成交共计65.6万亿元，同比下降4.4%，环比下降

37.3%。其中，质押式回购成交57.7万亿元，同比下降1%，环比下降36.5%；买断式回购成交0.4万亿元，同比下降54.9%，环比下降42.2%；同业拆借成交7.5万亿元，同比下降20.7%，环比下降42.2%。10月，同业拆借月加权平均利率为2.1%，较上月上行34个基点；质押式回购月加权平均利率为2.2%，较上月上行30个基点。

总的来说，受疫情影响，2020年我国债券市场在多项政策支持下平稳有序发展，债券发行规模实现快速增长，全市场净融资额同比增加显著。地方政府债券发行表现出期限明显拉长、发行利率先下后上、发行利差维持较低水平的特征。2020年第四季度地方政府债券发行将以再融资债券为主，资金投向重点支持“两新一重”领域，利差则将贴近指导区间下限。

三、人民币先贬值再升值，兑美元汇率波动平缓

受新冠肺炎疫情导致的全球经济下行、国际经济政治形势不确定性提高等影响，各国央行不断出台积极的财政刺激措施。2020年人民币兑换世界主要储备货币汇率出现不同趋势，且程度各异。表1-4显示了人民币兑美元、欧元、日元、英镑的月平均汇率走势。2020年10月，单位美元兑换人民币6.71元，人民币较年初贬值3.03%；单位欧元兑换人民币7.90元，人民币较年初升值2.6%；100日元兑换人民币6.38元，人民币较年初升值0.79%；单位英镑兑换人民币8.72元，人民币较年初贬值3.65%。随着各国央行积极货币政策的不断出台，以及人民币汇率改革的持续深入，2020年人民币汇率走势波动呈现一定幅度，人民币与世界各主要储备货币汇率呈现不同变动趋势。

表1-4 人民币兑主要货币月均汇率走势

日期	1USD	1EUR	100JPY	1GBP
2020-01	6.92	7.70	6.33	9.05
2020-02	6.99	7.63	6.35	9.07
2020-03	7.01	7.76	6.52	8.68
2020-04	7.07	7.69	6.56	8.78
2020-05	7.10	7.73	6.62	8.71
2020-06	7.09	7.98	6.58	8.88
2020-07	7.01	8.03	6.56	8.87

续表

日期	1USD	1EUR	100JPY	1GBP
2020－08	6.93	8.20	6.54	9.10
2020－09	6.81	8.04	6.45	8.84
2020－10	6.71	7.90	6.38	8.72

资料来源：中国外汇交易中心，中国货币网。

总体来看，2020 年 1—10 月，人民币相对日元整体先贬值然后升值，过程中有一定波动幅度。人民币相对英镑先升值然后贬值，相对欧元先贬值然后升值。此外，人民币相对美元和日元的汇率变动趋势延续上年高度相关情况。

从人民币汇率指数视角来看，CFETS 人民币汇率指数、BIS 货币篮子人民币汇率指数、SDR 货币篮子人民币汇率指数均显示人民币币值在 2020 年第一季度呈现升值趋势，但在 5 月和 7 月出现一定幅度贬值；8 月后，各汇率指数变动总体呈现升值趋势。如图 1－7 所示。

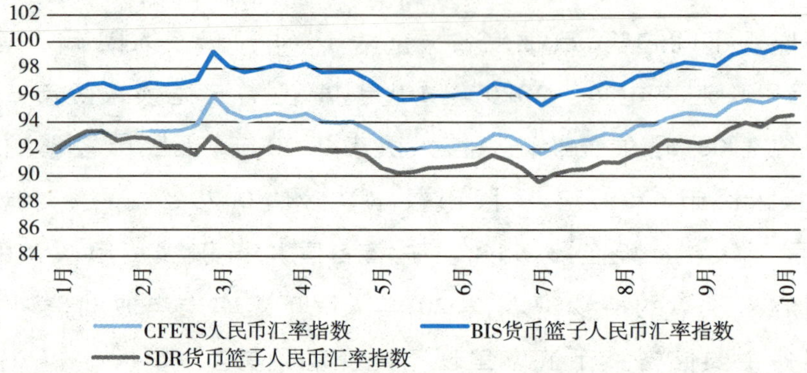

图 1－7　2020 年人民币汇率指数走势

资料来源：中国外汇交易中心，中国货币网。

四、金融市场监管政策纷至沓来

2020 年，中国人民银行、银保监会、证监会等部门密集颁布多项金融法规，关注领域重点为金融机构业务导向、资本市场发展与市场监管等方面。

（一）金融机构业务导向

在支持领域上，注重对社会服务领域及中小微企业融资的支持。2020 年 1 月，由中国银保监会牵头，联合国家发展改革委等 13 部门研究发布《关于促进社会服务领域商业保险发展的意见》，从五方面提出促进社会领域商业保险发展的多项政策举措：一是完善健康保险产品和服务；二是积极发展多样化的商业养老年金保险、个人账户式商业养老保险；三是大力发展教育、育幼、家政、文化、旅游、体育等领域商业保险，积极开发专属保险产品；四是支持保险资金投资健康、养老等社会服务领域；五是完善保险市场体系。接下来，将通过政策引领、完善制度、加强监管和规范竞争等方面，深化金融供给侧结构性改革，推动健康保险创新保障内容，扩大覆盖范围，提高保障水平，提升服务能力，保持商业保险稳健发展。

6 月，中国人民银行、国家发展改革委等 8 部门联合印发《关于进一步强化中小微企业金融服务的指导意见》（以下简称《意见》）。《意见》从不折不扣地落实中小微企业复工复产信贷支持政策、开展商业银行中小微企业金融服务能力提升工程、改革完善外部政策环境和激励约束机制、发挥多层次资本市场融资支持作用、加强中小微企业信用体系建设、优化地方融资环境、强化组织实施等七方面提出 30 条政策措施。《意见》还提出，全国性银行要发挥好带头作用，开发性、政策性银行要把专项信贷额度落实到位，以优惠利率支持中小微企业复工复产。商业银行要大幅增加小微企业信用贷款、首贷、无还本续贷。鼓励保险机构发挥保险保障作用，提供针对性较强的贷款保证保险产品。通过引导金融机构重点支持中小微企业，强化中小微企业服务质效，助力实体经济高质量发展。

8 月，中国银保监会、国家发展改革委等 7 部门联合印发《关于做好政府性融资担保机构监管工作的通知》（以下简称《通知》）。《通知》主要包含以下内容：一是开展政府性融资担保机构确认工作，建立政府性融资担保机构名单，并予以公布。二是要求政府性融资担保机构坚守准公共定位，弥补市场不足，聚焦支小支农主业，稳步提高小微企业和“三农”融资担保在保余额占比。三是内外结合，促进提升政府性融资担保机构服务质效。四是加强监管指导，统筹运用现场检查、非现场监管等手段加强监控分析，引导其聚焦支小支农主业，扩大担保规模，降低担保费率。《通知》的印发实施有助于贯彻落实政府工作报告，建立健全政府性融资担保体系，促进政府性融资担保机构聚焦支小支农主业，保证政府性融资担保机构健康可持续发展。

（二）资本市场发展

2020 年 2 月，中国人民银行、银保监会、证监会、财政部联合发布《关于商业银行、保险机构参与中国金融期货交易所国债期货交易的公告》（以下简称《公告》）。《公告》允许符合条件的试点商业银行和具备投资管理能力的保险机构，按照依法合规、风险可控、商业可持续的原则，参与中国金融期货交易所国债期货交易。商业银行和保险机构参与国债期货交易，既可以满足其风险管理需求，丰富投资产品类型，提升债券资产管理水平，也有助于丰富市场投资者结构，促进国债期货市场平稳有序发展。

10月，中国证券登记结算有限公司发布《中国证券登记结算有限责任公司合格境外机构投资者和人民币合格境外机构投资者境内证券投资登记结算业务实施细则》（以下简称《细则》）。修订工作按照“合并QFII、RQFII两项制度”的总体思路，以《合格境外机构投资者境内证券投资登记结算业务实施细则》（2002年发布、2013年修订）为基础，吸收合并《关于基金管理公司、证券公司人民币合格境外机构投资者境内证券投资登记结算业务有关事项的通知》（2012年发布）相关内容，整合形成统一的《细则》，对QFII、RQFII相关登记结算业务予以统一规定。完善合格境外机构投资者（QFII）和人民币合格境外机构投资者（RQFII）境内证券投资登记结算业务相关规则，防范和化解相关业务结算风险，有力支持资本市场双向开放。

（三）市场监管

在风险监管方面，2020年7月，中国银保监会办公厅发布《关于印发金融租赁公司监管评级办法（试行）的通知》，通过全面评估金融租赁公司的经营管理与风险状况，达到合理配置监管资源、加强分类监管、促进金融租赁公司持续健康发展的目标。金融租赁公司监管评级要素包括资本管理、管理质量、风险管理、战略管理与专业能力等四方面内容。监管评级主要包含评级要素权重设置、评级指标和评级要素得分、评级得分、监管评级结果确定四部分内容。此外，监管评级级别和档次分为1级、2级（A、B）、3级（A、B）、4级和5级共5个级别7个档次，级数越大表明评级越差，越需要监管关注。

在业务合规监管方面，2020年7月，中国证监会发布《证券投资基金托管业务管理办法（2020年修订）》，统一了商业银行与非银行金融机构的准入与管理，允许符合条件的外国银行在华分行申请基金托管资格，并且适当提升基金托管人净资产准入标准，强化监管要求与责任追究。此外，通过简化申请材料，优化审批程序，实行“先批后筹”，为托管行业的加速发展提供了更顺畅良好的政策环境，进一步推动落实扩大资本市场和行业开放。

9月，中国银保监会发布《关于加强小额贷款公司监督管理的通知》，以规范小额贷款公司经营行为，防范化解相关风险，促进行业健康发展。文件主要包含以下内容：一是规范业务经营，提高服务能力。在小额贷款公司业务范围、对外融资比例、贷款金额、贷款用途、经营区域、贷款利率等方面提出要求。二是改善经营管理，促进健康发展。从小额贷款公司资金管理、催收管理、信息披露、保管客户信息、积极配合监管等方面做出规范。三是加强监督管理，整顿行业秩序。指导各地明确监管责任、完善监管措施、建设监管队伍、实施分类监管、加大处罚力度等。四是加大支持力度，营造良好环境。鼓励加强政策扶持、银行合作支持、加强行业自律，促进行业可持续发展。

9 月，中国人民银行发布《金融控股公司监督管理试行办法》（以下简称《办法》）。《办法》遵循宏观审慎管理理念，对非金融企业投资形成的金融控股公司依法准入，实施监管。对金融控股公司依照金融机构管理，以并表为基础，对资本、行为及风险进行全面、持续、穿透监管，规范经营行为，进一步防范风险交叉传染，促进经济金融良性循环。此外，《办法》明确中国人民银行对金融控股公司实施监管，金融管理部门依法按照金融监管职责分工对金融控股公司所控股的金融机构实施监管。中国人民银行会同相关部门建立金融控股公司监管跨部门联合机制，加强监管合作和信息共享。

在监管措施方面，2020 年 7 月，中国银保监会发布《关于印发融资担保公司非现场监管规程的通知》。重点围绕融资担保公司非现场监管工作职责分工和非现场监管流程，在信息收集与核实、风险监测与评估、信息报送与使用、监管措施等方面做出了规定，完善了融资担保公司监管报表和指标解释，实现了监管指标统计与监管制度要求相统一，有利于监督融资担保公司的经营行为，促进监管制度要求的落实和执行，更好支持普惠金融发展。

具体政策如表 1－5 所示。

表 1－5　2020 年主要金融政策汇总

时间	发布机构	法规名称	目的
1 月	银保监会	《融资租赁公司监督管理暂行办法（征求意见稿）》	规范融资租赁公司经营行为，强化监督管理，促进融资租赁行业规范发展
	银保监会	《关于进一步做好银行业保险业反洗钱和反恐怖融资工作的通知》	加强银行业保险业反洗钱和反恐怖融资工作，提升银行保险机构反洗钱和反恐怖融资工作水平
	银保监会、国家发展改革委等 13 部门	《关于促进社会服务领域商业保险发展的意见》	深化金融供给侧结构性改革，充分发挥商业保险在保障民生、促进消费和拉动内需等方面的重要作用

续表

时间	发布机构	法规名称	目的
2月	证监会、财政部、人民银行、银保监会	《关于商业银行、保险机构参与中国金融期货交易所国债期货交易的公告》	商业银行和保险机构参与国债期货交易，可满足其风险管理需求，丰富投资产品类型，提升债券资产管理水平。同时，也有助于丰富市场投资者结构，促进国债期货市场平稳有序发展
3月	人民银行、国家发展改革委、财政部、银保监会、证监会、外汇局	《统筹监管金融基础设施工作方案》	加强金融基础设施建设，统筹监管重要金融基础设施，提高服务实体经济水平和防控金融风险能力
	中共中央、国务院	《关于构建更加完善的要素市场化配置体制机制的意见》	深化要素市场化配置改革，促进要素自主有序流动，提高要素配置效率，进一步激发全社会创造力和市场活力，推动经济发展质量变革、效率变革、动力变革
4月	银保监会	《中国银保监会信托公司行政许可事项实施办法（征求意见稿）》	贯彻落实党中央、国务院关于深化金融供给侧结构性改革的决策部署，持续深化“放管服”改革，进一步落实简政放权和对外开放工作要求，强化信托公司监管
5月	中共中央、国务院	《关于新时代加快完善社会主义市场经济体制的意见》	贯彻落实党的十九大和十九届四中全会关于坚持和完善社会主义基本经济制度的战略部署，在更高起点、更高层次、更高目标上推进经济体制改革及其他各方面体制改革，构建更加系统完备、更加成熟定型的高水平社会主义市场经济体制
	银保监会	《商业银行互联网贷款管理暂行办法（征求意见稿）》	规范商业银行互联网贷款业务有序发展，进一步补齐监管制度短板，有效防范金融风险，加强金融消费者保护

续表

时间	发布机构	法规名称	目的
6 月	人民银行、国家发展改革委、财政部等 8 部门	《关于进一步强化中小微企业金融服务的指导意见》	推动金融支持政策更好适应市场主体的需要，进一步疏通内外部传导机制，促进中小微企业（含个体工商户和小微企业主，不含地方政府融资平台，下同）融资规模明显增长、融资结构更加优化，实现“增量、降价、提质、扩面”，推动加快恢复正常生产生活秩序，支持实体经济高质量发展
	银保监会	《关于信托公司风险资产处置相关工作的通知》	通过加大信托公司对表内外风险资产的处置，压降信托通道业务规模，逐步压缩违规融资类业务规模
7 月	人民银行、银保监会、证监会、外汇管理局	《标准化债权类资产认定规则》	规范金融机构资产管理产品投资，强化投资者保护，促进直接融资健康发展，有效防控金融风险
	银保监会	《关于印发金融租赁公司监管评级办法（试行）的通知》	全面评估金融租赁公司的经营管理与风险状况，合理配置监管资源，加强分类监管，促进金融租赁公司持续健康发展
	银保监会	《关于印发融资担保公司非现场监管规程的通知》	为全面、深入贯彻实施《融资担保公司监督管理条例》（国务院令第 683 号），做好融资担保公司非现场监管工作
	证监会	《证券投资基金托管业务管理办法(2020 年修订)》	规范证券投资基金托管业务，维护证券投资基金托管业务竞争秩序，保护基金份额持有人及相关当事人合法权益，促进证券投资基金健康发展
8 月	银保监会等 7 部门	《关于做好政府性融资担保机构监管工作的通知》	为扎实做好“六稳”工作，全面落实“六保”任务，进一步贯彻落实《国务院关于促进融资担保行业加快发展的意见》（国发〔2015〕43 号）及《国务院办公厅关于有效发挥政府性融资担保基金作用 切实支持小微企业和“三农”发展的指导意见》（国办发〔2019〕6 号），促进政府性融资担保机构发挥作用

续表

时间	发布机构	法规名称	目的
9 月	人民银行、银保监会	《关于建立逆周期资本缓冲机制的通知》	有助于进一步促进银行业金融机构稳健经营，提升宏观审慎政策的逆周期调节能力，缓解金融风险顺周期波动和突发性冲击导致的负面影响，维护我国金融体系稳定运行
	人民银行	《金融控股公司监督管理试行办法》	推动金融控股公司规范发展，有效防控金融风险，更好地服务实体经济
	银保监会	《关于加强小额贷款公司监督管理的通知》	进一步加强监督管理、规范经营行为、防范化解风险，促进小额贷款公司行业规范健康发展
10 月	人民银行	《中华人民共和国商业银行法（修改建议稿）》	为贯彻党的十九大、十九届四中全会、第五次全国金融工作会议等重要会议和习近平总书记关于金融工作的重要论述精神，落实十三届全国人大常委会立法规划，健全金融法治顶层设计，支持金融业稳健发展
	中国证券登记结算有限责任公司	《中国证券登记结算有限责任公司　合格境外机构投资者和人民币合格境外机构投资者境内证券投资登记结算业务实施细则》	落实中国证监会关于合格境外机构投资者（QFII）和人民币合格境外机构投资者（RQFII）制度改革相关工作部署，规范合格境外投资者境内证券投资登记结算业务
11 月	银保监会	《中国银保监会信托公司行政许可事项实施办法》	为规范银保监会及其派出机构实施信托公司行政许可行为，明确行政许可事项、条件、程序和期限，保护申请人合法权益。

资料来源：基于中国人民银行、银保监会、证监会等监管机构官方网站披露信息整理。

五、2021 年金融货币政策展望

可以预测得到，2021 年全球疫情将大概率缓解，2021 年也将是疫情之后“再平衡”的一年。经济周期的再平衡体现为供给创造需求，全球经济共振复苏。金融周期的再平衡体现为经济自主的信用紧缩。宏观金融环境将呈现“紧信用、松货币、宽财政”的态势。

从经济周期来看，乘数效应显现，需求加速追赶供给。疫情是典型的供给冲击，但供给会传导至需求，而且在乘数效应的作用下，需求受到的影响会被放大。从金融周期来看，可能会出现“紧信用”动能。从资金供给看，2020 年信贷扩张不少是用于弥补经营性现金流的不足，而对于非生产性投资，2021 年企业还本付息负担上升，或现内生性“紧信用”。在此之上，紧信用呼唤松货币，鉴于 2020 年通过信贷扩张应对疫情带来金融周期延长的弊端，2021 年财政政策仍需发力。

从政策工具来看，根据政策层的表态，2021 年中国货币政策将围绕两个核心目标展开。其一，“把好货币供应总闸门”；其二，“适当平滑宏观杠杆率波动”。由此，2021 年货币供给将充分考虑疫情后经济反弹的内生需求，较 2020 年下半年的边际调整力度不会过大。综合分析判断，货币政策将于 2021 年上半年回归常态化，全面降准、降息等总量性工具预计难以出现，结构化、精准化的流动性和信贷调节工具将得到更频繁的应用。此外，为进一步推动“利率并轨”，LPR 或有小幅的下降空间，但是预计不会由 MLF 利率下行驱动，而是通过改革手段压降 LPR 市场化加点来完成。

从汇率走势来看，人民币汇率预计将在双向波动中经历“前快后慢”的升值进程，美元兑人民币汇率预计在 2021 年上半年降至 6.40 左右，此后围绕这一中枢弹性波动。由于 2021 年中国经济增速有望先冲高、后回归长期中枢，同时考虑到新一轮改革的落地节奏，因此 2021 年上半年，以经济“深蹲起跳”为主线，人民币资产中对接周期性的部分将有更好的表现；下半年，以改革红利为主线，富含成长性的部分预计将更具潜力。

总体来说，在 2020 年我国经济“战疫”采用了“货币先行、财政续力”搭配逻辑的基础上，2021 年，随着经济循环的修复，货币政策有望率先回归常态，而积极财政有望“减额增效”，保持托底力度。并且由此叠加改革开放的深度拓展，总体政策逻辑将完成从逆周期向跨周期的转变。

第三节 宏观金融政策对信托的主要影响

2020 年，我国货币政策在注重防控风险的前提下重点把握政策力度，坚持稳健的货币政策更加灵活适度、精准导向，综合运用多种货币政策工具，保持流动性合理充裕，引导资金更多地流向实体经济，有效发挥结构性货币政策工具精准滴灌的作用，有效提高政策的直达性，强化对稳企业、保就业的金融支持。广义货币 M2 与新增信贷保持小幅增长，结构整体呈改善趋势；社会融资规模增量有所提高；债券发行规模快速增长，整个市场净融资额同比增加显著。在上述市场背景下，开展多次降准、中期借贷便利（MLF）、定向中期借贷便利（TMLF）、专项贷款发放等操作，助力疫情背景下民营企业和中小微企业发展，并进一步完善贷款市场报价利率（LPR）形成机制，降低企业的融资成本等宏观金融货币政策相继实施。《证券投资基金托管业务管理办法（2020 年修订）》《标准化债权类资产认定规则》《中华人民共和国商业银行法（修改建议稿）》等宏观金融政策纷纷相继出台。监管机构出台的一系列宏观金融政策进一步规范了金融市场秩序，同时提高了经济的抗风险能力。同时，宏观金融货币政策也将在产品规模及收益、业务创新、风险防控三个方面对信托业产生影响。

一、信托产品募集规模及收益纷纷下行

2020 年，新冠肺炎疫情导致国内经济严重受挫，经济增长下行压力激增，因此宏观货币政策更加重视把握稳增长和防风险的平衡，保证市场货币量的合理性，保持货币供应与反映潜在产出的名义国内生产总值增速基本匹配。总的来说，全社会流动性合理充裕，货币信贷和社会融资规模合理增长。与此同时，在破刚兑、去通道、去嵌套、非标转标的监管要求下，信托产品募集规模不断缩小，产品收益持续走低，信托发行市场迅速降温。

用益信托最新统计数据显示，2020 年 10 月，集合信托产品的募集规模持续向下，连续四个月下滑。并且自第四季度以来，68 家信托公司共发行 2490 只 2843.4 亿元的集合信托产品，相较于上年同期的 4060 只 3667 亿元的规模，在发行只数上锐减了 38.7%，在融资额度上也下滑了 22.5%。收益率方面，自下半年以来，集合信托产品的收益率在跌破 7% 之后持续下行，目前已经接近 6.5%。截至 11 月 6 日，在披露预期收益率的 618 款产品中，10 月集合信托产品的平均收益率为 6.56%，环比下滑 0.11 个百分点。且从数量占比来看，收益率在 6%（含）以下的产品数量占比增长最为显著，环比增长 2.61 个百分点至 25.94%。此外，收益率在 8% 以上的集合产品的数量占比仅为 10.6%，收益在 7% ~8%（含）的数量占比为 35.24%，收益在 6% ~7%（含）的数量占比为 28.22%。

信托产品收益率持续下降，募集规模不断缩小，行业爆雷事件频发导致信托

行业的信用危机和行业竞争不断加剧。一方面，基于国家整体发展政策鼓励方向的指导和监管部门破刚兑、去通道、去嵌套、非标转标的严监管要求，信托公司的业务开展十分局限，业务规模大幅收缩；另一方面，具体业务开展由于信用危机及收益率持续走低导致用户认可度下降，创新性产品的接受度相对较低，信托公司在客户维护方面持续承压。

二、积极推进公司转型和业务创新

2020 年初，新冠肺炎疫情的暴发导致我国经济持续下行，宏观经济总需求持续下降，在此种情况下，信托行业积极响应做好“六稳”“六保”工作，助力中小微企业融资和支持实体经济发展。在行业监管持续高压和同业竞争日益激烈的背景下，在国家政策的指导下，信托公司积极推进公司转型和产品创新，并在展业模式和展业领域不断发力。

2020 年，金融监管机构出台多部行业发展及监管法规，推动金融机构进行产品创新，提高金融市场效率。2020 年 1 月，银保监会、国家发展改革委等 13 部门联合发布《关于促进社会服务领域商业保险发展的意见》，从五个方面提出了促进社会领域商业保险发展的多项政策举措：一是完善健康保险产品和服务。二是积极发展多样化的商业养老年金保险、个人账户式商业养老保险。三是大力发展教育、育幼、家政、文化、旅游、体育等领域商业保险。四是支持保险资金投资健康、养老等社会服务领域，提供更多长期股本融资，降低融资成本。五是完善保险市场体系。文件坚持以人民为中心的发展理念，持续推动保险业供给侧结构性改革，引导行业积极参与多层次养老、医疗保障体系建设，探索在社会服务领域的创新产品。

6 月，人民银行、国家发展改革委、财政部等八部门联合发布《关于进一步强化中小微企业金融服务的指导意见》，从落实中小微企业复工复产信贷支持政策、开展商业银行中小微企业金融服务能力提升工程、改革完善外部政策环境和激励约束机制、发挥多层次资本市场融资支持作用、加强中小微企业信用体系建设、优化地方融资环境、强化组织实施等七个方面，提出了 30 条政策改革措施。要求各金融机构要不折不扣地落实中小微企业复工复产信贷支持政策，开展中小微企业金融服务能力提升工程。改革完善银行业金融机构外部政策环境和激励约束机制。综合运用多种货币政策工具，强化货币政策逆周期调节和结构调整功能，引导金融机构加大对中小微企业的信贷支持力度。明确发挥多层次资本市场融资支持作用。引导公司通过信用类债券净融资，支持符合条件的中小企业上市融资，加快推进创业板改革并试点注册制。优化新三板发行融资制度，引导和鼓励创业投资企业和天使投资专注投资中小微企业创新创造企业。

8 月，银保监会、人民银行等 7 部门联合发布《关于做好政府性融资担保机构监管工作的通知》，用以进一步规范政府性融资担保体系，加大财政政策支持力度，发挥地方金融监督管理局的监管指导作用，促进行业稳定发展。

9 月，银保监会发布《关于加强小额贷款公司监督管理的通知》，主要包含四方面内容：一是规范业务经营，提高服务能力。二是改善经营管理，促进健康发展。三是加强监督管理，整顿行业秩序。四是加大支持力度，营造良好环境。文件通过逐步建立健全小额贷款公司行业监管制度体系，与《非存款类放贷组织条例》的施行相衔接，进一步完善小额贷款公司行业经营规则和监管规则。

10 月，中国人民银行发布《中华人民共和国商业银行法（修改建议稿）》公开征求意见。意见提出，建立分类准入和差异化监管机制；完善商业银行市场准入条件，增加对股东资质和禁入情形的规定；就商业银行分类准入条件做出授权性规定；就引导商业银行专业化发展、差异化风险监管要求等做出具体规定；落实《巴塞尔协议Ⅲ》资本监管要求，确立资本约束原则，明确宏观审慎管理与风险监管要求。

2020 年，强监管与新冠肺炎疫情的叠加，将进一步加速信托行业的转型调整，推动信托行业回归本源、服务实体经济。新环境下，中国信托业坚持新发展理念，不断推动行业高质量发展，一是在压缩信托资产规模的前提下优化信托资金来源结构，第二季度末的集合信托与管理财产信托合计占比为 65.37%，表明信托业的主动管理业务占比已接近 2/3，是推动行业转型发展的实际成效；二是始终将服务实体经济置于重要位置，截至第三季度末，全行业直接投入实体经济（不含房地产业）的信托资产余额 13.14 万亿元，占全部信托资产余额的 62.97%，其中，投向小微企业的信托资产余额为 2.41 万亿元，为实体经济提供了多元化的金融服务。

2020 年，信托公司在业务模式创新上持续发力，多家信托公司深入发展布局 FOF、TOF 类产品业务、慈善信托、家族信托等。11 月，国通信托首单指数增强收益凭证信托产品上线发行，致力于满足投资者多样化资产配置诉求，为客户提供丰富的资产配置选择。截至 2020 年 9 月中旬，共有 24 家信托公司开展 TOF 产品业务，已有或即将成立的 TOF 产品共 253 只。此外，新冠肺炎疫情暴发以来，信托公司积极发起设立抗疫慈善信托。截至 2020 年 4 月末，22 家信托公司累计发起设立 79 单与抗疫相关的慈善信托，筹资规模约 1.42 亿元。慈善中国网显示，截至 2020 年 11 月 10 日，慈善信托备案项目共 484 单，其受托财产总规模超 32 亿元。2020 年 1 月 1 日至今成立 214 单，同比增长近 160%。

在业务转型创新的压力下，构建大数据信息系统、健全企业内控体系、完善风险管理团队建设、与同业开展密切联系、提高主动管理能力，成为信托公司产品创新的重要发力点。

三、信托行业风险防控需求上升

2020 年新冠肺炎疫情导致我国宏观经济持续下行，再加上监管和同业竞争情况的加剧，不少信托公司暴露较大问题，信托行业发展面临较大风险。2020 年，信托行业风险项目个数与规模均延续上年上升趋势，信托业爆雷事件不断，多家信托公司出现产品延期兑付或违约风波。据不完全统计，2020 年第二、第三季度中，共发生信托产品违约事件 190 起，涉及金额达 821 亿元。其中，投向工商企业领域的产品违约风险维持高位，违约事件最多、涉及金额最大。在疫情较为严重的第一季度，风险项目增速更快。2020 年第一季度末，信托业风险项目个数为 1626 个，环比增加 79 个，增幅为 5.11%；信托行业风险资产规模为 6431.03 亿元，环比增加 660.56 亿元，增幅 11.45%。

在此行业背景下，为应对行业风险，监管部门在顶层设计上对行业防风险提出更高监管要求。2020 年 3 月，银保监会等 6 部门联合发布《统筹监管金融基础设施工作方案》，计划加强金融基础设施建设，统筹监管重要金融基础设施，提高服务实体经济水平和防控金融风险能力。对于金融市场快速发展导致的金融基础设施安全问题和效率问题，在法制建设、管理统筹、规划建设等方面进行调整，从而有效发挥金融市场定价与资源配置功能，加强对我国金融基础设施的统筹监管与建设规划，进一步建设和完善我国具有国际竞争力的现代化金融体系。

6 月，银保监会发布《关于信托公司风险资产处置相关工作的通知》，通过加大信托公司对表内外风险资产的处置力度，压降信托通道业务规模，逐步压缩违规融资类业务规模，以此达到控制信托行业风险的目的。

7 月，银保监会等 4 部门发布《标准化债权类资产认定规则》，明确了标准化债权类资产和非标准化债权类资产的界限、认定标准及监管安排，引导市场规范发展。既有助于稳定市场各方预期，守住不发生系统性风险的底线，也有助于促进金融市场规范健康发展，提高金融服务实体经济能力。

11 月，银保监会发布《中国银保监会信托公司行政许可事项实施办法》，规范了银保监会及其派出机构实施信托公司行政许可行为，明确了行政许可事项、条件、程序和期限，可有效保护申请人的合法权益。整体来说，强化了与其他监管政策和指导意见的有效衔接，进一步规范明确信托公司行政许可准入标准；进一步落实对外开放政策，取消外资金融机构入股信托公司的总资产要求；强化监管导向，匹配行业发展实际，鼓励信托公司开展本源业务，引导信托公司完善公司治理，助推信托业转型发展。

在经济发展下行压力增大和监管政策逐步加强的背景下，信托业风险加速暴露，为保证风险控制，信托公司纷纷在管理制度、业务结构、运营规范、合规意识等方面完善风险管理体系。此外，基于风险防控的需要，信托赔偿准备金余额的进一步充足、法务部门组织结构的健全完善、信托保障基金的有效管理，也成为信托业风险管控的重要举措。

第四节 2020 年中国信托业现状与特征分析

一、信托资产规模稳步压降，资产结构持续优化

（一）信托资产规模持续下降

信托行业在监管的引导下，持续推动经济结构转型，有序压降融资和通道类业务规模，截至 2020 年第三季度末，信托资产规模合计 208617.14 亿元，较上年末大幅减少 7432.79 亿元，环比下降 1.97%，自 2018 年第一季度开始信托资产规模持续下滑，总体来说下降幅度明显收窄，但 2019 年第三季度以来，信托资产规模有进一步下降的趋势。另外，2020 年前三季度信托资产规模同比分别较 2019 年第四季度下降 1.28%、1.50%、3.44%，如图 1－8 所示。

从中长期来看，自 2016 年以来，信托业管理资产总额持续上升，于 2017 年第四季度达到峰值，再到 2018 年第二季度有大幅度的下降后逐年缓慢回落，环比变动近两年较为稳定，同比增速于 2018 年末、2019 年初有逐渐平稳的趋势，但 2019 年第三季度至今，同比变动持续下行，且有进一步增大的趋势。此趋势表明行业正从注重规模转向注重发展质量。

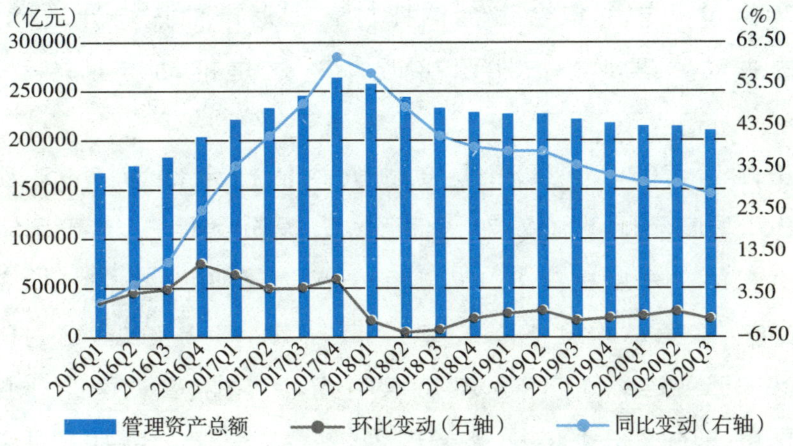

图 1－8 2016Q1—2020Q3 信托资产规模变动

（二）信托资产结构持续优化

从资金来源看，截至 2020 年第三季度末，集合信托规模为 10. 31 万亿元，占比 49. 42%，比第二季度末的 48. 35% 上升 1. 07 个百分点。单一信托规模为 6. 92 万亿元，占比为 33. 18%，比第二季度末的 34. 63% 减少 1. 45 个百分点。管理财产信托为 3. 63 万亿元，占比 17. 41%，比第二季度末的 17. 02% 上升 0. 39 个百分点（如图 1－9 所示）。随着信托业持续推动业务转型，资金来源结构持续优化：

一是 2019 年 9 月末，集合资金信托占比为 44. 74%，仅比单一资金信托占比 39. 50% 高 5. 24 个百分点；到 2020 年 9 月末，集合资金信托占比已增加到 49. 42%，比单一资金信托 33. 18% 的占比要高 16. 24 个百分点。

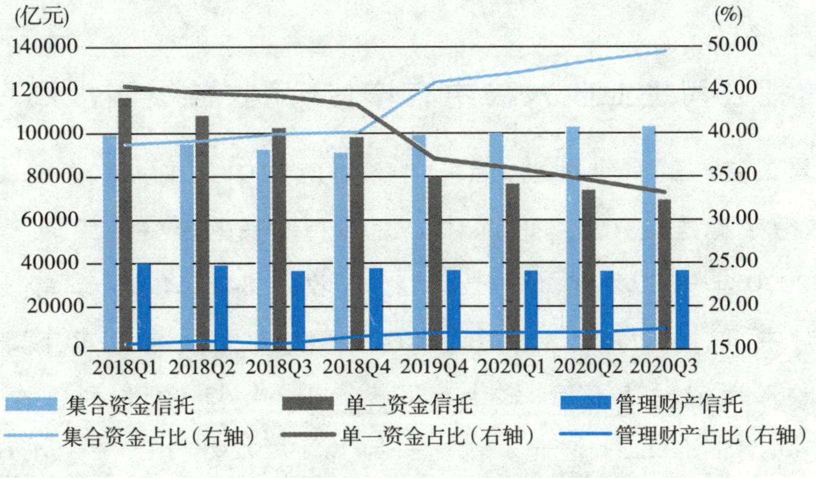

图 1－9 信托资产来源结构变动

二是2020年9月末的集合资金信托与管理财产信托合计占比为65.32%，表明信托业的主动管理业务占比已接近2/3，这是推动行业转型发展的实际成效。

从信托功能看，2020年第三季度融资类信托余额为5.95万亿元，占比28.52%，较第二季度环比下降7.71个百分点；投资类信托余额为5.68万亿元，占比27.23%，较第二季度提高8.10个百分点；事务管理类信托余额为9.23万亿，占比44.26%，较第二季度下降3.63个百分点。事务管理类信托占比自2018年第一季度以来已经连续11个季度持续下降，下降幅度近两个季度有所放缓。2020年第三季度末的投资类信托业务规模较第二季度末增加了4257.06亿元，而融资类信托和事务管理类信托则分别减少了4966.43亿元和3473.03亿元。这反映了行业在第三季度积极拓展了投资业务，同时对融资类和通道类业务进行持续压缩。

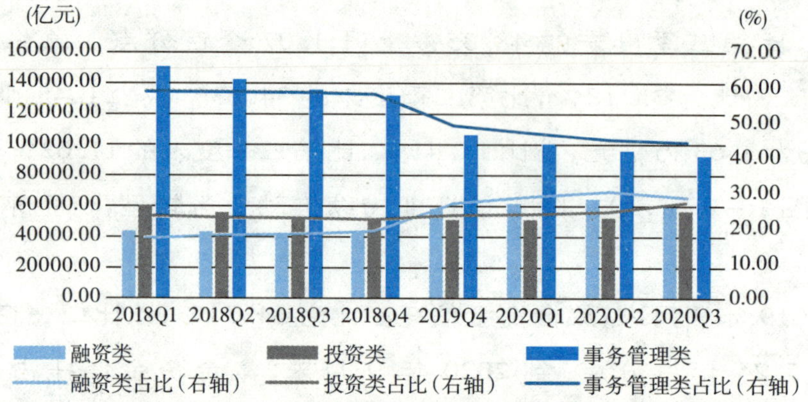

图1-10　信托资产功能结构变动

二、信托公司主业收入稳中有增，产品收益缓步提高

随着复工复产的有序推进，信托业不断落实中共中央和国务院的复工复产部署，并取得了稳定信托业务收入和促进利润增长的良好效果。

截至2020年第三季度，信托公司经营收入841.61亿元，较上年同期增加5.78%。其中，信托公司投资收益为167.69亿元，较上年同期下降18.54亿元；信托业务收入为615.78亿元，较上年同期上升64.63亿元；利息收入为39.37亿元，较上年同期下降2.31亿元。占比分别为19.92%、73.17%、4.68%。投资收益和信托业务收入成为经营收入的主要来源。从利润来看，2020年第三季度，信托行业实现利润 485.89 亿元，较第一、第二季度分别上升 319.79 亿元和 144.87 亿元，自 2016 年第三季度以来利润同期波动幅度明显增大，2017 年第三季度较 2016 年第三季度同比上升 6.78%，2018 年第三季度同比下降 10.72%，2019 年第三季度同比上升 13.13%，2020 年第三季度同比下降 13.13%。

2020 年第一、第二、第三季度利润总额分别为 166.10 亿元、341.02 亿元、485.89 亿元，第三季度分别较前两季度环比增长 192.53% 和 42.48%，上涨趋势明显。如图 1－11 所示。

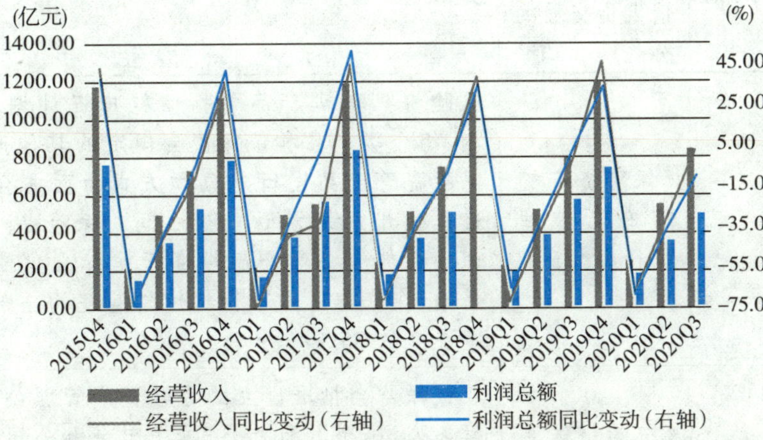

图 1－11　信托业经营收入和利润变动

三、监管新规密集出台，信托转型箭在弦上

2020 年是《关于规范金融机构资产管理业务的指导意见》（以下简称“资管新规”）出台以来，信托行业监管政策出台最为密集的一年。2 月，银保监会发布《信托公司股权管理暂行办法》，对信托行业股东管理提出新的要求。3 月，监管部门要求全行业压降 1 万亿元具有影子银行特征的融资类信托业务。5 月，银保监会发布《信托公司资金信托管理暂行办法（征求意见稿）》（以下简称“资金信托新规”），初步确立了资金信托的私募性质定位及资金投向限制等要求。7 月，虽然受新冠肺炎疫情影响，监管部门决定将资管新规过渡期延长至 2021 年底，但也明确指出不涉及资管新规相关监管标准的变动和调整。8 月，住房城乡建设部、人民银行正式出台了“三道红线”政策，以监管调控房地产信托项目风险，并于 11 月对信托行业进行了新一轮房地产信托业务专项排查。这一系列严监管要求，均反映监管部门对信托行业不动摇、不放松的严监管趋势，也反映监管信托行业创新转型、回归本源的迫切希望。

另外，2020 年信托公司在业务转型领域频频发力，监管部门在部门设置、投资范围、同业合作等领域也颁布了一系列法规和制度。具体如表 1－6 所示。

表 1－6 2020 年与信托业发展相关的法规和制度

时间	发布机构	政策、文件名称	主要内容
2 月	中国证券监督管理委员会、财政部、人民银行、银保监会	《关于商业银行、保险机构参与中国金融期货交易所国债期货交易的公告》	符合条件的商业银行以及具备投资管理能力的保险机构，可以试点参与中国金融期货交易所国债期货交易
3 月	银保监会	《保险资产管理产品管理暂行办法》	保险资产管理产品包括债权投资计划、股权投资计划、组合类产品和银保监会规定的其他产品。规定了保险资管产品发行对象和方式为面向合格投资者通过非公开方式发行。此外，同一保险资产管理机构管理的全部组合类产品投资于非标准化债权类资产的余额，在任何时点不得超过其管理的全部组合类产品净资产的 35%
	银保监会	《中国银保监会非银行金融机构行政许可事项实施办法》	经银保监会批准设立的金融资产管理公司、企业集团财务公司、金融租赁公司、汽车金融公司、货币经纪公司、消费金融公司、境外非银行金融机构驻华代表处等机构在机构设立、机构变更、机构终止、调整业务范围和增加业务品种、董事和高级管理人员任职资格，以及法律、行政法规规定和国务院决定的其他行政许可事项须经银保监会及其派出机构行政许可
	银保监会	《信托公司股权管理暂行办法》	《信托公司股权管理暂行办法》（简称《办法》）已于 2019 年 10 月 18 日经中国银保监会 2019 年第 11 次委务会议通过，现予公布，自 2020 年 3 月 1 日起施行。该《办法》对促进信托业股权管理乱象治理，加强信托公司股权监管具有重要作用
4 月	银保监会	《中国银保监会信托公司行政许可事项实施办法（征求意见稿）》	《中国银保监会信托公司行政许可事项实施办法（征求意见稿）》一是进一步规范明确信托公司行政许可准入标准，强化与其他监管政策和指导意见等有效衔接；二是落实进一步对外开放政策，取消外资金融机构入股信托公司 10 亿美元总资产要求；三是持续深化“放管服”改革，进一步推进简政放权，优化许可流程程序，简化申请材料；四是强化监管导向，匹配行业发展实际，鼓励信托公司开展本源业务，引导信托公司完善公司治理，助推信托业转型发展

续表

时间	发布机构	政策、文件名称	主要内容
5月	银保监会	《信托公司资金信托管理暂行办法（征求意见稿）》	《信托公司资金信托管理暂行办法（征求意见稿）》的出台旨在对信托公司开展资金信托业务进行规范。信托计划受托计划受益人将不能超过200人，信托公司不能向投资人承诺保证本金和最低收益等，以推动资金信托回归“卖者尽责、买者自负”的私募资管产品本源。信托公司管理的全部集合资金信托计划投资于同一融资人及其关联方的非标准化债权类资产的合计金额不得超过信托公司净资产的30%。信托公司管理的全部集合资金信托计划向他人提供贷款或者投资于其他非标准化债权类资产的合计金额在任何时点均不得超过全部集合资金信托计划合计实收信托的50%
	银保监会	《中国银保监会关于金融资产投资公司开展资产管理业务有关事项的通知》	金融资产投资公司开展资产管理业务，是指其接受投资者委托，设立债转股投资计划并担任管理人，依照法律法规和债转股投资计划合同的约定，对受托的投资者财产进行投资和管理。明确了金融资产投资公司开展资产管理业务的具体原则要求，并在资金募集、投资运作、登记托管、信息披露与报送的方面做出了明确规定。金融资产投资公司可以使用自有资金、合法筹集或管理的专项用于市场化债转股的资金投资。保险资金、养老金等可以依法投资债转股投资计划
	银保监会	《信用保险和保证保险业务监管办法》	列出了保险公司不得承保的6种信保业务和开展信保业务不得存在的8项经营行为。此外，保险公司经营融资性信保业务最近两个季度末核心偿付能力充足率应不低于75%，且综合偿付能力充足率不低于150%
6月	银保监会	《融资租赁公司监督管理暂行办法》	明确了融资租赁公司可以经营的业务和监管的指标。例如：融资租赁公司融资租赁和其他租赁资产比重不得低于总资产的60%。融资租赁公司开展的固定收益类证券投资业务，不得超过净资产的20%。鼓励各地加大政策扶持力度，引导融资租赁公司在推动装备制造业发展、企业技术升级改造、设备进出口等方面发挥重要作用

续表

时间	发布机构	政策、文件名称	主要内容
6月	中国人民银行	《标准化票据管理办法》	《标准化票据管理办法》明确了标准化票据的定义、参与机构、基础资产、创设、信息披露、投资者保护、监督管理等，规范标准化票据业务发展。对于推动供应链票据和标准化票据发展，为解决中小企业融资难这一长期存在的难题做出探索
	中国信托业协会	《信托公司信托文化建设指引》	《信托公司信托文化建设指引》指出，信托文化包括服务、民生、责任、底线和品质五大要点。《信托公司信托文化建设指引》要求信托公司回归受托人定位，培育和树立谨慎管理受托文化，将实现受益人合法利益最大化作为公司价值取向和公司治理目标；主动引进注重公司长远发展、管理经验成熟的合格战略投资者，鼓励内外资并重，引资与引智并重，借鉴吸收成熟的治理经验和管理方法，培育良好信托文化。同时《信托公司信托文化建设指引》表示，信托公司应制定完善的信托业务操作规程，将良好信托文化贯穿于信托业务各个环节
	银保监会	《关于开展银行业保险业市场乱象整治“回头看”工作的通知》	《中国银保监会关于开展银行业保险业市场乱象整治“回头看”工作的通知》明确，对连续三年市场乱象整治工作进行“回头看”。一看主体责任是否落实到位，二看实体经济是否真正受益，三看整改措施是否严实有效，四看违法违规是否明显遏制，五看合规机制是否健全管用。督促银行保险机构把普惠金融政策红利切实传导到民营小微企业，不断推动降低企业融资综合成本，依法严厉打击通过融资政策便利获得的贷款违规进行资金套利行为。对影子银行和交叉金融业务等领域违法违规问题进行排查，对打着“金融创新”幌子花式翻新的违规行为，依法严肃处理
7月	银保监会	《商业银行互联网贷款管理暂行办法》	从风险管理体系、风险数据和风险模型管理、信息科技风险管理、贷款合作管理、监督管理等方面对商业银行互联网贷款管理提出明确要求。《商业银行互联网贷款管理暂行办法》要求，互联网贷款应遵循小额、短期、高效和风险可控原则。单户用于消费的个人信用贷款授信额度应当不超过人民币20万元，到期一次性还本的，授信期限不超过一年。贷款资金用途应当明确、合法，不得用于购房、股票、债券、期货、金融衍生品和资产管理产品投资，不得用于固定资产和股本权益性投资等

续表

时间	发布机构	政策、文件名称	主要内容
7月	银保监会	《证券投资基金托管业务管理办法》	一是按照国家金融业对外开放的统一安排，允许外国银行在华分行申请证券投资基金托管业务资格；二是结合监管实践完善监管要求，适当调整基金托管人净资产准入标准，即净资产不低于200亿元人民币，强化基金托管业务集中统一管理，完善基金托管人持续合规要求，进一步丰富行政监管措施，强化实施有效监管；三是持续推进简政放权，简化申请材料，优化审批程序，实行“先批后筹”；四是统一商业银行及其他金融机构的准入标准与监管要求，将非银行金融机构开展基金托管业务有关规定整合并入托管办法
	银保监会	《关于优化保险公司权益类资产配置监管有关事项的通知》	一是设置差异化的权益类资产投资监管比例，明确八档权益类资产监管比例，最高可占到上季末总资产的45%。二是强化对重点公司的监管。明确规定偿付能力充足率不足100%的保险公司，不得新增权益类资产投资，责任准备金覆盖率不足100%的人身险公司、资金运用出现重大风险事件、资产负债管理能力较弱且匹配状况较差、受到处罚的保险公司，权益类资产监管比例不得超过15%。三是增加集中度风险监管指标。保险公司投资单一上市公司股票的股份总数，不得超过该上市公司总股本的10%，进一步分散类别和品种投资风险
	中国人民银行、银保监会、中国证券监督管理委员会、国家外汇管理局	《标准化债权类资产认定规则》	标准化债权类资产是指依法发行的债券、资产支持证券等固定收益证券，主要包括国债、中央银行票据、地方政府债券、政府支持机构债券、金融债券、非金融企业债务融资工具、公司债券、企业债券、国际机构债券、同业存单、信贷资产支持证券、资产支持票据、证券交易所挂牌交易的资产支持证券，以及固定收益类公开募集证券投资基金等。其他债权类资产被认定为标准化债权类资产的，应当同时符合以下条件：等分化，可交易；信息披露充分；集中登记，独立托管；公允定价，流动性机制完善；在银行间市场、证券交易所市场等国务院同意设立的交易市场交易

续表

时间	发布机构	政策、文件名称	主要内容
7月	银保监会	《保险资金参与金融衍生产品交易办法等三个文件的通知》 (1)《保险资金参与金融衍生产品交易办法》 (2)《保险资金参与国债期货交易规定》 (3)《保险资金参与股指期货交易规定》	《保险资金参与金融衍生产品交易办法》《保险资金参与国债期货交易规定》和《保险资金参与股指期货交易规定》要求，保险机构参与衍生品交易，同一资产组合持有的衍生品多头合约价值之和不得高于资产组合净值的100%。保险资金参与国债期货交易，任一资产组合在任何交易日日终，所持有的卖出国债期货合约价值，不得超过其对冲标的债券、债券型基金及其他净值型固定收益类资产管理产品资产的账面价值，所持有的买入国债期货合约价值不得超过该资产组合净值的50%。其中，卖出国债期货合约价值与买入国债期货合约价值，不得合并轧差计算。保险集团(控股)公司、保险公司在任何交易日日终，持有的合并轧差计算后的国债期货合约价值不得超过本公司上季末总资产的20%。保险资金参与股指期货交易，任一资产组合在任何交易日日终，所持有的卖出股指期货合约价值，不得超过其对冲标的股票、股票型基金及其他净值型权益类资产管理产品资产账面价值的102%，所持有的买入股指期货合约价值与股票、股票型基金及其他净值型权益类资产管理产品市值之和，不得超过资产组合净值的100%
8月	中国住建部、中国人民银行	重点房地产企业座谈会	明确了重点房地产企业资金监测和融资管理规则，即“三道红线”，包括房企剔除预收款后的资产负债率不得大于70%；房企的净负债率不得大于100%；房企的“现金短债比”小于1。此外，拿地销售比是否过高、经营性现金流情况两个方面也将作为监管机构考察的重要指标。基于“三道红线”的指标，监管层将试点房地产企业分为四档。触及全部“三道红线”的房企列为“红色档”，有息负债规模以2019年6月底为上限，不得增加；触碰到其中任何“二道红线”的房企列为“橙色档”，有息负债规模年增速不得超过5%；触及其中任何“一道红线”的房企列为“黄色档”，有息负债规模年增速不得超过10%；“三道红线”均未触碰的房企列为“绿色档”，有息负债规模年增速不得超过15%

续表

时间	发布机构	政策、文件名称	主要内容
8 月	证监会	《公开募集证券投资基金销售机构监督管理办法》	一是强化基金销售活动的持牌准入要求，厘清基金销售机构及相关基金服务机构职责边界。厘清基金销售机构与互联网平台合作的业务边界和底线要求。二是优化基金销售机构准入、退出机制。调整优化资格注册程序，实行“先批后筹”；整合各类金融机构注册条件，进一步完善独立基金销售机构及其股东准入要求；引入基金销售业务许可证有效期延续制度，强化停止业务、吊销牌照等制度安排。三是夯实业务规范与机构管控，推动构建以投资者利益为核心的体制机制
9 月	银保监会	《关于保险资金投资债转股投资计划有关事项的通知》	明确投资范围。保险资金投资的债转股投资计划，投向市场化债转股资产原则上不低于净资产的60%，可投资的其他资产包括合同约定的存款（包括大额存单）、标准化债权类资产等银保监会认可的资产；债转股投资计划进行份额分级的，应当为优先级份额。此外，加强集中度监管。设置单一公司50%和集团合计80%的投资比例限制
	银保监会	《融资性信保业务保前管理和保后管理操作指引的通知》	《融资性信保业务保前管理和保后管理操作指引的通知》细化了《信用保险和保证保险业务监管办法》有关要求，主要包括以下内容：一是强化销售环节透明性。明确销售环节信息披露的具体内容和操作要求。二是强化风险审核独立性。明确核保政策、客户准入标准、欺诈管理内容；明确抵质押物分类、评估等标准和管理要求。三是强化合作方管理。明确销售代理机构、数据服务机构、抵质押评估第三方、追偿机构等合作方的合作要求和管理要求，防范合作方风险传递。四是建立保后监控指标和标准。五是明确追偿方式及管理要求。六是明确理赔投诉流程及标准
10 月	财政部、国务院国资委、银保监会	《加强会计师事务所执业管理切实提高审计质量的实施意见》	对从事资本市场业务、国有企业、金融机构审计的会计师事务所做出了一些规定与要求，明确提出 10 项措施强化会计师事务所执业管理

续表

时间	发布机构	政策、文件名称	主要内容
10月	银保监会	《人身保险公司保单质押贷款管理办法（征求意见稿）》	主要界定人身保险公司保单质押贷款的定义和性质，明确其法律属性和业务属性以及可提供贷款的保单范围，保单贷款期间的保险赔付原则等。此外，规定人身保险公司保单质押贷款所遵循的业务规则，包括贷款条款、贷款协议、贷款利率、期限、比例等
	银保监会	《关于修改〈证券期货经营机构私募资产管理业务管理办法〉的决定》（征求意见稿）	此次修改的主要内容包括：进一步完善私募资管计划负债杠杆（总资产/净资产）的比例限制，加强逆回购风险管理；结合私募股权投资基金投资运作特征，优化相关制度安排；适当放宽期货经营机构相关投资限制；对照新《证券法》，修改相关表述，落实简政放权要求；对照资管新规过渡期延长工作安排，将本《办法》过渡期同步延长至2021年底
11月	银保监会	《关于保险资金财务性股权投资有关事项的通知》	核心内容是取消保险资金财务性股权投资的行业限制，通过“负面清单+正面引导”机制，提升保险资金服务实体经济能力。主要内容包括：取消财务性股权投资行业限于保险类企业、非保险类金融企业和与保险业务相关的养老、医疗等特定企业要求，允许保险机构自主选择投资行业范围。此外，建立财务性股权投资负面清单，禁止保险资金投资存在十类情形的企业，同时鼓励保险资金开展市场化、法治化债转股项目
	银保监会	《信托公司行政许可事项实施办法》	此次修订主要体现在四个方面，包括：对信托公司股东加强准入管理，简化机构变更流程，明确各类业务资格的申请条件，更新董事和高管任职资格。《信托公司行政许可事项实施办法》正式发布前，中国银保监会在2020年4月14日就《信托公司行政许可事项实施办法（征求意见稿）》面向社会公开征求意见，并对征求到的意见逐条进行了仔细研究。正式发布的《信托公司行政许可事项实施办法》主要对相关高管任职资格条件做了优化调整，并对部分条款的表述进行了修改完善

资料来源：根据银保监会、证监会、信托业协会等机构披露资料，经整理得到。

（一）各类资管主体的资管细则密集出台

1. 保险资管细则

（1）保险资管"1 +3"的制度框架正式形成

2020 年 3 月，银保监会发布《保险资产管理产品管理暂行办法》（后文简称《办法》）作为《关于规范金融机构资产管理业务的指导意见》的配套政策，自 2020 年 5 月 1 日开始实行。2020 年 9 月 11 日，银保监会细化了《办法》的相关规定，研究制定并发布了《组合类保险资产管理产品实施细则》《债权投资计划实施细则》和《股权投资计划实施细则》三个细则。正式形成保险资管"1 +3"的制度框架。明确三类产品的登记机制、投资范围、风险管理等要求，并结合各类产品在交易结构、资金投向等方面的特点，对监管标准做了进一步细化，为保险资产管理产品稳步发展提供了制度保障。

《办法》第四条规定保险资管产品应当面向合格投资者通过非公开方式发行，明确了保险资管产品之私募定位。《办法》第八条首次明确了由中国保险资产管理业协会、上海保交所、中保登三大机构组成的自律监管体系。明确所有保险资管业务均应在"登记交易平台"采取集中统一的模式进行发行、登记、托管、交易、结算、信息披露等。《办法》第十九条明确了保险资管产品的投资范围，包括国债、地方政府债券、中央银行票据、政府机构债券、金融债券、银行存款、大额存单、同业存单、公司信用类债券，在银行间债券市场或者证券交易所市场等经国务院同意设立的交易市场发行的证券化产品，公募证券投资基金、其他债权类资产、权益类资产和银保监会认可的其他资产。《办法》第三十一条明确非标上线，指出同一保险资产管理机构管理的全部组合类产品投资于非标准化债权类资产的余额，在任何时点都不得超过其管理的全部组合类产品净资产的 35%。

《组合类产品实施细则》第四条明确产品投资范围：组合类产品可以投资银行存款、债券等标准化债权类资产、股票、公募基金、保险资产管理产品等银保监会认可的其他资产。《债权投资计划实施细则》第六条明确指出在还款保障措施完善的前提下，基础设施债权投资计划可以使用不超过 40% 的募集资金用于补充融资主体营运资金，适当拓宽债权投资计划资金用途，满足更多实体企业特别是制造业融资需求。《股权投资计划实施细则》第四条明确指出股权投资计划可以投资未上市企业股权、私募股权投资基金、创业投资基金、上市公司定向增发、大宗交易、协议转让的股票，以及可转换为普通股的优先股、可转换债券和银保监会认可的其他资产。适当拓展投资范围，可以引导长期资金更好地支持资本市场发展。

（2）险资参与金融期货市场再迎重要里程碑

2020 年 7 月，银保监会发布《保险资金参与金融衍生产品交易办法等三个文件的通知》，具体包括《保险资金参与金融衍生产品交易办法》《保险资金参与国债期货交易规定》和《保险资金参与股指期货交易规定》。《保险资金参与国债期货交易规定》中明确了参与目的，即保险资金参与国债期货应以对冲风险为目的，不得用于投机目的；其发布进一步丰富了保险资金运用风险对冲工具，有利于保险资金加强资产负债管理，增强风险抵御能力。《保险资金参与股指期货交易规定》调整了对冲期限、卖出及买入合约限额和流动性管理相关要求。《保险资金参与金融衍生产品交易办法》中明确了保险资金运用衍生品的目的，删除期限限制，新增保险资金参与衍生品交易的总杠杆率要求。《保险资金参与金融衍生产品交易办法》《保险资金参与股指期货交易规定》的修订，统一了监管口径，完善了保险资金参与金融衍生品交易的监管规制体系，有利于扩大保险机构的选择权，也有利于夯实保险机构履行全面风险管理的主体责任，强化风险意识，持续加强风险管理能力建设。

（3）取消保险资金财务性股权投资的行业限制

2020 年 11 月，银保监会发布《关于保险资金财务性股权投资有关事项的通知》，核心内容是取消保险资金财务性股权投资的行业限制，通过"负面清单 + 正面引导"机制，提升保险资金服务实体经济能力。主要内容包括：取消财务性股权投资行业限于保险类企业、非保险类金融企业和与保险业务相关的养老、医疗等特定企业要求，允许保险机构自主选择投资行业范围。其中，第四条建立了财务性股权投资负面清单，禁止保险资金投资存在十类情形的企业，同时鼓励保险资金开展市场化、法治化债转股项目。

（4）优化保险资产配置结构

2020 年 7 月，银保监会发布《关于优化保险公司权益类资产配置监管有关事项的通知》，主要内容包括三方面：一是设置差异化的权益类资产投资监管比例，明确八档权益类资产监管比例，最高可占到上季末总资产的 45%。二是强化对重点公司的监管，从防范风险角度出发，明确规定偿付能力充足率不足 100% 的保险公司，不得新增权益类资产投资。三是增加集中度风险监管指标。保险公司投资单一上市公司股票的股份总数，不得超过该上市公司总股本的 10%，进一步分散类别和品种投资风险。该《通知》有利于引导保险公司开展价值投资、长期投资和审慎投资，从而为实体经济和资本市场提供更多资本性资金。

2020 年 9 月，银保监会发布《关于保险资金投资债转股投资计划有关事项的通知》（以下简称《通知》），该《通知》第三条明确了投资范围，保险资金投资的债转股投资计划投资的市场化债转股资产原则上不低于债转股投资计划净资产的 60%，可投资的其他资产包括合同约定的存款（包括大额存单）、标准化债权类资产等银保监会认可的资产；债转股投资计划进行份额分级的，应当为优先级份额。该《通知》第五条明确加强集中度监管。设置单一公司 50% 和集团合计 80% 的投资比例限制。该《通知》有利于丰富保险资金投资品种，发挥保险资金长期投资优势，更好服务实体经济发展；同时有利于降低企业杠杆率，支持有较好发展前景的优质企业渡过难关，增强经济中长期发展韧性。

2. 优化私募股权基金投资细则，放宽优质期货机构投资限制

2020 年 10 月，银保监会发布《关于修改〈证券期货经营机构私募资产管理业务管理办法〉的决定》（征求意见稿）（以下简称《修订》），主要包括如下内容：第一，要求资管计划设定合理的负债比例上限，保持充足的现金或者其他高流动性金融资产偿还到期债务。第二，明确资管计划投资单一资产比例超过其净资产 50% 的，该资管计划负债杠杆比例不得超过 120%。第三，适当放宽期货经营机构私募资管产品投资非标资产的限制，豁免私募股权投资基金适用“同一证券期货经营机构管理的全部集合资产管理计划投资于同一资产的资金不得超过该资产的 25%”的限制，完善分期缴付、开放参与等制度安排，满足私募股权投资基金等分期、分步投资的需要。第四，允许最近两期分类评价均为 A 类 AA 级的期货公司及其子公司设立投资非标资产的资管产品，选取头部期货公司进行试点，充分发挥期货经营机构专业优势，提升服务能力与专业水平，满足实体企业风险管理需求。期货经营机构相关投资限制的适当放宽，以头部期货公司作为试点，设立投资标准仓单、场外衍生品等非标资产的资管产品。第五，此次《修订》优化了“一层嵌套”执行标准。明确资管计划应当遵守“一层嵌套”要求，但证监会另有规定的除外，主要是与创业投资基金、政府产业投资基金的特殊规定做好衔接。此外，结合私募股权投资基金投资运作实际需求，明确其接受其他资管产品委托、以资产组合方式投资的，可以通过 SPV 间接投资于未上市的企业股权。

此次《修订》对于期货公司资管业务而言，扩大了其投资范围，有利于通过投资多元化分散风险、增厚收益。对于整个资本市场而言，《修订》的发布有利于进一步规范证券期货经营机构私募资产管理业务，有效防控金融风险，更好地发挥

资产管理业务促进资本形成、深化直接融资、服务实体经济的功能。

3. 信托资管细则——信托公司资金信托管理暂行办法

2020 年 5 月，银保监会发布《信托公司资金信托管理暂行办法（征求意见稿）》（以下简称“资金信托新规”），此次出台的资金信托新规坚持严监管基调的同时，对资管新规之前提出的打破刚性兑付、限制投资非标债权资产的比例进一步明确和量化。旨在推动资金信托回归“卖者尽责、买者自负”的私募资管产品本源，控制具有影子银行特征的信托融资规模，严格限制通道类业务，严守风险底线，统一资管市场的监管规则，并创造公平竞争的制度环境。

此次资金信托新规明确提出了三个限制，第一是限制投资非标债权资产的比例，资金信托新规第 12 条第 6 项明确全部集合资金信托投资于非标债权资产的合计金额在任何时点均不得超过全部集合资金信托合计实收信托的 50%。第二是集中度限制。资金信托新规第 12 条第 6 项规定信托公司管理的全部集合资金信托计划投资于同一融资人及其关联方的非标准化债权类资产的合计金额不得超过信托公司净资产的 30%。第三是严格限制投资者人数。资金信托新规第 8 条明确资金信托面向合格投资者以非公开方式募集，投资者人数不得超过 200 人。但是资金信托新规第 29 条明确规定服务信托业务不属于本办法所称资金信托，不适用本办法规定。服务信托业务，是指信托公司运用其在账户管理、财产独立、风险隔离等方面的制度优势和服务能力，为委托人提供除资产管理服务以外的资产流转，资金结算，财产监督、保障、传承、分配等受托服务的信托业务。

关于限制投资非标债权资产的比例，资金信托新规明确规定全部集合资金信托投资于非标债权资产的合计金额在任何时点均不得超过全部集合资金信托合计实收信托的 50%，长期遭监管部门诟病的信托贷款，此次终于明确受到量化硬约束。在信托公司资金池枯竭、不同资金信托相互交易叫停、打破刚兑势在必行的三重围堵之下，非标贷款信托依存度过高极其容易出现资金链脆断，进而导致断崖式集中爆雷，这是 50% 刚性约束的根源所在，也是信托公司跳脱刚兑风险的必由之路。此外，新规后信托公司最大的制度优势仍然存在，信托机构仍然是唯一具有贷款资质的资管机构，而且是所有资管行业中非标占比上限最大的机构。横向比较可知其他资管行业例如银行理财、上述保险资管的“非标”以及证券期货经营机构私募资管限额仅为 35%，证券资管为“双 25%”的限制，由此可见比例高低是相对的。

关于合格投资者的认定标准，资金信托新规基本上与保险资管产品、证券期货经营机构私募资管产品的配套细则保持了一致，即除资管新规规定的“具有2年以上投资经历，且满足家庭金融净资产不低于300万元人民币，或者家庭金融资产不低于500万元人民币，或者近3年本人年均收入不低于40万元人民币”“最近1年末净资产不低于1000万元人民币的法人或者依法成立的其他组织”外，另将“接受国务院金融监督管理机构监管的机构依法发行的资产管理产品”“基本养老金、社会保障基金、企业年金等养老基金，慈善基金等社会公益基金，合格境外机构投资者（QFII）、人民币合格境外机构投资者（RQFII）”纳入合格投资者范围。

关于信托公司开展固定收益类证券投资资金业务，资金信托新规第15条明确规定信托公司开展固定收益类证券投资资金信托业务，经信托文件约定或者全体投资者书面同意，可以通过在公开市场上开展标准化债权类资产回购或者国务院银行业监督管理机构认可的其他方式融入资金，并应当符合以下规定：第一，每只结构化集合资金信托计划总资产不得超过其净资产的140%。第二，每只非结构化资金信托总资产不得超过其净资产的200%。信托业放开回购业务以及被首次允许开展信托财产负债，标品固收类产品可以不用再通过外部通道撬动杠杆，此项举措不仅有利于标准化债权类信托业务发展，同时也可促进资产管理行业公平竞争。

资金信托新规旨在推动信托业务回归“卖者尽责、买者自负”的私募资管产品本源，控制具有影子银行特征的信托融资规模，严格限制通道类业务，严守风险底线，发展有直接融资特点的资金信托，补齐制度短板，促进资管市场监管标准统一和有序竞争。资金信托新规的问世使得以非标产品为主的传统信托业务模式面临巨大的转型压力。

（二）“标债细则”定方向，“三道红线”限房产

2020年6月，中国人民银行发布公告《标准化票据管理办法》（〔2020〕6号），以规范标准化票据融资机制，更好服务中小企业和供应链融资。2020年7月3日，中国人民银行会同中国银行保险监督管理委员会、中国证券监督管理委员会、国家外汇管理局发布了《标准化债权类资产认定规则》（以下简称《认定规则》）。《认定规则》于2020年8月3日起施行。2019年10月，中国人民银行发布《标准化债权类资产认定规则（征求意见稿）》，资管新规对于标准化债权类资产列出了5项条件：一是等分化，可交易；二是信息披露充分；三是集中登记，独

立托管；四是公允定价，流动性机制完善；五是在银行间市场、证券交易所市场等经国务院同意设立的交易市场交易。此次《认定规则》细化了资管新规关于标债资产的上述5项要求及相关认定标准，并在过渡期安排、监管要求等政策导向上，与前期政策保持一致，既没有制造进一步紧缩的预期，也没有放松监管要求。《认定规则》将标债资产与非标资产进行清晰界定，有利于资管行业、金融市场的规范发展和风险防范。资金信托作为“非标大户”，仍需继续通过减小非标规模、扩大集合资金信托计划规模（50%）以及加大标品信托来适应监管要求。

2020年8月20日，中国住房城乡建设部、中国人民银行在北京召开重点房地产企业座谈会，会议为房地产融资划定的“三道红线”，明确了重点房地产企业资金监测和融资管理规则，“三道红线”包含房企剔除预收款后的资产负债率不得大于70%，房企的净负债率不得大于100%，房企的“现金短债比”小于1。此外，拿地销售比是否过高、经营性现金流情况两个方面也将作为监管机构考察的重要指标。基于“三道红线”的指标，监管层将试点房地产企业分为四档。触及全部“三道红线”的房企列为“红色档”，有息负债规模以2019年6月底为上限，不得增加；触碰到其中任何“二道红线”的房企列为“橙色档”，有息负债规模年增速不得超过5%；触及其中任何“一道线红”的房企列为“黄色档”，有息负债规模年增速不得超过10%；“三道红线”均未触碰的房企列为“绿色档”，有息负债规模年增速不得超过15%。整体来看，“三道红线”指标影响房地产信托公司交易对手的选择。“三道红线”出台之前，信托公司在开展房地产信托业务时的主要风控点在于交易对手整体情况、项目情况和抵质押担保措施。“三道红线”出台之后，信托公司则应更多地关注交易对手的负债情况、融资能力和销售回款状况。此外，“三道红线”指标影响房地产信托业务模式，“三道红线”背景下的房地产信托融资模式已逐渐由债权型融资转向股权型融资，其中信托机构通过股权的方式完成投资和放款很可能成为地产企业压降有息负债的必然选择。

（三）“信托文化”贯全年，“行政许可”定机制

2020年6月，中国信托业协会在《信托公司信托文化建设指引》（以下简称《指引》）指出，信托文化包括服务、民生、责任、底线和品质五大要点。《指引》要求信托公司回归受托人定位，培育和树立谨慎管理受托文化，将实现受益人合法利益最大化作为公司价值取向和公司治理目标；主动引进注重公司长远发展、管理经验成熟的合格战略投资者，鼓励内外资并重，引资与引智并重，借鉴吸收成熟的治理经验和管理方法，培育良好信托文化。同时《指引》表示，信托公司应制

定完善的信托业务操作规程，将良好信托文化贯穿于信托业务各个环节。未来信托行业要健康发展，必须牢固树立诚信、专业、合规、尽职的受托人理念，只有信托公司在未来真正能够成为专业的尽职诚信的受托管理人，信托业务才能够可持续、健康发展。而信托文化建设是实现行业转型发展的必由之路。

2020 年 11 月，中国银保监会发布《信托公司行政许可事项实施办法》（以下简称《办法》），此次修订主要体现在四个方面，包括：对信托公司股东加强准入管理，简化机构变更流程，明确各类业务资格的申请条件，更新董事和高管任职资格。包括对拟成为信托公司控股股东的非金融企业，在权益性投资余额比例、盈利能力、净资产比例等方面提出更严格要求。具体体现为对于境内金融机构作为信托公司出资人，《办法》要求“如取得控股权，应最近 3 个会计年度连续盈利”、对境外金融机构作为信托公司出资人删除了“最近 1 个会计年度末总资产原则上不少于 10 亿美元”的要求，与金融业对外开放的政策导向相一致；信托公司因行政区划调整、股东名称变更等原因引起公司章程内容变更的不需申请修改章程；《办法》严格规范信托公司股权质押，进一步要求股东承诺不以所持有信托公司股权的受（收）益权等形式设立信托等金融产品；新《办法》新增了以固有资产从事股权投资业务资格，但同时删除了“信托公司发行金融债券”，《办法》首次明确要求“独立董事在同一家信托公司任职时间累计不得超过 6 年”，并首次对合规总监（首席合规官）提出了任职资格的要求；等等。

同时，《办法》对信托公司的业务范围和业务品种做出了明确的规定，拓展了其业务空间，有利于信托公司回归本源业务，推动信托业向深度转型，此次《办法》将会促使公司治理更加完善，行业的长期健康发展更加值得期待。

（四）信托业的“治乱象”与“严监管”

2020 年 6 月，中国银保监会发布《关于开展银行业保险业市场乱象整治“回头看”工作的通知》。指出信托公司应主要检查宏观政策执行、公司治理、影子银行和交叉金融业务、融资类信托业务、非金融子公司管理、经营管理、创新业务七大方面。如：是否存在信托公司非标资金池业务清理进展缓慢；存量非标资金池业务底层资产到期后继续滚动发行；直接或通过分期发行、开放式、多层嵌套等方式变相新增非标资金池业务；于可能的风险损失，未充分计提信托资产减值准备或未根据信托公司履职不当责任计提预计负债；未按监管要求制订融资类信托业务压缩计划并有效落实；等等。

2020 年监管部门的监管重点是通道业务和信托公司的审慎经营问题。从信托公司被处罚的金额层面来看，2020 年，被行政处罚的信托公司金额大多均未超过 100 万元，只有一家信托公司于 2020 年 4 月被开出一张金额高达 1400 万元的巨额罚单（沪银保监银罚决字〔2020〕4 号），案由为：一是 2016 年 7 月至 2018 年 4 月，该公司部分信托项目违规承诺信托财产不受损失或保证最低收益；二是 2016 年至 2019 年，该公司违规将部分信托项目的信托财产挪用于非信托目的用途；三是 2018 年至 2019 年，该公司推介部分信托计划未充分揭示风险；四是 2016 年至 2019 年，该公司违规开展非标准化理财资金池等具有影子银行特征的业务；五是 2016 年至 2019 年，该公司部分信托项目未真实、准确、完整地披露信息。

2020 年 1 月，中铁信托因作为受托人为委托人提供通道发放贷款尽职管理不到位，严重违反审慎经营规则，公示受罚 30 万元（川银保监罚字〔2020〕20 号）

2020 年 4 月，山东信托因违规提供房地产融资、员工行为管理不到位被罚，公示受罚 70 万元（鲁银保监罚决字〔2020〕24 号）。2020 年 6 月，五矿信托因违规接受保险资金投资事务管理类信托计划，公示受罚 30 万元（青保监罚决字〔2020〕26 号）；2020 年 7 月，中航信托因存在未按规定报送案件风险信息的违法违规行为，公示受罚 30 万元（赣银保监罚决字〔2020〕13 号）；2020 年 8 月，吉林信托因未严格审核信托目的的合法合规性，为银行规避监管提供通道，公示受罚 40 万元（吉银保监罚决字〔2020〕14 号）；2020 年 9 月，中建投信托因未按监管规定及时进行信息披露和推介信托计划时存在对公司过去经营业绩做夸大介绍的情况，公示受罚 45 万元（浙银保监罚决字〔2020〕56 号）。

四、服务信托迅速崛起，核心地位基本确立

服务信托概念明确于 2018 年信托业年会，中国银保监会党委委员、副主席黄洪着重强调要发展以受托管理为特点的服务信托业务，明确服务信托的含义是指“以信托财产独立性为前提，以资产账户和权益账户为载体，以信托财产安全持有为基础，为客户提供开户/建账/会计、财产保管/登记、交易、执行监督、结算/清算、估值、权益登记/分配、信息披露、业绩归因、合同保管等信托运营类金融服务的信托业务”。此后，《信托公司资金信托管理暂行办法（征求意见稿）》（以下简称“资金信托新规”）的出台，进一步明确了“资金信托”和“服务信托”的区别。资金信托新规第五章第二十九条做出明确定义：“服务信托业务，是指信托公司运用其在账户管理、财产独立、风险隔离等方面的制度优势和服务能

力，为委托人提供除资产管理服务以外的资产流转、资金结算、财产监督、保障、传承、分配等受托服务的信托业务。具体包括家族信托、资产证券化信托、企业年金信托、慈善信托及其他监管部门认可的服务信托。”并明确表示服务信托业务不适用本办法规定，基本确立了服务信托的鼓励重点及核心地位。

2020 年信托公司在服务信托领域展业重点及特色业务主要体现在资产证券化信托、养老信托、慈善信托、家族信托四个方面。

（一）资产证券化成为主要转型方向之一

资产证券化信托是服务信托的重要组成部分，信托公司参与资产证券化业务主要包括三种方式：担任受托人和发行载体管理机构；将信托受益权设计为资产证券化产品的底层资产；获取承销业务资格，担任资产支持票据的承销机构。

具体来说，信托资产证券化业务可分为三类。如表 1－7 所示。

其一，信托与企业资产证券化（ABS）。信托公司参与企业资产证券化的路径相较信贷资产证券化更为广泛，主要包括特殊目的载体及计划管理人。信托公司作为资产证券化中的特殊目的载体，其结构设计的初衷与信贷资产证券化的受托人的功能定位异曲同工，通过“信托收益权＋资产支持计划”双 SPV 结构的设计，实现对资产证券化资产的风险隔离、信用增级及资产重组。实践中，信托公司担任资产证券化中的特殊目的载体，可通过资金信托或财产权信托的形式实现，无论何种形式，信托在企业资产证券化中的应用基础是以信托受益权为基础资产的企业资产证券化。在 ABS 业务中，目前只有华能贵诚信托和中信信托具有交易所的管理人资质，其他信托公司尚未能取得管理人资质。

其二，信托与信贷资产证券化（CLO）。信贷资产证券化由银保监会和人民银行监管，以银行业金融机构作为发起机构，由特定目的信托受托机构作为发行载体，在全国银行间债券市场面向机构投资者，公开或定向发行交易，目前市场上的基础资产主要包括个人汽车贷款、个人住房抵押贷款、棚户区改造项目贷款、不良贷款、微小企业贷款、个人消费类贷款、消费信贷、信用卡资产、金融租赁资产等。该类业务又分为典型的信贷资产证券化和私募资产证券化。根据《信贷资产证券化试点管理办法》，目前我国银行间市场的信贷资产证券化均是以信托受益权份额的形式发行，虽然信托在整个交易中必不可少，但是大都仅承担“通道”角色，此类业务一般是银行作为主导方，认购资产支持证券的资金方也基本都是发行银行寻找的，因此信托在这类业务中很难发挥主动管理的作用，也很难从这个业务类型中获取较高的收入。银行信贷资产私募资产证券化可以分成两种：一种是以银行已投的存量非标资产为基础资产，设立财产权信托并分层评级后发行信托受益权份额；另一种则是通过信贷资产私募资产证券化，综合运用了资金信托、财产信托、信托受益权转让等，投入新增非标资产。

其三，信托与资产支持票据（ABN）。信托型 ABN 是非金融企业将基础资产转让给信托公司，设立财产权信托，信托公司作为受托机构在银行间债券市场发行资产支持票据，该产品采用公开募集方式，以基础资产所产生的现金流为还款来源，以投资者购买产品，受让信托受益权，获得基础资产带来的相关收益作为其收益来源。信托型资产支持票据具有较多优势：通过引入信托作为发行载体，标的资产通过交付给信托计划而实现破产隔离；实现公募发行，信息充分披露；发行的逻辑可以拓展到资产信用，助力中小企业低成本融资；使资产出表成为可能。

表 1－7　资产证券化的分类

分类	CLO	ABS	ABN
原始权益人	银行	企业	企业
发行机构	信托	券商/基金子公司/信托（仅两家）	信托
交易场所	银行间市场	交易所	银行间市场
基础资产	个人汽车贷款、个人住房抵押贷款、棚户区改造项目贷款、不良贷款、微小企业贷款、个人消费类贷款、消费信贷、信用卡资产、金融租赁资产等	债权、收益权、权利凭证、不动产相关权利、信托受益权	

资料来源：公开资料整理。

目前，信托公司已成为 ABS 产品主要发行人/计划管理人。根据 Wind 数据统计，截至 2020 年 12 月 14 日，资产证券化产品发行总规模为 28945.14 亿元。其中，共有 39 家信托公司作为 ABS 产品主要发行人/计划管理人，信托公司参与的项目规模为 13147.45 亿元，占总规模的 45.42%。截至 2020 年 12 月 14 日，信贷资产证券化的发行，产品累计发行 179 只，发行总额 8181.94 亿元；此外，企业资产证券化产品（发行机构/计划管理人仅有中信信托和华能信托两家信托公司）累计发行 13 只，总规模 91.70 亿元；资产支持票据产品，累计发行 441 只，总规模 4873.80 亿元。

信托公司作为拥有贷款牌照的金融机构，介于非标资产管理和标准资产证券化退出之间的业务，拥有开展资产证券化业务的天然制度优势和独特竞争优势。对于资产证券化业务，信托公司可以一方面提升主动管理能力、积极申请业务资格、提升服务附加值，进而争取业务机会；另一方面可以主动挖掘证券化业务价值，发挥自身优势，将证券化业务从单纯的服务信托拓展为资产管理业务、私募投行业务和服务信托的结合，实现全链条、全流程服务，以及非标业务向标准化业务的升级。例如：在普惠金融资产证券化领域，信托公司可先以 PRE－ABS/ABN 的方式，以融资类额度形成基础资产，再通过证券化退出，从而将非标债权资产源源不断地转化为标准化的 ABS 资产；在基础设施和商业地产资产证券化领域，信托公司可先以 PRE－REITs 的方式孵化不动产资产，之后通过 CMBN、CMBS、类 REITs、公募 REITs 等资产证券化工具退出，形成基础设施和商业地产行业募投建管退的闭环模式，这也是未来基础设施和商业地产行业的发展方向。兼具标准化与服务信托特质的资产证券化业务已然成为资管新规背景下信托公司战略转型的强有力“武器”。

（二）养老信托

根据国家统计局发布的数据，2019 年末中国 60 岁及以上的老年人口数达到 2.54 亿人，占总人口的 18.1%，65 岁及以上老年人口达到 1.76 亿人，占总人口的 12.6%。老龄化问题加重，而养老信托具备信托财产独立、信托收益确定以及信托财产保障性强等金融特性，能够为应对老龄化挑战、打造养老第三支柱提供可行的解决方案。发展养老信托，不仅有利于增进民生福祉，同时也是信托行业回归本源服务、创新转型的有力探索。

养老信托是信托公司开展的养老金融业务，兼具金融与服务的功能。其以信托为载体，可为受益人提供一揽子、全方位的服务。养老信托为受益人提供的服务包括不限于：老年人医养消费、资产保值增值、资产隔离、财富传承等。养老信托还可以将委托人的资金以信托的方式服务于实体经济，包括支持养老基础设施建设，与外部机构以灵活的方式助力康养、医疗、智慧养老等产业的发展等。但同时也面临着缺乏养老金专业投资管理能力、客户群体有限等问题。在当前的压力与机遇并存的内外部环境下，发展养老信托正当其时。

目前市场上养老信托产品主要包括：养老消费信托、养老财产信托和养老产业信托三类。

第一，养老消费信托。信托公司设立消费信托计划，直接向康养机构采购康养服务，以规模数量取得较优惠的价格并以机构身份督促康养机构提供对应质量的服务，保障老年消费者权益。认购产品的投资者不仅获得现金收益，并同时获得养老服务方面有关权益。养老服务包括居家养老、机构养老及高端养老机构的优先入住权。在居家养老模式下，养老消费的内容可以包括家政、护理、餐饮、紧急救援、心理关怀慰问等服务；机构养老模式下，养老消费的内容更广泛，包括养老住房、护理、健康医疗、疗养康复等全方位饮食起居服务。

养老消费信托不仅具有投资品性质，也具有消费品性质，是一种理财产品与消费权益相结合的创新型产品，养老消费信托能够将养老地产和康养社区的居住权益金融化，为受益人特定的养老消费目的，集成养老消费服务资源，督促服务供应商为受益人提供符合标准的养老服务。同时养老消费信托解决了“会员”“押金”的非议和隐患，信托管理方统一筛选、提供各类养老服务优先入住、优惠购买权，解决了养老服务商筛选难和持续支付难的问题。

第二，养老财产信托。养老财产信托是指委托人为获得稳定利息收入，将土地、房产等资产交由信托公司，信托公司按信托合同进行处置管理，并将财产管理中的收益按期分配给委托人作为养老金。养老财产管理信托的发起方以委托人为主，受托人在我国一般是信托公司。受托人在向客户提供养老咨询服务的过程中，为客户设计特定的养老保障计划，并接受委托人的财产信托，履行信托财产的管理运营等受托职责。养老财产信托的主要特征在于，存续期较长，直至财产所有者去世，届时相关财产所有权归属信托机构。

基于信托合同设置的灵活性，养老财产产品可以根据委托人的意愿设置财产的处置管理权，可以在信托合同中增加条款，约定当老人去世后信托就归于结束，剩余信托财产收益权由其法定继承人继承，或者其法定继承人有权以约定价格优先购回该房产的权利，兼顾养老与继承，为个人提供全新的养老方式，提升老年人的生活质量。

第三，养老产业信托。相对养老服务信托和养老投资产品信托，目前市场上投向养老产品的信托产品数量最多，尤其是康养项目的数量较多，这是由信托的传统业务模式和制度优势决定的。养老产业信托在业务实践中主要表现为养老产业投融资信托，资金主要用途是与房地产企业合作开发相对应的康养社区。为支持养老产业发展，信托公司可通过股权、债权等多种金融工具为养老产业提供投融资资金支持，亦可探索通过资产证券化形式盘活养老运营机构的资产，产品的交易结构和风控措施的设计与房地产类信托产品并无太大的区别，只是在信托收益权方面可能略带有与养老服务相关的权益成分。投融资业务作为信托公司最为熟悉的业务形式，养老产业投融资也是信托公司进入养老产业最容易的切入点。由于信托公司长期深耕房地产、基础产业领域，因此也往往从养老地产、养老基础设施领域切入养老产业投融资。

但是作为养老产品，养老产业信托应该明确，为投资者做好养老安排是一个长期的过程，排除部分短期的以资金融通为目的的养老地产信托项目，而应考虑将通过长期股权投资获取康养医疗社区的部分控制权和养老服务的权益份额为目的的信托产品作为养老产业信托的典型。通过长期股权投资，将较低成本的长期资金逐渐转化为高龄人群所需要的养老服务等权益，这样做，既可以分享养老产业的发展收益获取投资收益，又可以在一定程度上满足高龄人群的养老需求。

养老信托作为信托行业的一种新兴事物，尚未形成规模优势，仅有部分信托公司在积极探索养老业务模式的基础上，创新推出数款养老信托产品。受限于养老产业市场的发展不成熟，我国的养老产业的业务盈利模式和可持续发展模式尚未明晰，具体实践中还存在着养老政策不明确和投资门槛高的问题。但是对于处于转型升级期的信托公司而言，养老信托无疑是一种符合监管导向和市场需求的创新型业务。第一，养老金信托作为养老金金融产品，弥补了我国养老保险二、三支柱发展短板，为投资者提供了多元的养老金融产品选择；第二，附带养老保障功能的养老服务类信托作为养老服务金融产品，将养老需求端与供给端打通，兼具了经济收益与养老服务的功能；第三，信托可依托其制度的灵活性和创新性，与外部机构、资金合作为养老产业链条的企业提供融资，服务于实体经济发展。

（三）慈善信托

今年以来，我国慈善信托呈现加速发展态势，截至 2020 年 6 月 30 日，全国共备案慈善信托 415 单。其中，2020 上半年共备案慈善信托数量为 142 单，财产规模 2.63 亿元。截至 2020 年 12 月 1 日，全国备案的慈善信托已突破 500 单，其中，2020 年以来的备案数量超过四成达到 220 单。

慈善信托是转型探索中的一个重要业务领域。信托公司可以通过“慈善基金会 + 公益信托”“互联网 + 公益信托”“家族财富管理 + 公益信托”等创新业务模式，实现信托转型。在客户需求方面，财富管理和家族信托业务逐渐丰富的信托公司，受客户日益高涨的慈善需求推动，有较强的动力涉足慈善信托，有利于强化客户黏性。在合作优势方面，信托公司开展慈善信托业务具有灵活的制度优势和财产保值增值的功能优势，会吸引一些“市场嗅觉敏锐”的慈善组织主动对接合作。在运作模式上，目前成立的慈善信托许多是由信托公司与慈善组织合作运行的，慈善组织负责慈善项目实施与管理，信托公司负责闲置信托财产投资管理，双方各司其职、优势互补，与此同时，信托公司还可以充分发挥财富管理业务积累的高净值客户为慈善信托提供委托人资源，并以慈善信托为载体，积极吸引各界社会资源参与到慈善事业的发展中。慈善信托既可以满足高净值客户的公益慈善需求，也可以提升信托公司为高净值客户提供全面财富管理服务的深度与广度。此外，慈善信托也可以通过与产品代销机构（商业银行）的深度合作，发挥“家族财富管理＋公益信托”的优势。如约定客户每设立一笔家族信托，其部分信托投资收益、受托人报酬将注入慈善信托，用于支持特定公益慈善项目，形成了“商业银行＋信托公司＋高净值客户”的三方慈善模式。

慈善信托在这次抗击新冠肺炎疫情的过程之中起到了示范性的作用，2020年1月26日至28日，经中国信托业协会倡议，我国61家信托公司作为共同的委托人，累计投入资金3080万元，由注册在武汉的国通信托作为受托人设立了“中国信托业抗击新型肺炎慈善信托”，目的主要是对由新型冠状病毒感染引起的肺炎疫情进行防控与救助，疫情结束后用于医疗科研、应急救助等公共卫生事业。为确保精准实现防控新型冠状病毒和救助由其所造成的损害的信托目的，行业迅速成立多只相关的慈善信托，例如，重庆信托设立“重庆信托·万众一心共抗疫情”慈善信托、民生信托设立“中国民生信托—民生有爱救助疫灾公益信托”、新华信托设立“新华信托·华恩10号迪马股份医护关爱慈善信托”、光大信托设立“光信善·蓝帆医疗实物救援慈善信托”等，通过募集实物资产或货币性资产等多样化方式助力前方疫情防控。信托公司抗疫慈善信托设立情况（部分统计）如表1－8所示。

表1－8　信托公司抗疫慈善信托设立情况（部分统计）

信托计划名称	受托人	受托规模	委托人
光信善·蓝帆医疗实物救援慈善信托	光大信托	200万只医疗级防护手套	蓝帆医疗
光信善·欣鑫慈善专项慈善信托	光大信托、四川省欣鑫慈善基金会	100万元的医疗器械	—

续表

信托计划名称	受托人	受托规模	委托人
中国信托业抗击新型肺炎慈善信托	国通信托	3080 万元	61 家信托公司
新华信托·华恩 10 号迪马股份医护关爱慈善信托	新华信托	1000 万元	重庆市迪马实业股份有限公司
重庆信托·万众一心共抗疫情慈善信托	重庆信托	800 万元	重庆信托及所属企业的高管、员工
重庆信托·三峡银行疫情防控慈善信托	重庆信托	600 万元	重庆三峡银行
陕国投·陕西慈善协会—迈科集团—众志成城抗击新型冠状病毒肺炎慈善信托	陕西省国际信托	1176.26 万元	西安迈科集团及公司员工和其他符合法律规定的投资者（含自然人、机构）
“上善”系列赴鄂救援抗击疫情慈善信托	上海信托	500 万元	众多机构及上海信托员工
天信世嘉·信德众志成城抗击新型肺炎 01 期慈善信托	天津信托有限责任公司、天津市福老基金会	50 万元	天津信托
“云慈济善”慈善信托	云南信托和云南省青少年基金会	50.1 万元	—
紫金信托·厚德博爱抗击疫情助医慈善信托	紫金信托	416 万元	紫金信托及员工、江苏银行及社会爱心人士
华信信托—抗击新型肺炎慈善信托	华信信托	100 万元	大通证券
华宝善行·抗击新型冠状病毒肺炎疫情慈善信托	华宝信托	272.81 万元	华宝信托及公司员工
抗击疫情慈善信托 1 号	中建投信托	12 万元	南京银城集团及 2 位爱心人士

续表

信托计划名称	受托人	受托规模	委托人
兴业信托·同泽一期抗击新型肺炎慈善信托计划	兴业信托	117 万元	公司自有资金及员工和金辉集团
中国民生信托—民生有爱救助疫灾公益信托	民生信托	—	在职员工和高净值客户的捐款资金
大爱无疆系列慈善信托	光大信托	100 万元	信托报酬
天鸿集合资金信托计划	中航信托、民生银行私人银行、平安普惠	5 亿元	165 位委托人
中诚信托 2020 信托保障基金·京慈疫情防控慈善信托	中诚信托	50 万元	北京市慈善协会、西城区展览路街道办事处、西城区慈善协会、中国信托业保障基金有限责任公司、中诚信托有限责任公司、中诚资本管理（北京）有限公司、中诚宝捷思货币经纪有限公司等各方代表

资料来源：公开资料整理。

慈善信托从分布领域来看，涉及教育、扶贫、疫情防控、儿童、扶老、环保等多个公益慈善领域。2020 年以来，甘肃、浙江两地新增备案慈善信托的规模和数量快速提升。其中，甘肃省新增备案数量从 2019 年的 20 单提升至 2020 年的 75 单，累计备案突破 100 单，全部来自光大信托。以光大信托设立的“光信善”系列的慈善信托为例，“光信善·昆山慈善信托 1 号”于 2019 年 11 月 7 日在甘肃省兰州市民政局完成备案，信托规模为 5 亿元，期限为永续。信托本金及投资收益全部用于昆山市公益慈善活动，具体投向的公益项目包括救急项目、爱老项目、助学项目、儿童阳光基金项目、“慈善礼包”项目、“一日捐”项目等。“光信善·光大集团定点扶贫慈善信托 2020”于 2020 年 8 月 20 日在甘肃省兰州市民政局完成备案，信托规模为 3019 万元，期限为 3 年，信托目的包括开展扶贫、济困；扶老、救孤、恤病、助残、优抚；救助自然灾害、事故灾难和公共卫生事件等突发事件造成的损害；促进教育、科学、文化、卫生、体育等事业的发展；防治污染和其他公害；保护和改善生态环境及其他符合《慈善法》规定的公益慈善活动。“光信善”系列的慈善信托充分发挥了金融机构的资产管理优势，创新开展了公益资金的保值增值，达到给公益慈善行业赋能的目标。

（四）家族信托

新冠肺炎疫情促进了家族信托业务的发展，2020 年第一季度末国内家族信托突破 1000 亿元，第二季度末国内家族信托规模突破 1863.52 亿元，信托业存量家族信托为 9049 个。招商银行发布的《2020 年中国家族信托报告》显示，2020 年中国家族信托意向人群数量约为 24 万人，预计到 2023 年将突破 60 万人。与此同时，上述高净值客户可新成立家族信托的资产规模预计约为 7.5 万亿元，预计到 2021 年底这一规模将突破 10 万亿元。这给国内信托机构发展家族信托业务带来了新的机遇。

同时，结合建信信托和胡润研究院发布的《2020 年中国家族财富可持续发展报告》，中国内地超高净值家庭从省市看主要分布于北京、广东、上海、浙江，均超过 1 万户。随着国内居民财富的不断增资，超高净值人群数量迅速扩大，家族信托在财富传承、家族事务管理和税收筹划等方面的优势越来越获得高净值人群的认可。

另外，在疫情冲击经济、金融市场不确定性提升的情况下，财富传承的重要性和急迫性进一步凸显。对于高净值财富家庭而言，积累的大量财富需要实现传承，这需要专业的金融机构帮助打理。家族信托具有资产保护、隔离风险、保护隐私、保障生活、维持控制等众多功能，能够有效弥补法定继承、遗嘱继承及生前赠予等方式的缺陷或不足，是家族财富管理和传承的基石工具。其中保险金信托结合了保险与家族信托的双重优势，在近两年家族信托市场上脱颖而出，“保险 + 信托”服务模式是在保险定位风险管理和生命保障的基础上，由信托公司运用其在账户管理、财产独立、风险隔离、指定分配等方面的制度优势和服务能力，进一步满足高净值人群资产保护和财富传承的需求，实现“1 + 1 > 2”的增值服务效果，为客户的财富管理一路护航。

截至 2020 年 7 月，建信信托围绕股权传承展开多单家族信托的创新实践，与建行上海市分行共同推出了以非上市企业股权为信托财产的家族信托产品，帮助企业主将所持股权资产置入家族信托；同时与建行深圳市分行共同推出“股权家族信托 + 家族基金”方案，实现股权资产中经营性资产和传承性资产的有效隔离。截至 2020 年 12 月 11 日，中融信托家族办公室于 12 月的存量管理规模已高达 107.63 亿元，其中家族信托项目共 368 单，慈善信托 5 单，家族企业财富管理 1 单，泽佑、泽阳系列产品共计 14 单。此外，相对于传统家族信托较高的进入门槛，也有信托公司试水投资门槛较低（一般为 100 万元至 500 万元）的财富信托和家庭信托，以满足中产阶级的财富管理需求，并对现有超高净值家族财富管理市场进行有益的补充。

需要指出的是，家族信托传承的不只是财富，更是家族文化、创业精神和人文精神的传承，家族文化传承在社会精神文明建设方面有着不可替代的作用。家族财富管理不能简单地等同于家族金融资产管理，要想实现高净值客户的“安全财富”“增值财富”“和谐财富”和“永久财富”的目标，信托公司不能仅把目光局限于通过单纯的金融投资手段实现金融资本的保值增值，客户其他的如家族人力资本、家族社会资本、家族文化资本等都需要不同维度的管理才能得以继承并发扬光大。所以，信托公司还需要考虑如何通过方案设计，以物质财富的传承为载体，更好地实现客户家族精神、家族文化的传承，这是家族信托和客户需要一起面临的新课题，也是家族信托转型的新蓝海。

五、非标转标大势所趋，标品信托渐成主导

2020 年 7 月 3 日，中国人民银行会同中国银行保险监督管理委员会、中国证券监督管理委员会、国家外汇管理局发布了《标准化债权类资产认定规则》（以下简称《认定规则》）。《认定规则》于 2020 年 8 月 3 日起施行。2019 年 10 月，中国人民银行发布《标准化债权类资产认定规则（征求意见稿）》，将标准化债权类资产定义为依法发行的债券、资产支持证券等固定收益证券，对《关于规范金融机构资产管理业务的指导意见》中关于标准化债权类资产的相关认定条件的要求进行了细化。其一，在合格投资者数量、最小交易单位和标准化文本等方面将等分化、可交易条件进一步细化；其二，在信息披露的方式、内容、频率和效果等方面对信息披露充分条件进一步细化；其三，在债券市场登记托管机构方面对集中登记、独立托管条件进一步细化；其四，在交易方式、交易服务、交易价格、质量控制等方面对公允定价、流动性机制完善条件进一步细化；其五，在服务机构的监管体系、原则等方面对交易市场的选择应为国务院同意设立的市场（包括银行间市场、证券交易所市场等）这一条件进一步细化。此次《认定规则》细化了资管新规关于标债资产的上述 5 项要求及相关认定标准，并在过渡期安排、监管

要求等政策导向上，与前期政策保持一致，既没有制造进一步紧缩的预期，也没有放松监管要求。《认定规则》将标债资产与非标资产进行清晰的界定，有利于资管行业、金融市场的规范发展和风险防范。作为“非标大户”的信托业，《认定规则》的正式发布和《资金信托暂行办法》对投资非标债权资产比例的明确限制均有助于加速信托公司非标转标的步伐，未来标品信托也将成为行业主导。

截至2020年第三季度末，投向证券市场的信托资金总额为2.21万亿元，较上年末增加2538.14亿元，增长幅度达12.95%，是唯一实现正增长的投向领域。从具体构成来看，2020年第三季度末，投向股票的资金信托余额为6062.74亿元，较上年末增加1026.38亿元，增幅达20.38%；投向基金的资金信托余额为2524.4亿元，较上年末增加312.41亿元，增长14.12%；投向债券的资金信托余额为13543.68亿元，较上年末增加1199.35亿元，增长9.72%。可见新的监管环境下，标品投资对信托公司业务发展重要性明显提升。长远来看，标品投资会是信托公司主要业务方向，也是信托公司和其他资产管理机构竞争的重要业务。ABS/ABN（资产证券化）、“固收+”、TOF（基金中的信托）被视为标准化信托的三大王牌。

TOF是由信托公司募资设立母信托产品，根据投资者的风险偏好，通过投资公募基金、私募基金在内的资产组合，形成二次组合投资的净值型标准化信托产品，为投资人获取更加稳定的投资收益。TOF的底层资产多是公开市场中可交易的金融资产，如城投债和房地产企业的ABS等。TOF有两个主要特点：一方面，TOF投资产品分散，风险不会集中，在产品形态上涵盖公募、私募、保险资管等，可以灵活地把全市场上各个领域高收益、低风险的一批基金全集中起来。另一方面，主动管理型的TOF资产可以灵活配置，灵活体现在动态调整，不仅会定期根据量化模型的计算结果调整基金配置比例，还会实时根据资本市场的变化调整基金配置比例，力求时刻保持投资组合处于确定性高、风险可控的状态。

TOF产品可以分为服务类TOF产品和主动管理型TOF产品。服务类TOF产品是指母信托为实质被动管理的TOF产品。其主要特征是在信托文件中直接约定投向的子基金产品、投向的固定比例等具体资产配置组合，委托人指定并认可投向的固定子基金产品的相关商务条款及风险，或是在母信托中直接设置投资顾问，由投资顾问决定信托投向多个子基金的时机及投资比例，信托委托人指定并认可该投资顾问所有决策及相关风险。信托公司作为资金募集端与资管产品端之间的联结，主要承担投后风险监测、预警、信息披露、收益分配等事务管理类职责，相应的信托报酬水平较低，竞争也相对激烈。在子基金管理人和基金产品的遴选上，没有完全发挥出资产分散配置功能，但是服务型TOF信托产品可以作为信托公司的投融能力还待加强之时扩大标品信托管理规模的现实选择，也可作为向主动管理类TOF模式转型的过渡。

主动管理类TOF产品是指母信托为主动管理型信托产品：在资金端，信托公司作为受托人，构建以自有客户为主的资金池，对流动性风险进行管理；在资产端，信托公司作为投资人，通过进行宏观经济分析、政策分析和市场分析，对投资策略定调，判断资产未来的市场走势，有针对性地对子基金的管理人、产品经理团队等进行筛选，组合配置符合入池标准的基金产品；综合资金端委托人风险偏好，提供相应的TOF产品进行匹配。主动型TOF对信托从业人员专业素质、资管产品的理解、市场时机的把握和精细化管理能力都提出了更高的要求，

2020年“固收+”发行市场火爆，据Wind数据显示，截至第三季度末，2020年“固收+”产品的发行数量已达160只，资产总规模达2435.8亿元。而2019年“固收+”产品的发行数量仅为70只，发行规模为690.35亿元。此外，2020年“固收+”产品的开户数高达742万户，较上年增加175万户。“固收+”是指一种投资策略，实质是以债权投资（利率债与高信用等级的信用债等）作为打底、积累安全垫，并在此基础上加入股票投资、可转债、积极权益、衍生品、大宗商品、REITs、量化对冲或打新等策略（即“+”的涉猎范围），以谋取超额收益。“固收+”类的产品基本思路是“债基打底保稳健+权益类策略增厚收益”。

考虑到目前经济处于下行区间，利率整体下行，单纯投资于债券资产的产品较难贡献超额收益，信托公司可以在固收的基础上适当地进行能力延伸，可能先倚重债券等低风险品种，通过杠杆把安全垫做出来，然后放大风险敞口，设定好回撤底线。通过配置一定的权益、可转债等资产，为客户创造超额收益。“固收+”策略优势显著，但是由于要兼顾股市债市机会，在不同资产间进行灵活切换，在收益率和波动率中寻求相对平衡，这类产品的管理对投资团队的专业能力要求较高。短期内，信托公司在标准化资产的管理上不具有优势，大类资产配置能力也需要时间逐步提升，由于“固收+”策略的实施主要基于股票、债券这些标准化资产市场，而公募私募基金、券商更具投研优势和先发优势。因此信托公司如要转型提供“固收+”类产品，更宜采取固收部分：“自身主动管理+”的部分引入资产配置能力强的头部私募机构、公募基金和券商等外部机构这种“联合操盘”的方式来丰富这类产品的供给，逐步积累提升主动管理能力。

未来，随着主动管理能力的进一步提升，信托公司还可以根据客户的需要，

从市场中筛选优秀的私募基金管理人，使用更丰富的金融工具，在固收基础之上，寻找确定性强、回撤幅度小、更接近绝对回报的一些策略工具，在求稳的基础上，控制权益工具的仓位，实现放大回报的目的。最终形成固定收益、固定收益+权益类/量化/打新、股债混合、纯权益类多层次体系，以满足客户多元化的资产配置需求。

从总的发展路径上看，信托公司标品投资初期需与其他资产管理机构合作为主，开展 FOF/MOM 业务及“固收+”业务，并逐渐培养和建立自身的主动投资能力。与其他资管机构合作不仅有助于做大规模，还可以建立与市场上相关机构的合作关系，融入证券投资市场，熟悉不同机构投资偏好和专业优势。已获取债券承销资格的信托公司，可以通过债券投资、产业基金或者股权投资的方式，掌握更多优质资产，进而发展股债相结合的专业私募投行业务模式，运用灵活的投融资机制，为在资产端的标品信托赢得更多竞争力。需要注意的是，标品信托业务的风险控制需要通过专业化的投研体系，通过深入专业的市场研究，提前预判市场风险，有效控制市场波动风险。

总的来说，为使信托行业在转型之路上占领更多的竞争优势，信托公司应积极响应监管要求，提高标准化资产（包括股票、债券等）的配置比例，加大对资产证券化产品的关注度，着力于提高标准化资产的投研能力，尝试通过 FOF 基金、“固收+”等方式，提高标准化资产产品的收益率，增强产品竞争力。

六、科技赋能作用凸显，多家公司重金打造数字体系

在疫情笼罩、经济下行压力加大、金融强监管、市场竞争加剧的共振下，信托业转型正变得迫在眉睫。其中，科技赋能正被信托公司视为加速转型步伐的重要“助推器”。具体来看，信托业在转变商业模式、推进业务创新、提升服务和经营管理质效这一过程中，均可以充分利用金融科技手段强化服务能力，优化流程，降低成本，提升投资业绩，提高运营效率，改善用户体验。金融科技的应用主要表现在通过系统的整合、数字化转型和流程优化、大数据及人工智能的运用来提高投资能力及客户运营能力。

在客户管理场景，金融科技能帮助信托公司整合公司级客户数据，打造一站式客户平台和投顾平台，完善营销管理体系，快速提升用户体验；在业务创新场景，为信托公司提供行业成熟的数据模型及科技应用，开展联合建模，如数据风控模型、标品投资估值系统、投研平台等；在合规风控场景，帮助信托公司重塑风

控合规流程，实现跨行业和企业的关系网络构建，提升洞察能力和审批效率；在运营管理场景，帮助信托公司强化数据治理，提高监管报送、项目全生命周期管理的流程自动化程度。

面对疫情的考验，信托业普遍加速了智能化、信息化、在线化的发展趋势，多家信托公司重金打造数字体系。据中国信托业协会出版的《中国信托业发展报告（2018—2019）》显示，2018—2019 年平均每家信托公司信息科技投入 1746.89 万元，同比增长 9.27%，其中投入超过 1000 万元的信托公司数占到近 60%。此外，根据 2019 年最新年报统计，2019 年有 28 家信托公司在年报中提及“科技”，16 家信托公司将“金融科技”建设上升为公司战略高度。厦门信托提出“积极践行数字信托”战略，制定三年信息科技战略规划方案；上海信托表示“坚持科技引领，打造转型发展源动力”等，更有东莞信托、陆家嘴信托等明确列出公司科技投入金额，彰显投资力度。在数字化平台打造上，以云南信托为例，其在 2020 年自主研发或与蚂蚁集团合作落地的科技应用有：伽利略 AI 资产配置系统、智能麒麟合规系统、区块链 + 供应链金融、区块链 + 汽车金融等，此外，还有 15 项 IT 系统获得软件著作权登记。

信托业务的创新离不开金融科技的应用，以大数据、云计算、人工智能和区块链为代表的金融科技手段，在信息采集、投资决策、风险管控等方面助力信托公司业务模式创新。此外，金融科技还可以提升信托账户管理、提供偏好服务、创建合作生态、深入场景互动，形成服务信托的开放体系，为客户提供即时、集成、极致的专业服务，让科技赋能助力信托业回归本源，助力服务信托打造全新发展格局的主要方向。

（一）数字化应用

以大数据和云计算结合为典型特征的数字化应用使信托业务和金融科技融合在一起。首先，在投资策略的选择方面，基于大数据进行信息收集、筛选、汇总，识别资产配置的影响因素，并通过云计算迅速生成投资策略，能够迅速抓取市场中的投资机会，提高交易效率。

其次，在智能投顾方面，通过大数据平台迅速了解所属客户的历史及现状，包括基本信息、投资历程、盈亏波动、特点及爱好、风险偏好等特征，因人而异提出具有针对性的投资项目，并提供差异化投资服务。同时，在客户交易过程中，根据市场行情变化主动提供客户需要的信息和建议。

再次，在风险管理方面，伴随金融业务的创新发展，大数据和云计算在金融风险敞口的多样化、风险计量的复杂化、风险数据的多维化背景下，综合运用交易行为、合同、市场行情、产品等信息，实现精细化风险识别和管控。此外，金融科技对项目立项、项目运营和项目清算全过程实时监控，及时发现风险因素并进行预警，进而有效提升信托公司在项目运作全过程中对包含市场风险在内的多风险因素进行识别并规避的能力。

最后，在运营效率方面，大数据结合云计算能够将运营模式拆分细化，提升数据质量，优化投资管理、清算、风险管控等环节的运营流程。此外，经营管理过程中产生的数据也能够通过智能化数据分析，对经营管理效率进行反馈和评价，使信托公司管理部门及时且有针对性地调整运营管理措施。

（二）区块链

首先，从区块链的概念来看，区块链是指通过分布式和去信任的方式集体维护一个可靠数据库的技术方案。区块链是分布式数据存储、点对点传输、共识机制、加密算法等多种计算机技术的集成创新。它的技术本质是分布式结构的数据存储、传输和证明的方法，用数据区块取代了目前互联网对中心服务器的依赖，使所有数据信息都被记录在一个分布式系统之上。

其次，从区块链的特征来看，区块链技术具有分布式、去信任化、透明、集体维护、不可篡改、可追踪、加密安全性、开源、隐私保护等特征。将区块链技术与信托行业发展结合起来研究，一方面，由于区块链技术与信托业都基于信任化这一主题，信托行业需要以信任机制为基础，而区块链技术有利于信任机制的增信建设和信托资产最新运行情况的及时披露；另一方面，信托行业公信力不足以及转型困难已成为阻碍其更大规模发展的重要因素。信托公司的信息披露不充分、不透明，委托人对信托公司信托制度、信托文化及信托业务模式了解不足，影响委托人对信托公司的信任与信心。而区块数据具有开放特征及共识机制，参与者可以共享区块数据，这样既可以降低信息共享交易成本，也可以减轻信息交易负担。基于信息绝对安全的前提下，各参与主体可以最快、最低成本实时享受各种信息，而且由于各参与主体授权不同，可以避免不良信息的干扰。透明、真实、快捷的信息，利于委托人全面了解信托项目的运行质态，从而基于了解的基础上的信任度会大幅度提升，而且正是链上数据真实、可靠，由此依据形成的经营报告、设计的信托产品提供的信息等，委托人可以不受任何欺骗而进行决策。

区块链实质上是分布式记账，具有记账和信息溯源作用，而信托的好多产品特别是公益的信托产品，如慈善信托等，委托人捐款完全可以数字化表现，符合区块链技术对数字化的要求，区块链技术可以使资金的运用完全处于委托人的监督之下。在区块链的智能合约条件下，委托人只要履行了义务，系统会严格按照事先约定的条件执行，从而保证了委托人的权益不受伤害，这在家族信托、慈善信托等作用更为明显与突出。为此应该积极发展区块链技术，赋能信托行业。

金融科技的背景下，高净值客户将更加关注的是如何快速、实时地了解资产配置组合最新的运行情况、收益和净值波动等业绩数据。如何利用金融科技赋能带来创新的财富管理模式，尤其是在风险控制和实时预警方面，这将是信托公司未来转型升级的重要方向。而区块链技术与信托的结合可以做到信息披露和实时预警，可应用于广泛的领域，包括供应链溯源、区块链股权登记和交易平台、资产托管和资金清算等多方面，随着区块链技术的逐步落地普及，信托与之融合的广度和深度势必进一步提升。

需要指出的是，信托业需要探索金融科技应用的标准体系。一是监管标准。金融科技以其创新性、去中心、分布式、跨界性、智能化等特点，给行业监管带来了重大挑战，对此，监管机构应采取主动且创新的监管标准，建立金融科技技术创新应用的试验机制，在充分保障金融消费者权益的基础上，识别和扶持真正具有技术创新含量和推广价值的金融科技应用。二是业务标准。金融科技赋能的业务领域，其业务模式必然得到创新发展或升级改造，银保监会联同信托业仍需对新型业务模式加以规范，制定统一、全面的业务标准，使金融科技赋能的新领域也能规范发展和防范风险，进一步提升行业整体竞争力。三是服务标准。信托业务模式的创新和发展也必然导致相关服务流程和服务质量的升级更新，对应配套的服务标准也应得到进一步的总结和完善，以便更好地推动新型业务模式的发展壮大。

此外，信托公司需要注重金融科技带来的应用效益。一是注重金融科技与业务的契合度和落地率。金融的科技应用应立足于与信托业务的紧密结合，以模式创新、效率提升、风险把控、提高运营效率为出发点和落脚点，切实服务于实际业务。不能脱离实际盲目地追求技术革新，而要聚焦于解决具体业务面临的现实问题，以提升信托产品质量和服务为最终目标。二是注重金融科技投入产出的效益比。金融科技的投入成本主要包括两部分：一是系统成本。包括硬件设施、软件设施的购买、维护和使用成本等。二是人力成本。包括技术人员等相关人才的招聘、培养和薪酬。金融科技的产出具体包括以下几个方面：一是资产端和财富端业务规模在技术支持下产生量级上的提升和运行管理效率的提高所给公司带来的收益；二是因技术应用导致的新的业务模式所带来的收益；三是业务审查及运营管理方面，风控端提升项目风险排查能力和效率、运营管理端提升项目中后期管理规范化与系统化，为公司节省风险成本、管理运营成本等。信托公司在运用科技手段时，应着重量化评估相关应用的投入成本和产出效益，以求更加客观合理地制订相关规划，追求收益最大化。

七、房地产信托规模大幅缩减，消费金融业务异军突起

（一）房地产信托业务进入寒冬

2020 年上半年，中央政策层面继续坚持“房住不炒”的定位，落实城市主体责任，加上央行“三道红线”倒逼房企去杠杆、降负债，随着监管政策收紧和行业转型深入，房地产信托发行已进入寒冬。据中国信托业协会数据披露，2019 年第三季度房地产业信托投资规模为 28631. 56 亿元。2020 年第三季度投向房地产的资金信托规模为 23775. 95 亿元，较 2019 年第三季度同比下降 16. 96%，同期下降 4855. 61 亿元。

如图 1 –12 所示，从业务规模占资金信托比重来看，投向房地产资金规模占资金信托的比重自 2019 年末后持续下降，2020 年第三季度投向信托业资金规模仅占资金信托规模的 13. 80%，环比下降 2. 54%，较 2019 年第三季度的 15. 01%下降了 1. 21 个百分点，受监管政策持续压缩业务规模、地产业务额度管控、“三道红线”新规的施行等政策影响，房地产信托规模持续压缩。

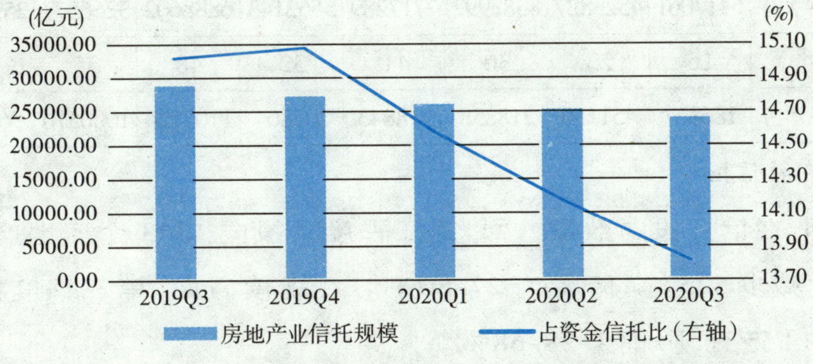

图 1 –12　房地产信托规模及占比（2019Q3—2020Q3）

如图 1 –13、表 1 –9 所示，2020 年房地产信托业务规模持续环比下降，第一季度环比下降 4. 62%，第二季度环比下降 3. 02%，第三季度环比下降 4. 94%。从房地产信托业务全年变动趋势来看，截至 2020 年第三季度，房地产信托业务规模呈现持续下降趋势，且同比下降幅度越来越明显。

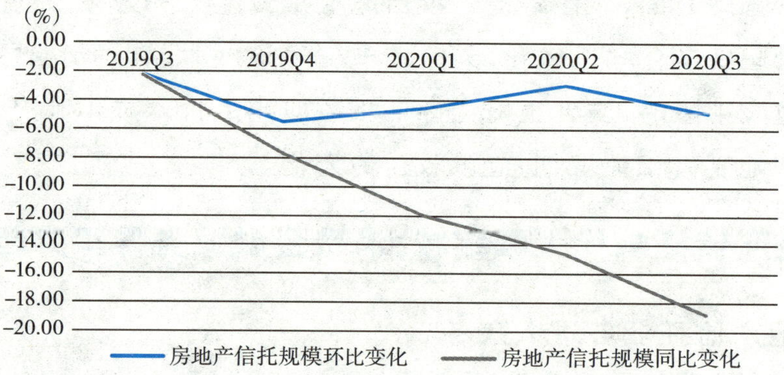

图 1-13　房地产信托规模环比变动和同比变动

表 1-9　2020 年 1—9 月信托产品数量及规模分布表

行业	指标	1 月	2 月	3 月	4 月	5 月	6 月	7 月	8 月	9 月
金融	数量（个）	759	932	1193	1173	1130	1205	1303	1175	984
	规模（万元）	6434027	7053306	8846322	8541108	8431797	10986870	9578558	8100051	9062204
房地产	数量（个）	523	462	813	695	543	650	502	501	360
	规模（万元）	5627410	3546850	8600630	8498158	8177221	13903702	6872284	8594405	6342078
工商企业	数量（个）	280	305	415	376	330	354	331	275	183
	规模（万元）	2882876	3178814	5613038	2681961	1973301	3403606	2104922	1788863	1969338
基础产业	数量（个）	696	582	987	914	638	727	444	336	272
	规模（万元）	6417061	4523827	8383992	7717289	5562143	6888602	3266577	2595028	2745273
其他	数量（个）	16	23	30	41	32	48	35	22	14
	规模（万元）	186867	451110	218858	918843	207864	1103124	1000570	967068	221876

资料来源：用益信托。

数据显示，在信托投向数量方面，第三季度共投向 1363 个房地产信托产品，投向数量环比减少 525 个，降幅为 27.80%。在规模方面，第三季度投资规模环比下降 8770314 万元，降幅为 28.68%。

监管趋严是 2020 年下半年集合信托市场的主基调，而作为监控的重点领域，房地产信托业务短期内难以逆转颓势。

（二）金融机构占比持续下降

根据中国信托业协会数据披露，截至 2020 年第三季度，投向金融机构的资金信托规模为 21505.84 亿元，相对第二季度环比下降 5.13%，较 2019 年第三季度减少了5259.02亿元，同比下降19.65%。从业务规模占资金信托比重来看，2020年第三季度投向金融机构信托业务规模占比为12.48%，环比下降2.80个百分点，较2019年同比下降13.63个百分点。从投向金融机构信托业务全年变动趋势来看，2020年前三季度投向金融机构信托业务规模呈现持续下降趋势，且业务规模下降速度逐步加快。如图1－14所示。

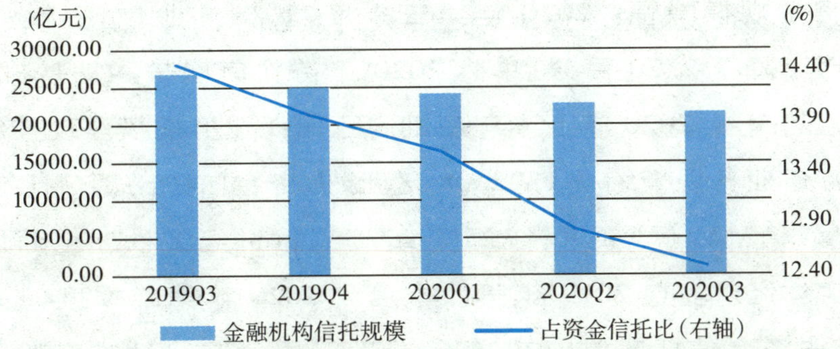

图1－14 金融机构信托规模及占比（2019Q3—2020Q3）

从金融信托业务全年变动趋势来看，截至2020年第三季度，金融机构信托规模呈现持续下降趋势，第二季度环比下降5.80%，第三季度环比下降5.13%，同比变化下降趋势更加显著。如图1－15所示。

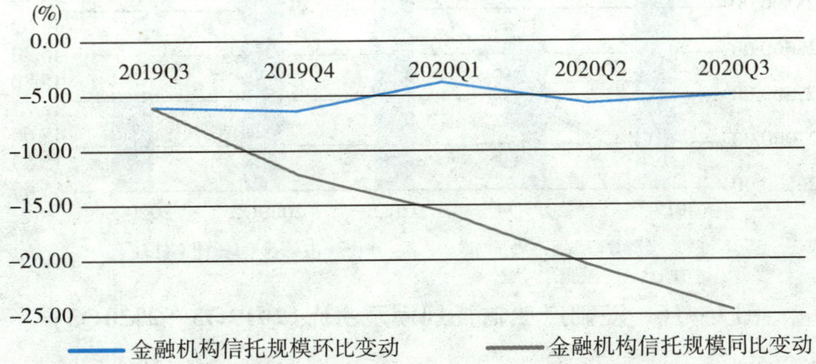

图1－15 金融机构信托规模环比变动和同比变动

由用益信托数据可知，信托投向数量方面，第三季度共投向3462款金融信托产品，投向数量环比减少46款，降幅为1.31%。在规模方面，第三季度投资规模环比下降1218962万元，降幅为4.36%。

自2017年开启金融降杠杆、治乱象以及2018年正式实施资管新规以来，投向金融机构的信托资金规模已经连续11个季度下降，其规模占比也从2016年末时的峰值20.71%下降至2020年第三季度末的12.48%，这表明信托业去通道、去嵌套取得了较好的成效。

（三）基础产业信托波动增长

根据中国信托业协会数据披露，截至2020年第三季度，投向基础产业的资金信托规模为27589.37亿元，相对第二季度环比下降4.57%，较2019年同期下降2.64%。这显著低于资金信托整体3.94%的降幅，也远远低于投向房地产、金融机构的资金规模降幅。2020年第三季度，基础产业信托业务规模占比为16.01%，环比下降了2.20百分点，为2020年首次负增长。从基础产业信托业务全年变动趋势来看，2020年上半年基础产业信托业务规模呈现持续上升趋势，但第三季度存量业务规模缩减1322.08亿元，占资金信托比重环比下降2.20%。信托业按照“六稳”“六保”要求，统筹疫情防控，推进经济秩序全面恢复，引导更多资金流向实体经济。自2019年第四季度到2020年第二季度，基础产业规模逐步增加，其占资金信托比重也在增长，但第三季度在流动性宽松、政府转向低成本的发债融资以及行业加大融资和通道业务压缩力度、新增业务受限和部分存续业务非标转标的背景下出现大幅回落。如图1－16所示。

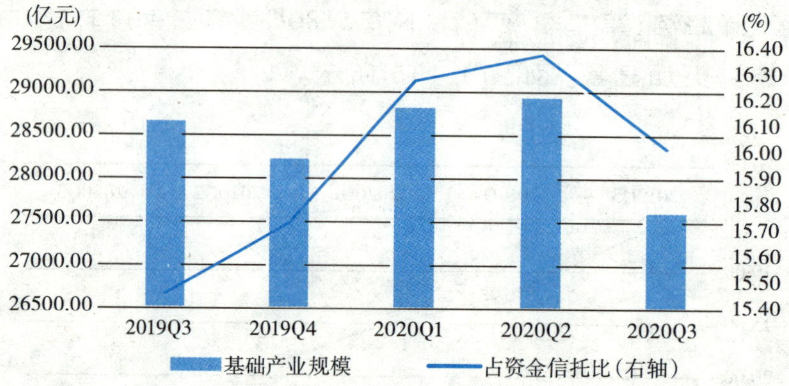

图1－16　基础产业信托规模及占比（2019Q3—2020Q3）

从基础产业信托业务全年变动趋势来看，截至2020年第三季度基础产业信托规模呈现持续上升趋势，第一季度环比上升2.10%，第二季度环比上升0.2%，但第三季度出现大幅下降趋势，环比下降4.57%，环比变化波动趋势明显，如图1－17所示。

用益信托数据显示，信托投向数量方面，第三季度共投向1052个金融信托产品，投向数量环比减少1227个，降幅为53.84%。在规模方面，第三季度投资规模环比下降1156.12亿元，降幅为57.32%。

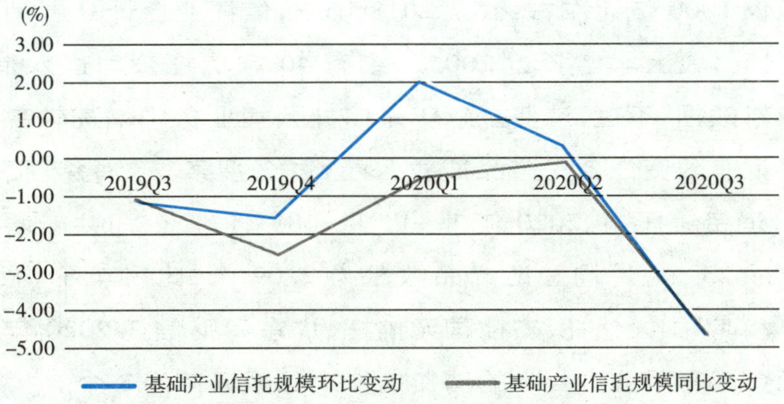

图 1－17　基础产业信托规模环比变动和同比变动

（四）消费金融（信托）业务异军突起

2020 年，中央提出构建以国内大循环为主体、国内国际双循环相互促进的新发展格局。这对扩大内需提出了更高的要求，居民消费的规模、质量和结构成为经济政策关注的重点领域。

2020 年 11 月 11 日零点 30 分，天猫“双 11”的成交总额突破 3723 亿元人民币，较 2019 年“双 11”全天成交额 2684 亿元增加了 1039 亿元，环比增加 38.71%。天猫“双 11”销售额从 0.5 亿元上升到 3723 亿元仅用了 11 年，相当于每年平均增加 338.4 亿元（图 1－18）。近年来，国民消费潜力持续释放，消费需求不断增长，国内消费成为拉动经济增长潜在的强劲动力。

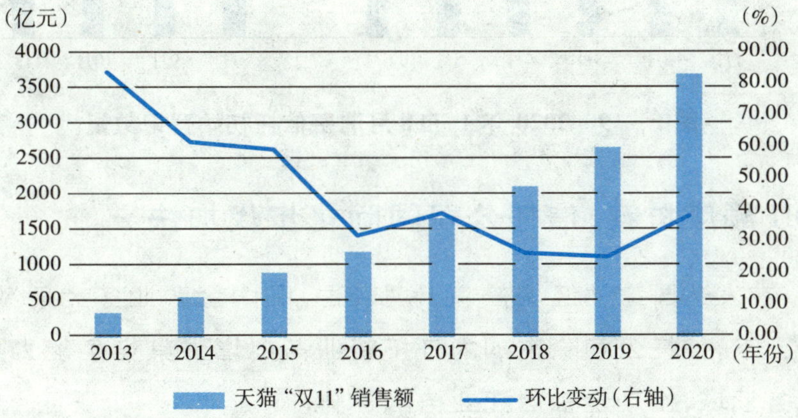

图 1－18　天猫“双 11”销售额（2013—2020 年）

作为我国第二大金融子行业，在近年来，信托业在转型大势下瞄准“消费金融”这一领域。根据信托业协会调研数据，2017 年末，信托公司在消费金融领域的信托规模仅1000亿元左右；截至2018年末，信托业合计开展消费金融信托余额近3000亿元，较上年增长近200%，约有40家信托公司进入消费金融市场。目前尚无最新数据，不过，消费金融仍是信托公司业务中增速较高的板块。基于中国信托登记有限责任公司产品成立公示数据，搜索与"消费"相关的信托产品（后文简称"消费信托"），2020年1—11月，68家信托公司共新增完成初始登记消费信托产品23个，月均登记产品数量为2.09个，比上年平均每月减少1.08个。其中，华润深国投信托、安徽国元信托、广东粤财信托2020年1—11月期间在中国信托登记有限公司公示的消费信托产品数量都为3个。

2020年，受监管从严、疫情和宏观经济下行影响，信托业风险逐渐暴露，发展步伐放缓。消费信托产品登记数量呈现周期性波动趋势，第一季度信托登记数量稳定，4月达到本年最高水平，5—8月快速降至低位，7月全月无消费信托产品登记，9—10月消费信托登记数逐步上升至本年次高水平，11月达到本年最高水平且逐渐趋于平稳。如图1－19所示。

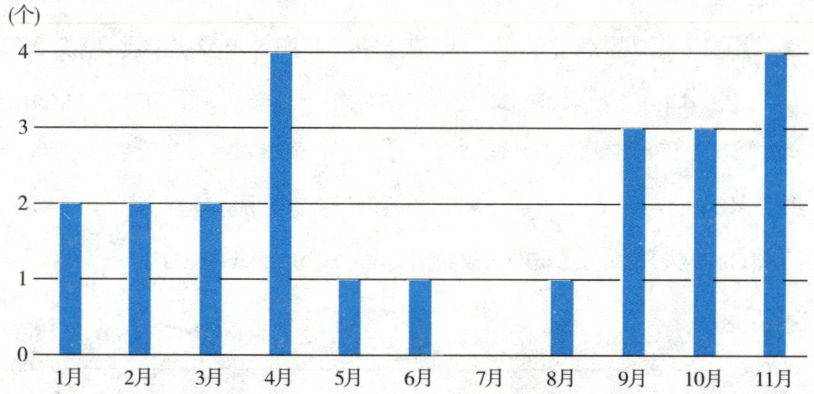

图1－19　2020年1—11月消费信托初始登记数量

八、QDII额度扩容，信托公司国际化步伐加快

近几年，在发达国家的经济普遍出现衰退、国内金融业务竞争激烈和盈利不断下降的情况下，信托公司除在国内开拓新业务以增强其竞争能力外，还应积极拓展国外业务领域，推动金融信托业务国际化。

近二十年来，我国宏观经济高速发展，使得国内高净值群体规模日益扩大，高净值人群寻求境外金融配置需求也逐步加大，这为传统信托业开辟新的市场、信托机构布局境外和开拓国际化业务等提供了契机。

国家外汇局副局长、新闻发言人王春英在 2020 年第三季度外汇收支数据发布会上表示，为了进一步推动构建金融双向开放新格局，满足境内市场配置境外资产或者对外投资的合理需求，2020 年 11 月，国家外汇管理局启动了新一轮合格境内机构投资者（QDII）额度的发放，这是外汇局考虑深化跨境证券投资改革开放的积极举措。这一轮 QDII 额度发放，共计向 23 家机构发放 QDII 额度 42.96 亿美元。

值得注意的是，这一次 QDII 额度的发放已是外汇局自 2020 年 9 月以来的第三轮 QDII 额度发放。三次发放的具体时间点分别是 9 月 22 日、11 月 4 日、11 月 30 日。这说明申请 QDII 额度的机构数量在增多，且额度发放的时间间隔也越来越短，QDII 额度发放正逐渐走向常态化。

此前没有 QDII 额度的光大兴陇信托、华能贵诚信托、华润信托、五矿信托、中粮信托、华鑫信托等 6 家信托公司在 11 月喜提 QDII 额度。而原本 QDII 额度排名第一的华宝信托在此次额度上再增加 1 亿美元，累计 QDII 额度为 20 亿美元。截至 2020 年 12 月，国内 68 家信托公司中有 30 家左右已经拿到了受托境外理财业务资格。如表 1－10 所示。

在信托公司发力标准化投资业务与金融开放的大背景下，海外资产配置成为重要一环。QDII 的额度获得对于有相关业务布局的公司来说至关重要，甚至关乎是否能有效维护公司现有的高净值客户日益多元化的委托要求。

但相比于券商、基金公司等的海外业务发展，信托公司业务国际化进展相对缓慢。截至 2020 年 11 月，金融业 QDII 投资额度审批总计 1166.99 亿美元，信托业 QDII 投资额度审批 90.16 亿美元，占比 7.73%。信托业作为第二大金融行业，7.73% 的比例确实凸显了信托业国际业务的劣势。并且，QDII 业务的专业性要求相对较高，信托公司专业性人才短板仍然明显。另外，从监管政策层面来说，目前对海外子公司的相关监管制度仍存在不足和滞后。不过，目前信托 QDII 业务处于初级阶段，从这个层面看，信托业务国际化后续潜力仍然很大。

虽然此次 QDII 机构额度有所增加，但全球政治经济仍面临较大不确定性，全球经济增速放缓可能会进一步持续，国际金融市场波动也可能进一步上升，客观环境上对境内投资者投资境外金融业务的管理能力和风险管理水平提出了更高要求。

表 1-10　信托公司 QDII 业务获批额度分布

截止日期:2020 年 11 月 30 日

机构名称	最新批准日期	累计批准额度(亿美元)
中诚信托有限责任公司	2014-11-27	16.00
上海国际信托有限公司	2014-12-28	9.50
中海信托股份有限公司	2018-04-24	3.00
平安信托有限责任公司	2011-09-30	1.00
大连华信信托股份有限公司	2011-12-20	1.00
华宝信托有限责任公司	2020-11-30	20.00
中信信托有限责任公司	2014-12-28	9.50
新华信托股份有限公司	2015-01-30	1.50
中国对外经济贸易信托有限公司	2014-09-22	5.00
建信信托有限责任公司	2014-11-27	4.00
中融国际信托有限公司	2014-11-27	3.00
兴业国际信托有限公司	2020-09-22	2.80
北京国际信托有限公司	2015-02-13	3.00
交银国际信托有限公司	2015-03-26	2.00
长安国际信托股份有限公司	2018-04-24	1.80
重庆国际信托股份有限公司	2018-05-30	0.50
国投泰康信托有限公司	2018-05-30	0.70
中国民生信托有限公司	2018-05-30	0.60
华润深国投信托有限公司	2020-11-30	1.00
中粮信托有限责任公司	2020-11-30	0.26
五矿国际信托有限公司	2020-11-30	1.00
华能贵诚信托有限公司	2020-11-30	1.00
光大兴陇信托有限责任公司	2020-11-30	1.00
华鑫国际信托有限公司	2020-11-30	1.00
信托类合计	90.16	

资料来源:基于外汇管理局官网披露的《合格境内机构投资者(QDII)投资额度审批情况表》,经整理得到。

截至 2020 年 12 月 1 日,中国信托登记有限责任公司发行公示的 2020 年完成初始登记的代客境外理财 QDII 信托项目共计 15 项，较 2019 年全年增加 2 项。产品存续时间为 24 个月至 240 个月[例如：上海信托美月盈系列大中华债券投资（开放式）集合资金信托计划存续期为 240 个月，中国民生信托·至信 839、888 号全球优选中概债券投资集合资金信托计划、上海信托浦信环球睿盈系列全球成长股票基金投资集合资金信托计划、上海信托浦信环球睿盈系列全球成长股票基金投资集合资金信托计划的存续期为 120 个月]，新增的多为长期项目（以存续期 120 个月为主）。2020 年新增 QDII 信托项目的信托功能均为投资类，信托主要投向金融业。

在新增产品发布时间分布方面，2020 年上半年，新增 10 个 QDII 信托项目，其中 1 月新增 1 项，2 月新增 1 项，3 月新增 2 项，4 月新增 4 项，6 月新增 2 项；中国信托登记有限责任公司公示，2020 年 7—11 月有 4 个 QDII 信托项目，其中 8—11 月每月新增 1 项。在新增产品管理机构分布方面，上海信托新增 QDII 项目 7 项，稳居行业头部榜首。如表 1－11 所示。

表 1－11　2020 年 1—11 月新增 QDII 信托业务登记情况

序号	产品名称	产品编码	发行机构	首次申请登记日期	存续期限/月
1	上海信托美月盈系列大中华债券投资（开放式）集合资金信托计划	ZXD35S201912010025740	上海国际信托有限公司	2020－01－16	240
2	中国民生信托——至信 839 号全球优选中概美元债普惠 1 期集合资金信托计划	ZXD35Z201912010010577	中国民生信托有限公司	2020－02－19	120
3	中国民生信托——至信 888 号全球优选中概美元债普惠 2 期集合资金信托计划	ZXD35Z202002010012177	中国民生信托有限公司	2020－03－19	120
4	上海信托浦信环球睿盈系列全球成长股票基金投资集合资金信托计划	ZXD35S201909010028969	上海国际信托有限公司	2020－03－27	120

续表

序号	产品名称	产品编码	发行机构	首次申请登记日期	存续期限/月
5	上海信托浦信双盈系列（灵动版）第6期境内外联动全球资产配置集合资金信托计划	ZXD35S201912010043155	上海国际信托有限公司	2020－04－15	24
6	上海信托航信系列大中华债券投资集合资金信托计划	ZXD35S201911010021853	上海国际信托有限公司	2020－04－17	240
7	中国民生信托——至信936号全球优选中概美元债普惠3期集合资金信托计划	ZXD35Z202003010034696	中国民生信托有限公司	2020－04－20	120
8	中国民生信托·至信943号中概美元债集合资金信托计划	ZXD35Z202003010049177	中国民生信托有限公司	2020－04－26	120
9	中粮信托·启源4号集合资金信托计划	ZXD40Z201912010044736	中粮信托有限责任公司	2020－06－03	240
10	建信信托——AQT海外2号混合类集合资金信托计划	ZXD32J201912010011379	建信信托有限责任公司	2020－06－24	36
11	兴业信托·兴复全球添利1号集合资金信托计划	ZXD36X202006010027044	兴业国际信托有限公司	2020－08－05	120
12	上海信托环球睿盈系列中国高收益债券基金投资集合资金信托计划第七期	ZXD35S202006010014601	上海国际信托有限公司	2020－09－28	120
13	上海信托浦信环球睿盈系列全球成长股票基金投资集合资金信托计划第二期	ZXD35S202009010000479	上海国际信托有限公司	2020－10－15	120

续表

序号	产品名称	产品编码	发行机构	首次申请登记日期	存续期限/月
14	上海信托环球睿盈系列中国高收益债券基金投资集合资金信托计划第八期	ZXD35S202009010010053	上海国际信托有限公司	2020－11－10	120

资料来源：经中国信托登记有限责任公司发行公示数据整理得到。

九、少数风险项目影响恶劣，风控领域不断承压

（一）信托风险项目个数与资金规模

在疫情暴发导致的宏观经济下行压力激增的大背景下，以及“去杠杆、强监管”的调控政策下，整体流动性趋紧导致实体企业面临很大的还款压力。与此同时，为保证企业正常运转以及业务规模扩张，部分信托公司开展了较多融资成本较高的信托业务。在 2019 年风险得到集中释放的情况下，2020 年风险继续暴露，其中多家信托公司出现了部分项目违约或延期兑付现象。其中，2 月，光大信托管理的“光大信益 21 号集合资金信托计划”出现延期；6 月，金凰珠宝假黄金事件爆雷，牵涉长安信托、东莞信托、安信信托、四川信托等多家信托公司；9 月，江苏信托踩雷信保盛 158 号（华晨汽车）集合资金信托计划，华晨集团如期兑付希望渺茫，导致江苏信托面对 10 亿元本金踩雷的风险；11 月，华信信托多项信托计划公告延期兑付。

受宏观经济下行压力激增及信托公司频频踩雷等因素影响，据信托业协会数据披露，2020 年第一季度信托风险项目 1626 个，较上一季度增加 79 个，风险项目资金规模为 6431.03 亿元，较上一季度增长 11.4%。其中，集合资金信托风险项目资金规模为 3948.83 亿元，较上一季度增长 14.4%；单一资金信托风险项目资金规模为 2414.08 亿元，较上一季度增长 6.67%；财产管理权信托风险项目资金规模为 68.12 亿元，较上一季度显著上升 22.56%。因此，无论从项目个数方面还是资金规模方面观测，2020 年信托公司业务风险呈明显放大趋势。

与 2019 年进行对比分析，2020 年第一季度信托风险项目个数较上年同期大幅增加 620 个，增速超过 61%；而风险项目资金规模较上年同期增长 127.2%，

超过2019年同期的2倍。其中，集合资金信托风险项目资金规模与上年同期相比增长126.6%；单一资金信托风险项目资金规模与上年同期相比增长129.3%；财产管理权资金信托风险项目资金规模与上年同期相比增加94.98%。2020年，伴随集合资金信托风险项目和单一资金信托风险项目增速持续保持高位，财产管理权信托风险项目继2019年年中回落后再度快速回升，共同拉动了风险项目资金规模的快速增长。如图1-20所示。

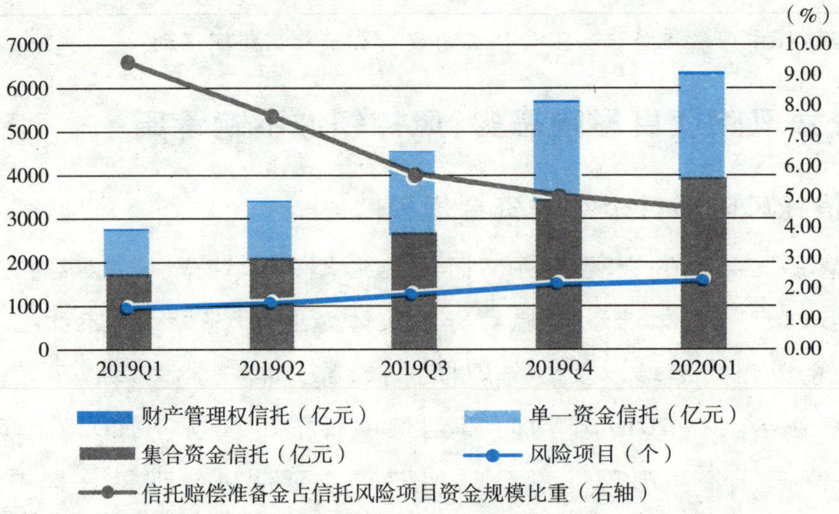

图1-20　信托风险项目个数与资金规模(2019Q1—2020Q1)

另外，信托公司信托赔偿准备金在2020年第三季度增至296.23亿元，较2019年同期提高11.25%，但与信托风险项目资金规模相比增速依然较慢。2020年第一季度信托赔偿准备金增至295.39亿元，信托赔偿准备占信托风险项目资金规模比重在该季度降至4.59%（图1-20）。该比重在2020年持续降低的原因主要有三点：首先，疫情暴发，导致整体经济下行压力激增，现金流趋紧导致风险项目资金规模激增；其次，监管趋严，信托风险项目集中暴发，导致风险项目资金规模快速大幅提高；最后，信托公司盈利能力并未明显提高，从净利润中提取的信托赔偿准备金积累速度较慢。总体来看，信托公司赔偿准备金缺口有所扩大。

（二）信托风险项目分类占比情况

2020年第一季度信托风险项目资金规模占信托资产规模比例为3.02%，同比增长1.76个百分点，环比增长0.35个百分点。其中，集合类产品风险资金规模占比为3.94%，同比增长2.1个百分点，环比增长0.46个百分点；单一类产品风险资金规模占比为 3.14%，同比增长 2.04 个百分点，环比增长 0.32 个百分点；财产权类产品风险资金规模占比为 0.19%，同比增长 0.04 个百分点，环比增长 0.09 个百分点。如表 1－12 所示。

2020 年第一季度，集合类、单一类和财产权类信托产品风险资金规模占比实现同比、环比双增长。比较不同类信托产品风险资金规模占比的季度数据，自 2019 年第一季度以来，集合类信托产品的风险资金规模占比以相对稳定速率持续上升，单一类信托产品风险资金规模占比增速呈现先加快后减缓的变动趋势，而财产权类信托产品风险资金规模占比变动趋势为逐步下降后开始稳步回升。

表 1－12　信托风险项目分类占比情况　（%）

时间	全部	集合类	单一类	财产权类
2019Q1	1.26	1.84	1.10	0.10
2019Q2	1.54	2.14	1.45	0.09
2019Q3	2.10	2.73	2.19	0.04
2019Q4	2.67	3.48	2.82	0.15
2020Q1	3.02	3.94	3.14	0.19

资料来源：中国信托业协会网站，经整理得到。2020Q2—2020Q3 数据未披露。

2020 年第二、第三季度的信托风险项目数据尚未披露，总体上来说，仅就目前已披露数据可知，虽然信托公司在新的监管框架下逐步收缩银信通道业务，但是单一类信托产品风险项目资金规模占比在 2019 年下半年及 2020 年继续呈现上升态势，新冠肺炎疫情暴发导致的经济下行压力激增和单一类业务风险项目的集中爆发使信托公司在 2020 年风险控制领域更加艰难。

（三）未来产品到期情况

2020 年 12 月 3 日，中国信托业协会发布《2020 年 3 季度末信托公司主要业务数据》，其中披露了 2021 年 1—9 月即将到期信托项目个数及规模。由于 2021 年信托项目集中于每季度末到期清算，项目个数和规模出现明显的季节性翘尾特征。如表 1－13 所示。

表 1－13　2021 年 1—9 月到期信托项目个数及规模

时间	个数（个）	全部（亿元）	集合类（亿元）	单一类（亿元）	财产权（亿元）
2021 年 1 月	1006	3242	1570	1217	454
2021 年 2 月	680	2099	1266	613	220
2021 年 3 月	1217	3628	1817	1190	621
2021 年 4 月	945	2873	1704	845	324
2021 年 5 月	979	3363	2177	814	372
2021 年 6 月	1168	4375	2449	1353	573
2021 年 7 月	968	3345	2033	760	553
2021 年 8 月	902	3019	1801	763	454
2021 年 9 月	1162	4545	2701	1076	768
2021 年 1—9 月合计	9027	30489	17518	8631	4339

资料来源：中国信托业协会网站。

2021 年前 9 个月到期项目数合计 9027 个，预计较 2020 年同期减少 12.92%，到期项目规模合计 30489 亿元，预计较 2020 年同期下降 19.22%。其中，风险资金规模占比较高的集合类到期信托产品资金规模为 17518 亿元，同比减少 7.73%；风险资金规模占比增速较快的单一类到期信托产品资金规模为 8631 亿元，同比下降 42.09%；安全级别较高的财产权类到期信托产品资金规模为 4339 亿元，同比增加 12.56%。

十、信托公司增资风潮再起，资本实力整体提升

截至 2020 年 12 月 17 日，共有国投泰康信托、建信信托、财信信托、西部信托、国元信托、江苏信托、光大信托、陆家嘴信托和大业信托 9 家信托公司的增加注册资本变更（增资）获银保监会批复，增资方式以股东出资为主，实收资本的增量金额总计 204.27 亿元；且同期拟增资或引入战略投资者的机构仍有 9 家，增资规模为 143 亿～177 亿元，可见，增资潮并不会在短时间内结束。同时，2020 年还出现了公开征集战略投资者的现象。2020 年 11 月 12 日，山西信托发布《关于引入战略投资者的公告》，拟通过增资扩股方式，公开引入有实力的投资者，加快转型发展和优化战略布局等，同时面向全国公开引进具有优势资源、了解信托业的战略投资者；11 月 17 日，华信信托在官网发布《关于征集战略投资者的公告》，并称拟引入单一或多家战略投资者，引入资金 34 亿～68 亿元，注册资本增至 100 亿～134 亿元。详细情况如表 1－14、表 1－15 所示。

表 1－14 2020 年信托公司增资情况统计

序号	公司名称	增资前实收资本(亿元)	增资后实收资本(亿元)	增量(亿元)	获得银保监会批复日期
1	国投泰康	21.90	26.71	4.80	2020－01－03
2	建信信托	24.67	105	80.33	2020－07－08
3	财信信托	24.51	43.8	19.29	2020－07－17
4	西部信托	15	20	5	2020－09－21
5	江苏信托	37.6	87.6	50	2020－10－30
6	国元信托	30	42	12	2020－11－06
7	光大信托	64.18	84.18	20	2020－11－11
8	陆家嘴信托	40	48.00	8	2020－12－04
9	大业信托	10	14.85	4.85	2020－12－10
合计				204.27	

资料来源：中国银保监会。

表 1－15 2020 年信托公司拟增资情况统计

序号	公司名称	增资前实收资本（亿元）	拟增资后实收资本（亿元）	拟增量（亿元）	企业发布公告/向媒体披露的日期	拟增资方式
1	五矿信托	60.00	115.00	55.00	2020－05－29	非公开发行优先股
2	陕国投	39.64	76.64	37	2020－07－06	定向增发 11.89 亿股
3	四川信托	35	50	15	2020－07－29	引入战略投资者
4	山西信托	13.57	—	—	2020－11－12	
5	华信信托	66	100～134	34～68	2020－11－17	
6	中粮信托	23	28.31	—	2020－11－27	自有资金
7	民生信托	70	—	—	2020－08－29	引入战略投资者
8	云南信托	12	—	—	2020－07－23	引入战略投资者
9	华宸信托	8.00	10.00	2.00	2020－12－09	内蒙古政府以国有资本注资
合计			379.95～413.95	143～177		

资料来源：公司官网及公开媒体渠道整理。

（一）2020年信托公司增资的特点

2020年信托公司的增资金额大、时间集中且较为频繁，同时还有多家信托公司披露了引入战略投资者或增加资本金的意愿。总体来看，信托公司的增资呈现以下特点：

一是大额增资的情况频频出现。2020年增资规模最大的是建信信托，建信信托于2020年7月将注册资本由24.67亿元大幅增长至105亿元，成为行业第八家注册资本超过百亿元的信托公司（2019年11月以来先后两次增资）；其次是江苏信托，于10月增资50亿元；再次是光大信托，于11月增资20亿元。而拟增资的信托公司中，五矿信托的55亿元增资也十分引人关注，华信信托拟引资34亿～68亿元，这一增资金额同样巨大。

二是增资时间点集中。除国投泰康外，以《信托公司资金信托管理暂行办法（征求意见稿）》的发布为分界线，其余8家信托公司的增资集中在2020年7月以后。资金信托新规的时间点是影响信托公司增资的重要因素。此外，信托公司须按照各项业务规模计算风险资本并与净资本建立对应关系，信托公司的净资本需大于风险资本，且净资本不低于净资产的一定比例。因此，净资产一定程度上影响公司主动管理类业务的发展规模和水平。

三是注册资本较少的信托公司增资动机更强。《信托公司资金信托暂行办法》第12条第6项明确规定信托公司管理的全部集合资金信托计划投资于同一融资人及其关联方的非标准化债权类资产的合计金额不得超过信托公司净资产的30%，而增资的9家信托公司注册资本有6家不超过30亿元，注册资本的低基数严格限制了信托公司投资同一融资人的非标准化债权比例，在行业监管趋严的大环境下，资本实力对信托公司的展业影响越来越大。从2020年增资和拟增资的情况来看，注册资本较低的信托公司在增资上表现更为积极。

四是引入战略投资者的情况增加。增资的方式上，2020年引入战略投资者的情况增加不少，目前有6家公司宣布引入战略投资者。2020年2月，银保监会发布《信托公司股权管理暂行办法》（以下简称《办法》）。《办法》对信托公司的股东资质提出了较高的要求，明确持有5%以上股份的股东即为信托公司“主要股东”。同时规定，“投资人拟作为信托公司主要股东的，应当具备持续的资本补充能力，并根据监管规定书面承诺在必要时向信托公司补充资本”等。可见信托公司对股东的资质要求越来越高，实力较强的新股东会给信托公司带来更多的优势资源，促使信托公司与新股东形成强强联合、优势互补、协同发展效应，进一步提升公司综合竞争力，为未来业务转型发展奠定坚实基础。

五是因风险防范而增资。2020 年是信托行业转型的关键之年，也是行业风险高发的一年。信托产品大批量爆雷，多家信托公司被接管，严重影响了涉事信托公司的流动资金。信托公司在补充流动资金上手段有限，通过增加注册资本可以解决短期的流动资金不足，完成对部分存量违约产品的处置，也有助于提升风险抵御能力，增强社会公信力和资产偿付能力，更好地满足监管机构在注册资本、净资本等方面的审慎监管指标和风险控制的要求。

（二）2020 年信托公司增资的动机

如图 1－21 所示，2016 年和 2017 年是信托公司增资的高峰时间段，同期的信托资产管理规模高速增长，所以不难推断信托公司实收资本的高速增长是由于业务规模高速增长所致。而 2020 年是信托行业监管收紧和业务转型的时间段，2020 年 5 月银保监会发布的《信托公司资金信托管理暂行办法（征求意见稿）》将信托公司业务规模与其净资产挂钩，使得信托公司为了符合监管要求，能够顺利开展业务，不得不想方设法扩大公司资本规模，而信托产品爆雷的接踵而至也是信托公司增资的动机之一。

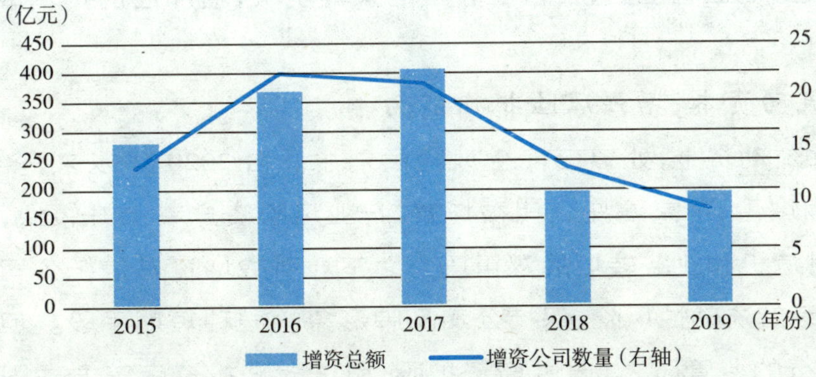

图 1－21 2015—2019 年信托业增资情况统计

1. 符合监管要求，增强资本实力以扩大业务规模和业务范围

从 2020 年初的压降 1 万亿元融资类信托到资金信托新规的问世可以看出监管层对于融资类业务压降的决心，在资金信托新规落地的这一窗口期，增加资本实力、顺应监管的要求成为信托公司的转型重点任务之一，也是信托公司增资的主要动力。

一是增厚资本，拓展业务发展空间，推动业务转型。公司转型发展加大投入和前期布局，需要有较强的资本实力做支撑，因为信托公司的资本实力直接影响信托公司的展业能力。首先是资金信托新规将资金信托业务开展的规模限制与信托公司净资产挂钩，对信托公司资本金实力提出了更高的要求。增加注册资本可以有效增加信托公司的净资本，扩大业务的额度，维持信托公司的盈利能力，进而更有余力推进业务转型。其次是满足监管机构对信托公司注册资本、净资本等方面的审慎监管指标和风险控制的要求。

二是引进战略投资者，开拓新业务。2020 年信托公司在引入战略投资者方面更加积极，信托公司主要看重的是战略投资者所具备的业务资源和业务协同能力。引入战略投资者后信托公司可以从机制上激活发展的源动力，进一步优化公司治理结构，提升和完善公司的内控机制与风险防控体系，增强公司的业务拓展能力和创新能力，形成公司的核心竞争力，力求从根本上解决发展问题。

三是保障传统业务的开展，维护原有核心客户和战略客户。业务转型并非短时间之内能够完成，增资成为信托公司维持信托资产管理规模的重要手段。为了继续向核心客户、战略客户提供融资服务，保持良好的合作关系，信托公司需要提高资本金，进而提高对单一客户的融资额度。同时，为了维持原有非标业务的规模和较好的盈利能力，在行业转型的大环境下，增加注册资本成为简单而有效的办法。

2. 增加流动资本，增强风险抵御能力

一是增加流动资金，处置已发生风险的需求。自 2020 年以来，多家信托公司相继大范围爆雷，两家信托公司被托管，行业风险资产率上升较快，信托行业目前处于兑付危机和业务转型的双重压力之下。引战增资是信托公司提高自身抗风险能力、缓解流动性风险、保持公司品牌形象的一种短期手段。但仍需指出的是，面对现行的监管压力，通过增资扩股、引进战略投资者等方式固然直接有效，但根本的解决方法还在于适时扩充资本的同时，调整业务结构，转变盈利模式，盘活资本存量。

二是增加准备金，防范风险的需求。截至 2020 年第一季度，信托行业风险项目 1626 个，同比增加 620 个；风险资产规模 6431.03 亿元，同比增长 127.20%（2020 年第二季度和第三季度未披露风险项目情况的数据）。针对风险压力提升、固有资金质量下降等不利局面，信托公司融资渠道却较为有限，不利于为项目化解风险及公司发展经营提供足够的资金支持。增加注册资本有助于提升风险抵御能力，增强社会公信力和资产偿付能力，更好地满足监管机构风险控制的

要求。

（三）小结

信托公司的增资潮再度到来。当前信托面临着监管趋严、发展转型、业绩下滑以及流动性风险等压力，信托公司需要保持自身的业务规模和盈利能力，而资金实力将成为影响信托公司展业和转型的重要因素。

信托公司的增资潮或将持续爆发。无论是出于对现有融资类信托业务的维护，还是对新业务的开展，信托公司的增资需求将持续爆发，而引入战略投资者增资是信托公司提高自身抗风险能力、缓解流动性风险的最有利选择。此外，在当前行业环境下，信托公司选择增加自身资本金实力，不仅可以满足监管要求、扩大信托业务规模，还可以进一步提升风险抵御能力，缓释项目风险，增强资产偿付能力和社会公信力，保持信托业长期稳健的发展。

十一、产品估值指引呼之欲出，信托业净值化转型提速

为更好落实资管新规要求，积极建立信托行业公允估值体系，推动信托产品净值化转型，2020 年 9 月，中信登、信托业协会、中债估值中心等联合制定的《信托公司信托产品估值指引（征求意见稿）》（以下简称《指引》）出台，以求统一净值化标准，指导业务实践。

在产品估值方面，《指引》要求信托公司建立健全信托产品估值制度体系，实现估值工作的规范化、流程化。估值制度体系应当涵盖估值管理和估值政策的主要方面，包括但不限于决策机制、操作流程、监督评价、信息披露、内部控制、应急处置等方面。并且要求信托公司建立估值管理委员会作为估值管理机构，负责全面统筹估值工作。估值管理机构负责建立和健全估值决策体系，制定和确立估值政策，研究和审议各项重大估值议题，监督和评价估值工作落实情况，研究和制定估值错误和极端事件的应急方案，制定聘用第三方估值服务机构的标准和程序。估值管理机构应由公司管理层估值工作负责人牵头，明确职责分工，在产品的投前、投中、投后各环节主动履行估值工作责任，确保各项估值工作有效落实。

此外，《指引》还要求，信托公司估值相关部门应设置估值岗位，配备足够专业人才，确保估值人员熟悉各类信托财产的估值原则和具体程序，根据估值业务管理制度具体落实估值管理工作。《指引》强调，估值岗位不能按产品设立或由投资业务人员独任。

在信息披露方面，《指引》要求信托公司根据相关法律法规、监管文件、本《指引》的规定以及信托文件的约定，履行信托产品估值的信息披露义务，在信托财产管理报告等文件中至少应当定期披露产品估值结果、估值政策及其重大变化；采用第三方估值机构估值结果的，还应陈述第三方机构的基本情况、估值数据的使用情况等。发生估值政策变化、估值错误、极端事件等情况，导致对产品份额净值的影响达到警戒阈值的，信托公司应将相关情况及其影响、措施等以临时性报告的形式及时向投资者披露。

在非标产品估值方面，针对非标债权类资产的估值方式，《指引》也作出了详细说明。首先，对非标准化债权类资产进行公允价值评估时，无论该非标准化债权类资产是否准备于近期转让，信托公司在计算公允价值时都应假定估值日发生了出售该非标准化债权类资产的交易，并以此假定交易的价格为基础，计量该非标准化债权类资产的公允价值。其次，《指引》表示，在估计某项非标准化债权类资产的公允价值时，信托公司应从该债权的自身情况和市场环境出发，充分考虑市场参与者在选择估值方法时关注的各种因素，并结合自己的判断，采用现金流折现法或其他有充足证据表明能够准确估值的方法，并在可合理取得市场参与者假设的前提下选取适当的市场数据作为估值参数。信托公司应当对各种估值方法形成的估值结果之间的差异进行分析，结合各种估值方法的适用条件、重要参数的选取依据、估值方法的运用过程等相关因素，综合判断后确定最合理的估值结果。最后，对于非标准化债权类资产采用现金流折现法估值时，应按照合同约定，合理展开该金融工具的现金流，并采用恰当的收益率将现金流折现至估值日，得到估值日该金融工具的估值全价，估值全价扣除上一付息日至估值日应计利息得到估值净价。

当前，在资管新规及其配套细则强推信托公司净值化转型的背景下，《指引》的后续出台，对信托行业转型具有重要意义：

首先，《指引》是将资产管理类业务放在统一框架下管理的重要举措，它将改变现有信托公司主流的固定收益类产品的定价方式，避免了政策执行的混乱，遏制了监管套利的空间。形成了顶层构架，有利于提高监管措施的整体实施效果，为资产管理行业的长期稳定健康发展奠定了基础；有利于指导信托公司更好地落实净值化管理理念和监管政策要求，加快信托产品转型和回归本源，逐步打破刚性兑付。

其次，净值化运作是化解刚性兑付的重要途径。在刚性兑付不可持续的大背景下，信托公司需要找到一种较为合理的方式来化解风险，一方面能够打破刚兑，另一方面又不会损失原有的信托产品客户。而净值化运作就是较为可靠的路径选择——有公募基金的成功案例作为支撑，也有银行理财在同一时间推动净值化转型作为经验借鉴、相互学习，信托公司的净值化转型可行性较高。通过开发净值型信托产品，不设预期收益率，以公布净值为准，侧重资产配置，允许净值始终处在波动状态，信托公司履行“受人之托，卖者尽责”的义务，信托投资者也实现了“风险自担，收益自享”，能够有效化解信托公司面临的刚性兑付压力，防止风险积聚，回归业务本源，加快向专业化资产管理机构的转型。

此外，净值化运作对信托公司还有重要的战略价值，从长远来看，净值化运作是信托公司未来发展的优选路径。预期收益型产品由于刚性兑付，不同管理人之间的管理能力水平差异无法体现。而在实行净值化管理后，管理人的真实管理能力和水平可以及时有效地直接反映在产品净值的波动变化中，既有助于投资者更好地进行对比分析和投资决策，更是对管理人本身的一种隐性约束和潜在激励，促使管理人致力于提高主动管理能力，更好地履行受托人的专业职责。产品净值化管理后，还有利于信托公司创新收入模式，管理费收入可与产品净值直接挂钩，除收取正常管理费外，还可约定对超额收益部分提取业绩报酬，有助于激发管理者进一步提高主动管理能力的积极性，实现投资者与管理者的互利共赢，创造更多的社会财富与价值。

目前，伴随着《指引》的征求意见，首批信托机构正式启动信托产品估值，信托公司净值化继续加速推进。2020 年 9 月 22 日，中国信托登记有限责任公司与中债金融估值中心有限公司签署估值服务协议，同时与上海信托、陆家嘴信托、华宝信托、粤财信托、渤海信托、中建投信托、陕国投信托、国投泰康信托、长城新盛信托等 9 家首批试点机构签署了估值试用意向协议，由此开启中国信登与中债估值中心信托产品估值业务的合作，参与试点信托公司于 2020 年 9 月底开始通过中信登向估值合作方报数。首批估值结果 10 月底推出，随后将逐步向全行业推广，产品估值实现行业全覆盖指日可待。

十二、2021 年信托业发展趋势展望

（一）风险管理体系逐步完善

随着疫情暴发导致的经济下行压力激增，2020 年信托公司踩雷现象频发，部分项目出现了违约或延期兑付现象。与此同时，2020 年第一季度信托风险项目

个数同比增加超过61%，而风险项目资金规模较上年同期增加1.2倍，信托业正在经历着前所未有的行业风险。

2020年，财政大幅扩张与货币宽松为国家经济托底，导致实体杠杆率大幅提升，2020年第三季度达270%，较2019年底抬升25个百分点，债务风险进一步累积。2021年伴随经济逐步修复，从“加”杠杆到“稳”杠杆，信用收缩通道逐渐打开，政策逐步回归常态。2021年货币政策可预期的相对收紧会导致行业风险的进一步积累，随着2021年底资管新规与资金信托新规落地，将倒逼部分信托公司为了保住高收益的非标主动管理业务规模，加速发展标品信托，可能导致信托行业将出现报酬率进一步下滑的趋势，信托业面临更加激烈的展业压力。基于此，预计2021年信托公司将继续加大风险防控体系的建设和完善力度，以此保障业务合规转型路径的稳健，赢得差异化竞争的先机。

具体而言，在充实净资本方面，随着行业风险的增加，2021年将可能继续延续2020年信托公司通过增资扩股的方式充实净资本的趋势。一方面用以满足常规业务开拓、增加经济实力；另一方面有利于提高风险事件处理能力，顺应监管政策。

在信托赔偿准备金方面，信托公司信托赔偿准备金在2020年不断增加，其中第三季度增至296.23亿元，较2019年同期提高11.25%，但与信托风险项目资金规模相比增速依然较慢。在疫情导致的全球经济下行情况下，预计2021年，随着信托公司净资本的扩充，信托赔偿准备金将进一步充实。

展业方面，在响应监管政策、不断发展本源业务的同时，创新型业务模式也是信托公司的重要发力点。通过深入发展布局FOF、TOF类产品业务和慈善信托、家族信托等产品，有力增强行业发展潜力。此外，净值化产品可以客观反映资本市场风险，并且可以有效缓解信托公司兑付压力，是信托行业重点关注领域之一。预计2021年，信托公司将重点关注本源业务、创新型业务和可净值化产品类业务等领域。

在组织机构建设方面，由于风险项目数量不断增加，行业风险不断累积，预计2021年，信托公司将进一步加快风险管理部门的人才引进和人员培训，逐步完善公司风险内控机制。此外，行业风险累积导致诉讼案件发生的可能性扩大，法务部门的建设也有可能成为2021年信托公司完善风险管理体系、规避法律风险的重要举措。

在金融科技引入方面，疫情的暴发推动了信托业的数字化、信息化转型。特殊环境下，信托公司积极开展线上业务，通过采用远程尽职调查、AI 智能视频面签、网络会议等方式有效提升了信托业务的效率和效能。此外，以云计算、大数据、人工智能为代表的金融科技使信托公司能够基于大量样本数据，能够快速有效地进行风险识别、测算和管理。预计 2021 年，金融科技将极大助力信托公司完善风险管理体系。

（二）业务结构持续优化升级

2021 年，严监管将仍然是信托行业的主旋律，行业总体趋势虽然仍旧以严监管为主，但监管机构预计将继续通过各项措施，疏堵结合、有扶有控地引导信托机构回归本源。引导信托合理定位，“服务实体”“回归本源”“转型创新”逐渐成为行业共识，主动管理能力被视为核心竞争力。这就要求信托公司从业务结构、营利模式等多方面进行调整或升级。从行业整体来说，预计 2021 年信托公司将继续在传统业务优化升级、新业务方向拓展两个方面展开积极探索和调整。

预计 2021 年传统业务领域将继续收紧，倒逼信托公司进行传统业务优化转型升级。其中，房地产信托方面，随着监管政策趋紧，信托机构亦正在结合整体趋势，调整房地产信托的营利模式和业务方向，主要包括三个方向：第一，转型真实股权投资模式，探索以投资模式主动管理地产项目，以获取超额收益；第二，发展资产证券化等非标转标业务，探索如何通过拓展全链条业务能力以更好把握资产证券化的发展机遇；第三，从住宅开发场景向多元地产场景拓展，探索商业地产、物流地产等多元化场景。

政信信托方面，信托公司将在交易对手选择和业务模式升级方面同步进行转型。交易对手选择方面关注财政实力、违约风险、融资需求和资产价格水平等多方面因素。业务模式选择上，探索“非标＋标品”组合服务及“非标转标”业务模式创新。

工商信托方面，在“控风险、促转型”成为信托行业主旋律的趋势下，工商企业近年增量规模回落明显，存量规模略有下降。信托公司从事该业务将主要结合自身资源禀赋选择具有长远效益的投资产业方向、中小企业普惠金融业务的企业类型以及围绕企业生命周期提供综合金融服务的业务模式。

在新型业务领域，预计 2021 年将继续响应国家监管政策及发展政策导向，进行业务创新发展。其中，慈善信托方面，2020 年我国慈善信托呈现加速发展态势，截至 2020 年 12 月 1 日，全国备案的慈善信托已突破 500 单，其中 2020 年以来的备案数量超过四成达到 220 单。信托公司与慈善机构在扶贫济困、医疗保障、科教文卫等诸多领域密切合作，并开展业务创新。预计 2021 年，具有财产来源可持续特征的慈善信托将继续成为慈善信托领域的发展方向，此外，慈善信托业务可能将继续呈现不平衡化、纵深化和基层化的发展态势。

资产证券化信托方面，截至 2020 年 11 月 12 日，我国全年资产证券化发行规模为 20693 亿元。2020 年，国家相关部门发布了《关于推进基础设施领域不动产投资信托基金（REITS）试点相关工作的通知》《公开募集基础设施证券投资基金指引（试行）》等相关文件，有力推动资产证券化项目发展。预计 2021 年，信托公司将继续发展现有的资产证券化业务，并且将重心放在发展 ABS 和 ABN 业务、REITS 和类 REITS 业务及消费金融资产证券化业务领域。此外，还将积极探索非标与标的联动、以投资者身份参与资产证券化等发展方向。

家族信托方面，随着高净值群体数量的增加和财富的积累，有意向设立家族信托的人数在 2020 年约为 24 万人，预计到 2023 年底意向人数将突破 60 万人。2020 年，中国家族信托意向人群可装入家族信托资产规模约 7.5 万亿元；预计到 2021 年底，该部分资产规模将突破 10 万亿元。预计 2021 年，信托公司将继续依托自身行业禀赋，充分发挥制度优势，继续在此细分领域发挥先发优势，耐心积累，打造中远期核心竞争力。

绿色信托方面，近年来，信托公司在绿色信托研究领域不断深耕，为绿色信托业务发展与创新提供理论和模式支持。2019 年以来，信托公司已发布了 37 份绿色信托主题报告，其中 6 份已公开发表。截至 2020 年初，绿色信托存续资产规模为 3354.6 亿元，同比增长 152.94%，新增绿色信托资产规模为 1383.52 亿元；绿色信托存续项目数量为 832 个，同比增长 101.45%，新增绿色信托项目 313 个。预计至 2020 年末，绿色信托存续资产管理规模将超 4000 亿元，绿色信托存续项目数量也将突破 1000 个。

此外，在绿色信托标准化建设方面，2019 年末，中国信托业协会四届三次会员大会审议通过《绿色信托指引》（以下简称《指引》），并发布实施。并且为了帮助信托公司准确理解《指引》内容，有力推进绿色信托业务开展、促进信托行业转型，中国信托业协会又于 2020 年 6 月 12 日组织召开《指引》培训会，为下一步开展绿色信托标准研究制定奠定良好基础。未来，随着信托业首部绿色信托自律公约的发布，绿色信托业务的发展将会更加规范，蓝海效应更加明显。

（三）监管制度细则进一步完善落实

2019 年，监管部门出台了包含《信托公司股权管理暂行办法（征求意见稿）》

《信托受益权账户管理细则》在内的一系列配套文件，对信托业的发展将产生重大影响。在此基础上，2020 年，监管部门出台《中国银保监会信托公司行政许可事项实施办法（征求意见稿）》《关于信托公司风险资产处置相关工作的通知》等相关文件，进一步完善落实行业监管细则。

首先，《中国银保监会信托公司行政许可事项实施办法（征求意见稿）》重点围绕以下四个方面进行：一是进一步规范明确信托公司行政许可准入标准，强化与其他监管政策和指导意见等的有效衔接。二是落实进一步对外开放政策，取消外资金融机构入股信托公司 10 亿美元总资产要求。三是持续深化“放管服”改革，进一步推进简政放权，优化许可流程程序，简化申请材料。四是强化监管导向，匹配行业发展实际，鼓励信托公司开展本源业务，引导信托公司完善公司治理，助推信托业转型发展。

其次，《关于信托公司风险资产处置相关工作的通知》再次加强监管力度，进一步落实规模压降工作，其监管意图主要有：一是减少监管套利空间。加快表外信贷业务向表内回归，限制表外信贷业务的无序发展，减少表外信贷监管套利空间。二是化解信托行业风险。距离资管新规过渡期结束仅剩不到半年时间，在监管部门未明确表示延长过渡期或给予政策宽限的当前，继续压降融资类业务规模，有助于避免资金池业务风险的进一步扩大。三是继续严控资金流向。疫情冲击下，地产融资适度放松的预期再起。监管立足政策定位，严控信托资金违规流向房地产等领域，直接有效扭转了市场预期。对于企业而言，也起到预期管理和适时做好资金统筹规划的提示作用。

（四）信托公司分化现象加重

2020 年，在疫情导致经济下行压力激增的情况下，伴随监管政策的逐渐加码和落实，传统信托业务规模（通道业务、房地产业务、政府平台业务等）继续压缩，信托资产规模也在持续下降，信托公司分化现象趋于加重，促使各信托公司积极谋篇布局。积极推进转型发展，标准化、净值化、主动化是行业的整体转型方向。

数据显示，2020 年上半年信托机构净利润增速显著分化，头部信托机构盈利能力凸显，但也有三家公司上半年出现净利润亏损的情况。具体而言，56 家信托机构中，上半年净利润指标排名前五为平安信托、重庆信托、华能信托、五矿信托、光大信托，净利润分别为 22.83 亿元、12.29 亿元、15.26 亿元、14.64 亿元、14.38 亿元。个别信托公司在历经上半年资金池项目大量逾期后，业绩较 2019 年净利润 5.21 亿元大幅下滑。从净利润来看，各家信托公司的增速分化显著，集中度进一步提升。

随着2021年底资管新规与资金信托新规落地，倒逼部分信托公司为了保住高收益的非标主动管理业务规模，加速发展标品信托，行业可能出现报酬率进一步下滑趋势。信托报酬率下滑，加之近两年信托产品爆雷频发，未来一段时间将是信托公司重要的转型期，经营情况良好的信托公司将具有更好的转型基础，暂时面临较大经营困境的信托公司有一定的掉队风险。2021年，后部的信托公司必须结合自身的比较优势，创新发展模式，探寻差异化的发展道路，以实现细分领域的快速发展。

（五）融资类信托压降压力加大

2020年，在去通道业务取得成效和融资类信托出现快速增长的背景下，信托业在过往“去通道、控地产”基础上，又多了一道“逐步压降融资类信托”的任务。3月，监管部门对信托业下达全年全行业压降1万亿元具有影子银行特征的融资类信托业务压降计划。6月，银保监会正式下发《关于信托公司风险资产处置相关工作的通知》，要求信托公司压降违法违规严重、投向不合规的融资类信托业务。然而，压降的过程充满着博弈。尤其受新冠肺炎疫情冲击，信托公司业绩受到影响，资产质量出现恶化，不少信托公司或出于生存压力或出于盈利压力，冒险增加一些融资类信托业务。因此，从数据上来看，截至2020年上半年，融资类信托为6.45万亿元，环比增长4.33%；第二季度末占比为30.29%，环比一季度末28.97%上升1.32个百分点，融资类信托业务规模不降反升，这也为监管提出了较大难题。

因此，2020年第三季度以来，监管多次对信托公司进行窗口指导。7月，银保监会点名批评一些信托公司融资类信托发展过于迅速，并暂停其融资类信托业务。11月，近40多家信托公司收到银保监会的窗口指导，并且部分信托公司被暂停融资类业务，以确保年底前压降到位。目前，根据信托业协会数据显示，截至第三季度末，信托业受托管理的信托资产余额为20.86万亿元，较年初减少7432.79亿元，同比下降5.16%。投资类信托余额为5.68万亿元，占比27.23%，较上年末提高3.52个百分点。融资类信托余额为5.95万亿元，较第二季度环比减少4966亿元，但占比28.52%，仍较上年末提高1.53个百分点。预计在监管要求融资类业务压降到位的情况下，2021年信托公司仍将面临巨大的经营和转型压力，监管严趋势也将依旧持续。

（六）信托文化影响深远

2020 年 12 月 8—9 日，2020 年中国信托业年会在北京召开，中国银保监会党委委员、副主席黄洪在年会发言，着重强调受托人文化建设，加强风险防范与管理。6 月中旬，中国信托业协会发布《信托公司信托文化建设指引》，引导信托公司回归本源定位，促使信托业转型之路快速升级，从而达到行业高质量发展的目的。这体现了弘扬信托文化在信托业转型发展过程中的必要性，为信托公司合规转型发展提供了新的思路与要求。

信托文化是一个总括性概念，信托法律关系所包含的各利益主体以及各环节流程，都具有各自的子文化。最基础、最核心、最重要的是三个文化，即委托人文化、受托人文化和合规文化。委托人文化和受托人文化构成了信托法律关系，塑造了信托业独特的商业模式。而这种商业模式能否成功，能否实现长期可持续，并有效创造价值，最终取决于是否依法合规，是否具有合规文化。抓住这三个子文化的建设，就抓住了信托文化建设的牛鼻子，并能够带动其他子文化的建设，整体信托文化的建设也就水到渠成，从而在更高效、持久地支持国家重大发展战略落实、支持先进制造业发展、支持经济社会发展薄弱环节、支持扩大内需等方面拓展业务，服务实体经济高质量发展，助力构建以国内大循环为主体、国内国际双循环相互促进的新发展格局。

2020 年 6 月，信托业协会发布《信托公司信托文化建设指引》，并展开一系列有关以文化建设为主题的活动，有力推动了信托公司信托文化的建设和转型发展。信托文化已融入众多信托企业的展业过程，并取得一定成绩，为信托业的长远发展注入了持久性动力。其中，东莞信托践行信托文化，助力社会公益，荣膺金帆奖“2020 年度卓越社会责任表现金融机构”；长安信托坚持信托文化理念，坚守受托人职责与立场，荣膺金琥珀奖“2020 优秀信托公司”。预计 2021 年，伴随着信托文化普及年的到来，信托业将继续发力培育信托文化与信托业务合规转型发展的内在联系，在信托文化与监管政策的协同作用下，不断创新、转型、发展。

第二章

信托机构

第一节 2020年信托公司经营指标概览

挥手告别2020年，各信托公司都交出了自己的经营发展答卷。从59家信托公司披露的未经审计的财务报表可以看出，在转型关键时期，信托公司加快创新转型，经营业绩继续承压，分化趋势延续，行业集中度持续提升。综合来看，信托公司马太效应增强，光大信托是唯一一家在营业收入、信托收入、净利润、ROE等核心经营指标排名前五的信托公司，取得较高的比较竞争优势；中信信托作为行业龙头公司，营业收入、信托业务收入、净利润持续处于行业领先水平，核心竞争优势更加稳固。展望未来，信托公司仍需要苦练内功，聚焦创新转型，主动融入双循环发展新格局，实现高质量发展。

一、营业收入增速由正转负

（一）营业收入增速下滑

2020年，59家披露年报的信托公司实现营业收入1158.33亿元，按照可比口径，同比增速为-3.48%，较2019年下滑8.7个百分点，增速由正转负（图2-1）。营业收入收缩的主要原因有以下几点：一是2020年资本市场波动加大，呈现结构性牛市，固有资金投资难度增大，固有业务收入增速放缓；二是严监管，压缩通道业务、具有影子银行性质的融资类业务以及对房地产信托实行余额管控，直接影响信托业务收入增长；三是政策倒逼信托行业标准化转型，标准化业务尚处于培育发展期，难以成为支撑信托公司稳健发展的新动能。

具体来看，在营业收入规模方面，中信信托、重庆信托、华能信托、光大信托和平安信托行业排名前五位，分别为87.42亿元、76.06亿元、60.01亿元、56.64亿元、54.61亿元，合计占行业营业收入总额的28.9%。光大信托以35.32%的营业收入增速，位列头部信托公司前列，近3年来，光大信托营业收入增长近4倍，复合增速超过70%，保持较快增速。

（二）信托业务收入增长保持平稳

信托业务仍是信托公司主业和营业收入最主要来源，已披露年报的59家信托公司共实现信托业务收入801.71亿元，同比增速为11.95%，占营业收入的68.6%。信托公司主动管理能力增强和信托报酬率提升对于信托收入增长具有较大贡献。中信信托、光大信托、中融信托、平安信托和中航信托业务收入规模排名前五位，分别为61.38亿元、47.88亿元、39.22亿元、38.84亿元、38.29亿元，合计占行业信托业务收入总额的28.14%。

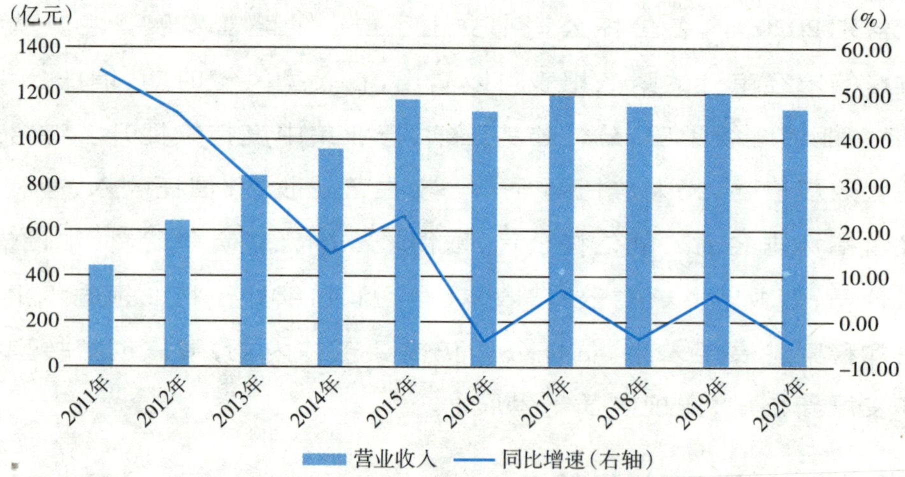

图2-1 信托公司营业收入趋势图

资料来源：Wind和信托公司年报，下同。

根据用益信托网统计数据，2020年集合资金信托发行规模排名前五位的信托公司分别为光大信托、五矿信托、民生信托、外贸信托和中航信托。2020年，信托公司加快信托业务结构调整和创新转型，一方面，信托公司提升投研能力，加大证券投资信托产品发行力度，积极布局TOF、“固收+”、打新、量化投资等产品，顺应监管导向，紧抓资本市场的投资机遇，满足投资者资产配置需求。另一方面，信托公司继续在资产证券化、家族信托、慈善信托、年金等领域寻求特色化发展，在养老信托、绿色信托、REITs、遗嘱信托等领域实现新的突破，扩大信托制度应用领域。诸如，中信信托在年金领域加快了布局，平安信托发布了三大类绝对收益策略TOF产品，光大信托在证券投资信托、家族信托领域实现了行业引领。

二、盈利能力弱化

2020年，已披露年报的59家信托公司实现净利润539.41亿元，同比增速为-1.31%，盈利整体规模基本与2019年持平，净利润增速连续两年为负，主要因为新冠肺炎疫情冲击、风险拨备计提水平提高、监管压降融资类业务规模及标品信托转型的阵痛等。

从净利润规模看，重庆信托、中信信托、华能信托、平安信托和光大信托位居行业排名前五位，分别为38.73亿元、38.52亿元、37.65亿元、30.85亿元、27.97亿元，重庆信托、平安信托和光大信托排名分别较2019年上升3位、1位和3位。其中光大信托净利润增速为34.62%，位居头部信托公司之首。从全行业看，湖南信托、中粮信托、金谷信托、陆家嘴信托、中泰信托净利润增速排名前五位，分别为163.07%、160.99%、127.62%、79.02%、70.99%。

从ROE方面看，2020年，已披露年报的59家信托公司的平均年化ROE为7.05%，较上年同期下降2.77个百分点，盈利能力进一步弱化。这与信托公司持续增资、盈利水平下滑有很大关系。从排名看，光大信托、陆家嘴信托、万向信托、华能信托、爱建信托位列前五位，分别为20.49%、18.89%、18.37%、17.31%、15.35%。光大信托成为唯一一家近三年ROE持续超过20%的信托公司，体现了较强的资本回报和价值创造能力。如图2－2所示。

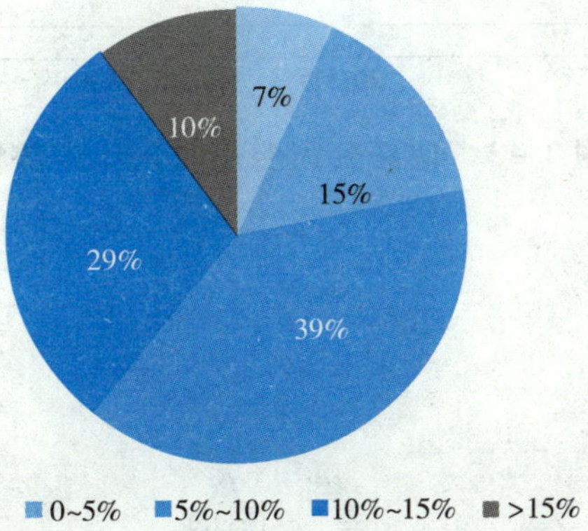

图2－2　信托公司ROE分布情况

三、成本控制压力增大

近年，信托公司营业支出增长加快，快于信托收入增速，成本控制压力增大。

从业务管理费总额分析，2020年已披露年报的59家信托公司的业务管理费总额为322.90亿元，同比增速为27.8%，较2019年上升近25个百分点，与信托公司加大财富网点布局和金融科技投入等因素有很大关系。以费用收入比来衡量各家信托的成本控制效率，2020年信托公司费用收入比为27.64%，较上年同期上升4.5个百分点，连续两年上升。如图2－3所示。

从拨备情况看，2020 年受新冠肺炎疫情冲击，宏观经济下行压力增大，叠加政策严监管及个别信托公司业务风险暴露的加快，信托公司提高拨备压力，增强风险抵御能力。2020 年，已披露年报的 59 家信托公司中 49 家信托公司计提了拨备，整体计提拨备总额达到 147.26 亿元，占营业收入的 12.60%，较上年同期上升了 5.63 个百分点，该指标创近年来新高。华信信托、中信信托、重庆信托、雪松信托、中建投信托、外贸信托、中航信托、兴业信托、光大信托、中诚信托 10 家信托公司计提拨备平均超过 5 亿元，合计计提拨备 98.61 亿元，占行业计提拨备总额的 66.96%，进一步增强风险抵御能力。

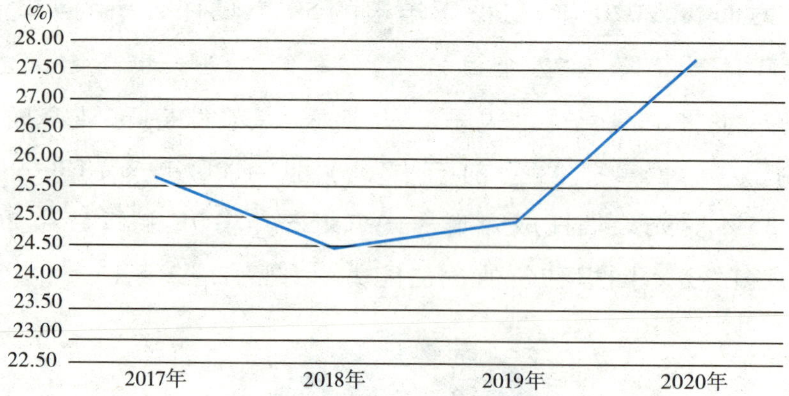

图 2-3　信托公司费用收入比走势情况

四、增资潮持续

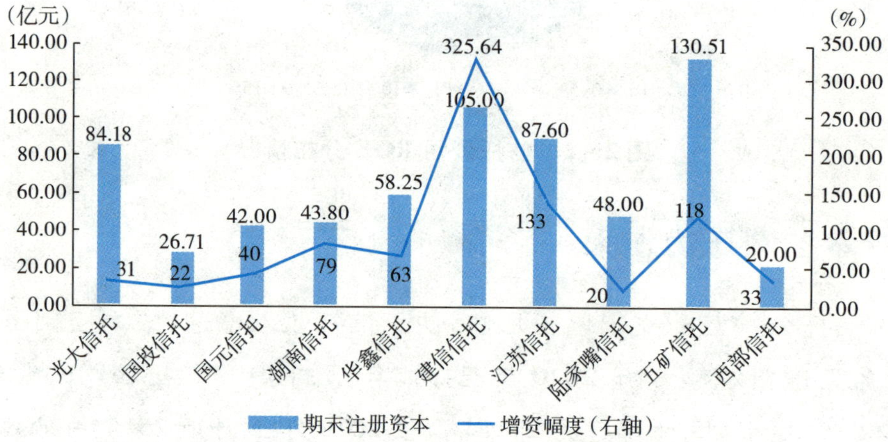

图 2-4　2020 年信托公司增资情况

2020 年，59 家信托公司的注册资本合计为 2821.41 亿元，同比增速为 11.56%，增速高于 2019 年，市场增资步伐加快。其中，涉及注册资本增加的信托公司共10家，上半年增资信托公司1家，为国投信托增资4.8亿元；下半年受2020年5月《信托公司资金信托管理暂行办法（征求意见稿）》发布影响，增资步伐加快，包括光大信托、建信信托、五矿信托和江苏信托等9家信托公司，其中增资幅度第一为建信信托，增资幅度为80.33亿元，同比增长325.64%，其注册增资后资本排名从之前的第三十五名升至第七名（图2－4）。除此之外，陕国投信托、华信信托和云南信托等公司已宣布对外增资，中粮信托已于2021年1月完成增资，预计2021年信托公司将继续保持现有增资步伐。

2020年末，59家已披露数据的信托公司净资产为6296.73亿元，同比增长9.84%；净资产均值为106.72亿元，中位数为82.21亿元。信托公司资本实力持续提升，有利于提高市场竞争力。从现有净资产规模数据来看，行业排名前五位的信托公司依序是重庆信托、中信信托、平安信托、华润信托和华能信托，分别为429.13亿元、335.78亿元、263.37亿元、248.42亿元和230.23亿元。

五、信托公司头部效应显著

近年来，监管以及宏观环境不确定性增大，信托公司对于不确定环境的适应能力差异性导致经营分化情况显著。2020年，信托行业集中度进一步增强，营业收入排名前十的信托公司实现收入540.55亿元，占行业营业收入总额的比例为46.7%，较2019年上升4.1个百分点；净利润排名前十的信托公司实现净利润292.6亿元，占行业净利润总额比例为54.2%，较2019年上升4.8个百分点。

从增速看，排名前十的信托公司营业收入平均增速为20.3%，远高于行业平均增速23.8个百分点；排名前十的信托公司净利润平均增速为10.6%，高于行业平均增速11.9百分点。头部信托公司不仅贡献了较高比例的经营业绩，而且实现了更优的增速。

自资管新规颁布以来，监管政策变化较大，信托公司进入关键的转型期，行业集中度进一步上升。从核心经营指标排名看，光大信托是唯一全部进入排名前五的信托公司，中信信托持续在营业收入、净利润排名中处于行业领先地位，华能信托、五矿信托、中航信托核心经营指标排名均进入前十。根据普益标准发布的信托公司竞争指数排名看，中信信托、五矿信托、光大信托和建信信托（并列第三位）位居行业前三位。行业龙头公司可凭借自身先发优势，率先突围，将进一步强化自身核心竞争力，行业分化趋势将在一定时期内继续延续。如图2－5所示。

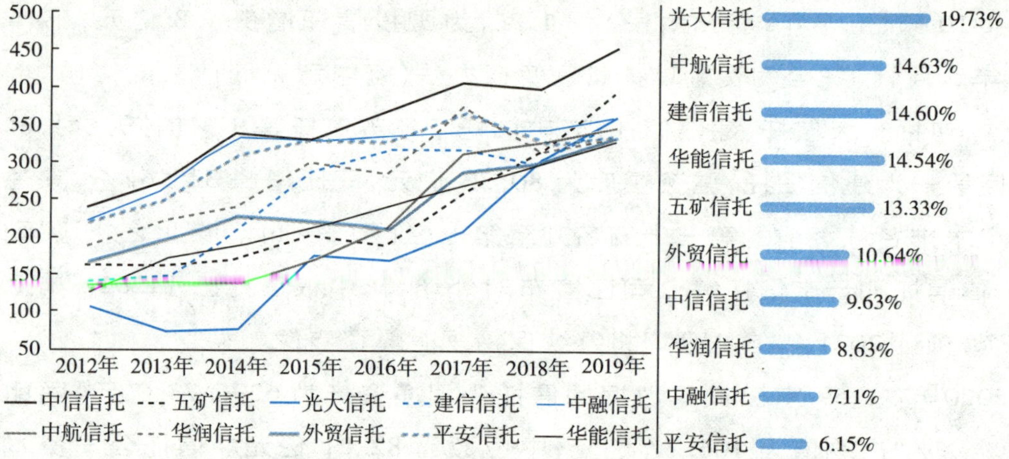

图 2－5　2020 年信托公司竞争力指数及增速情况

展望 2021 年，监管政策将继续保持严格水平，信托公司转型发展步伐加快，将在证券投资信托、服务信托、财富管理等领域实现更大突破；外部形势仍然存在较大的不确定性，风险管理压力仍较高，信托公司将继续强化风险防控能力；信托行业经营业绩整体仍会维持低速增长态势，头部信托公司的市场掌控能力有望继续提升，分化趋势将保持不变。

第二节　信托机构概况

截至 2020 年 7 月，有 68 家信托公司对 2019 年经营业绩进行了披露。从已经披露的 68 家信托公司年报中不难看出，整个信托行业正处于发展转型的重要时期。经过十余年的发展历程，信托行业对于中国经济增长产生了巨大的推动作用，其在支持实体经济的发展、深化国家绿色发展理念、推动慈善事业发展、助力居民美好生活、防控化解金融风险等领域都起到了重要的作用。但同时，信托行业本身监管机制还不健全、“去通道”压力日益凸显、制度红利优势削弱等问题还没有得到根本解决。在居民财富管理需求日益增加与信托行业转型尚未完成的矛盾之下，信托行业的规模增长、盈利能力等方面均受到一定的不利影响。鉴于本报告成书之际，2020 年度行业数据尚未公开披露，故本章主体数据均采用 2020 年 7 月披露的信托公司年报，简称“2020 财年”，以别于 2020 年当年数据，行业经营概貌露出清晰轮廓，详见表 2－1。

表 2-1 中国信托公司名录

序号	公司名称	序号	公司名称
1	平安信托有限责任公司	35	天津信托有限责任公司
2	华润深国投信托有限公司	36	四川信托有限公司
3	中诚信托有限责任公司	37	中泰信托有限责任公司
4	中信信托有限责任公司	38	中原信托有限公司
5	重庆国际信托股份有限公司	39	长安国际信托股份有限公司
6	上海国际信托有限公司	40	厦门国际信托有限公司
7	江苏省国际信托有限责任公司	41	山西信托有限责任公司
8	建信信托有限责任公司	42	五矿国际信托有限公司
9	昆仑信托有限责任公司	43	西部信托有限公司
10	中海信托股份有限责任公司	44	中国金谷国际信托有限公司
11	中国对外经济贸易信托有限公司	45	华宸信托有限责任公司
12	中融国际信托有限公司	46	中粮信托有限责任公司
13	华宝信托有限责任公司	47	华鑫国际信托有限公司
14	华信信托股份有限公司	48	湖南省信托有限责任公司
15	安徽国元信托有限责任公司	49	光大兴陇信托有限责任公司
16	兴业国际信托有限公司	50	陕西省国际信托股份有限公司
17	华能贵诚信托有限公司	51	苏州信托有限公司
18	北京国际信托有限公司	52	云南国际信托有限公司
19	山东省国际信托股份有限公司	53	国民信托有限公司
20	中铁信托有限责任公司	54	东莞信托有限公司
21	吉林省信托有限责任公司	55	新时代信托股份有限公司
22	雪松国际信托股份有限公司	56	杭州工商信托股份有限公司
23	华融国际信托有限责任公司	57	安信信托投资股份有限公司
24	英大国际信托有限责任公司	58	国通信托有限责任公司
25	中建投信托有限责任公司	59	华澳国际信托有限公司
26	渤海国际信托股份有限公司	60	上海爱建信托有限责任公司
27	广东粤财信托有限公司	61	紫金信托有限责任公司
28	交银国际信托有限公司	62	浙商金汇信托股份有限公司

续表

序号	公司名称	序号	公司名称
29	百瑞信托有限责任公司	63	大业信托有限责任公司
30	新华信托股份有限公司	64	西藏信托有限公司
31	国联信托股份有限公司	65	长城新盛信托有限责任公司
32	国投泰康信托有限公司	66	陆家嘴国际信托有限公司
33	北方国际信托股份有限公司	67	万向信托有限公司
34	中航信托股份有限公司	68	中国民生信托有限公司

第三节 信托公司经营分析

在过去的十年内，信托业从中国金融改革进程中金融行业边缘革命发起人的角色迅速成长为今天的主流金融业态。各项指标表明：我国信托业发展势头始终与宏观经济运行有着紧密关系，信托业不失时机地抓住宏观经济运行的积极变化，不断开拓业务空间，使行业资产规模保持增长态势，顺利跨入“20 万亿时代”。利润总额实现两位数增长，信托公司的业务拓展能力和与业务协同发展能力不断增强，信托业的资金实力处于提升时期，为今后信托业务转型夯实了坚实的基础。

一、主要财务指标分析

（一）资本利润率

从年报披露状况来看，2020 财年有 66 家信托公司对资本利润率这一指标进行了披露。与上一年相比，安信信托和陕西国信继续未披露这一指标。

资本利润率的主要统计数据如表 2－2 所示。作为反映信托公司盈利能力的重要指标，全行业平均资本利润率由 2019 财年的 10.36% 下降至 2020 财年的 8.86%，比 2019 财年下降 1.5 个百分点，平均资本利润率已连续 5 年下滑。资本利润率的下降，主要是由于信托公司注册资本的增加，使得资本增长幅度远大于净利润增长幅度。另外，某些信托公司在 2020 财年资本利润率大

幅下降至 –35%，直接拉低了行业平均资本利润率。从行业整体来看，在这 66 家公司中，共有 32 家的资本利润率在 10% 以上，占比 48.5%，比 2019 财年的 39 家减少 7 家。其中，超过 20% 的信托公司有 3 家，占比 4.54%，与 2019 财年持平。

从资本利润率排名来看，长城新盛 2020 财年资本利润率相较 2019 财年同比下降 8.55 个百分点，达到 22.37%，虽然其资本利润率大幅下降，但仍连续三年稳坐年度资本利润率最高的信托公司宝座。2019 财年排名第二的万向信托在 2020 财年资本利润率上升 2.42 个百分点，以 21.24% 的资本利润率仍保持行业第二名。

纵观信托行业整体情况，2020 财年各公司资本利润率标准差为 7.66%，相比 2019 财年各公司资本利润率离散程度有所上升，该指标近几年基本维持集中的态势，具体数据见表 2 –2。

表 2 –2　信托公司资本利润率统计分析

指标	2016 财年	2017 财年	2018 财年	2019 财年	2020 财年
平均值（%）	15.86	14.34	13.48	10.36	8.86
平均值增长（%）	–2.38	–1.52	–0.86	–3.12	–1.68
公司数目（家）	66	65	64	66	66
最大值（%）	28.21	28.70	30.96	30.92	22.37
最小值（%）	0.57	0.80	0.80	–11.03	–35
标准差（%）	6.10	6.01	5.54	6.31	7.66
变异系数	0.38	0.42	0.41	0.61	0.86

2020 财年，资本利润率表现比较优异的信托公司前五名为：长城新盛（22.37%）、万向信托（21.24%）、光大兴陇（21.11%）、国联信托（18.41%）以及爱建信托（17.77%）。而 2019 财年资本利润率表现比较优异的信托公司前五名为：长城新盛（30.92%）、中海信托（28.92%）、爱建信托（20.30%）、万向信托（18.82%）以及外贸信托（18.07%）。与 2019 财年相比，前五名公司的组成有较大的变化。从行业整体来看，2020 财年较 2019 财年资本利润率水平出现了一定的下滑趋势。与此同时，2013 财年资本利润率在 15% ~30% 的公司为 34 家，2014 财年达到了 42 家，2015 财年则为 34 家，2016 财年达到 37 家，2017 财年为 28 家，2018 财年为 25 家，2019 财年为 11 家，2020 财年为 10 家。由此可见，自

2017 财年起，在信托行业整体资本利润率不断下滑的同时，行业的中坚阵营公司数量也出现了持续下降。

从资本利润率增幅来看，2020 财年，资本利润率增幅前五名的公司为国联信托（14.25%）、光大兴陇（5.15%）、华宸信托（5.15%）、西藏信托（4.05%）和国投泰康（3.32%）。（注：信托公司名后数字为 2020 财年资本利润率增量）

信托公司资本利润率是净利润与平均资本的比率，因此公司净利润与注册资本规模的变化均会对资本利润率产生影响。信托公司通过增资或者股权资产出售等方式获取大规模资金后，通过有效的资产管理，可以使得业绩得到大幅提升。

（二）信托报酬率

信托报酬是受托人通过管理和运作信托财产而获取的报酬。按照《信托投资公司信息披露管理暂行办法》，信托业务报酬率的计算是以信托业务收入除以实收信托平均余额，这一指标所反映的是信托公司在信托业务中所获得的报酬。实际运作中，信托公司在对信托资产的管理中，主动管理能力强、作用发挥大，取得的报酬一般就会较高。反之，如果信托公司在信托业务中并没有进行主动管理，所起到的作用小，信托报酬就会偏低。

从 2020 财年的年报披露情况来看，有 52 家信托公司公布了信托报酬率，与 2019 财年相比减少了华融国信和雪松国信。2020 财年，信托行业平均信托报酬率为 0.56，比 2018 年下降了 0.04 个百分点，如图 2－6 所示。

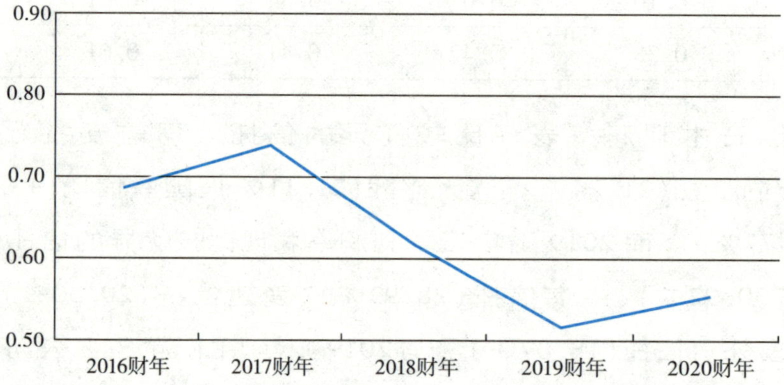

图 2－6　2016—2020 财年信托公司平均报酬率趋势

信托行业的平均报酬率自 2017 财年以来进入下行通道，而 2020 财年该指标虽有反弹，但幅度很小。

在统计的52家信托公司中，20家公司报酬率指标下降，29家上升，3家与2019财年持平。随着资管行业竞争加剧，信托公司传统业务的盈利空间逐步收窄。

在披露2020财年信托报酬率指标的52家信托公司中，华宸信托在2020财年信托报酬率同比下降了0.71个百分点，安信信托同比下降了0.39个百分点。中小信托公司清算项目数量较少，单一项目报酬率对公司整体报酬率指标的影响较大，因此中小信托公司报酬率指标波动比大型公司更加明显。有研究表示，主动管理资产占比较高的信托公司受经营环境影响相对较小，预计行业两极分化的趋势会加大。

从信托报酬率分布的离散程度来看，2020财年信托报酬率分布的标准差为0.50%，比2019年的0.45%有所提高。2020财年，全行业信托报酬率的差距出现进一步扩大的趋势。在样本公司中，大部分公司（45家）的信托报酬率水平低于1%。其中，有30家公司（占披露公司数量的57.7%）的信托报酬率低于0.5%。具体数据见表2-3。

表2-3　信托公司信托报酬率的统计分析

指标	2016财年	2017财年	2018财年	2019财年	2020财年
平均值（%）	0.69	0.75	0.62	0.52	0.56
平均值增长幅度（%）	-0.06	0.05	-0.13	-0.10	0.04
公司数目（家）	54	53	51	53	52
最大值（%）	2.85	3.16	3.63	2.33	2.51
最小值（%）	0.19	0.14	0.10	0.10	0.10
标准差（%）	0.53	0.60	0.63	0.45	0.50
变异系数	0.77	0.80	1.02	0.86	0.88

从信托报酬率排名来看，2020财年，信托报酬率表现比较优异的信托公司前五名为：工商信托（2.51%）、东莞信托（2.22%）、华信信托（1.89%）、长城新盛（1.49%）和爱建信托（1.10%）。

东莞信托在2016财年信托报酬率实现1%的大幅增长之后，在2017财年、2018财年和2019财年分别以3.16%、3.63%和2.33%的信托报酬率连续三年稳居行业首位，2020财年信托报酬率出现小幅下滑，排名位居行业第二。工商信托的信托报酬率曾在2014—2016财年连续三年在行业中保持第一，2017财年、

2018 财年和 2019 财年分别以 2.38%、2.73% 和 1.71% 的信托报酬率位居第二位，2020 财年出现较大幅度增长，排名升至第一位。

（三）人均净利润

从 2020 财年的年报披露情况来看，有 65 家信托公司公布了人均净利润，与 2019 财年相比，增加了浙商金汇，减少了国通信托。

2020 财年，信托行业平均人均净利润为 315.94 万元，比 2019 财年下降了 7.19 万元。自 2017 财年平均人均净利润指标出现下降，至 2020 财年已经连续 4 年维持下降态势。

从人均净利润的统计分析来看，人均净利润超过 1000 万元的为重庆国信、江苏国信以及国联信托，这三家信托公司的人均净利润分别达到了 1760 万元、1448 万元和 1115 万元。其他公司人均净利润均没有超过 1000 万元。表 2-4 显示了 2016—2020 财年人均净利润相关的主要统计指标。

表 2-4　信托公司人均净利润的统计分析表

指标	2016 财年	2017 财年	2018 财年	2019 财年	2020 财年
平均值（万元）	427.14	390.47	369.20	323.13	315.94
平均值增长幅度（万元）	30.17	-36.67	-21.27	-46.07	-5.70
平均值增长率（%）	7.60	-8.59	-5.45	-12.48	-1.77
公司数目（家）	65	64	64	65	65
最大值（万元）	3357.92	2519.74	2295.53	1711.21	1760.48
最小值（万元）	6.44	22.17	36.14	-149.05	-214.16
标准差（万元）	464.71	365.68	325.61	287.61	323.40
变异系数	1.09	0.94	0.88	0.89	1.02

从人均净利润排名来看，2020 财年，人均净利润表现比较优异的信托公司前五名为：重庆国信（1760 万元）、江苏国信（1448 万元）、国联信托（1115 万元）、华能贵诚（871 万元）和华润信托（768 万元）。可以发现，2016 财年有 54 家信托公司的人均净利润达到了 150 万元以上，2017 财年人均净利润实现 150 万元以上的公司达到 53 家，2018 财年与 2017 财年持平，2019 财年则下降为 49 家，2020 财年下降至 44 家。具体变化趋势如图 2-7 所示。

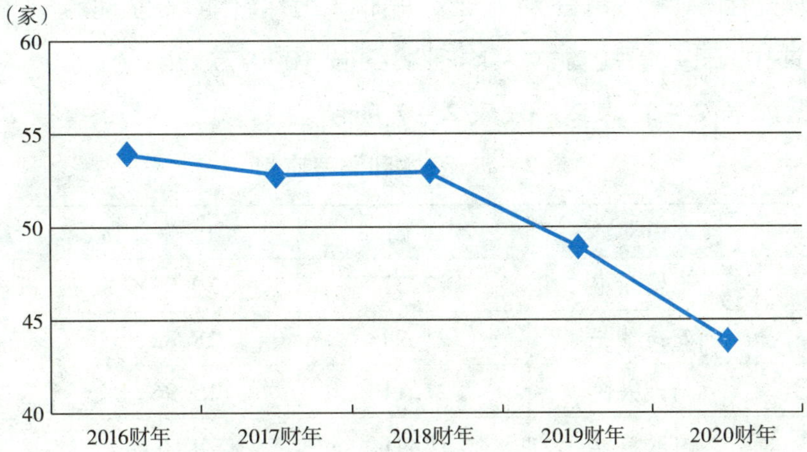

图 2－7　2016—2020 财年人均净利润 150 万元以上公司数

从人均净利润增幅来看，2020 财年，人均净利润增幅排名前五的公司为华融国信（增长 791.58%）、国联信托（增长 356.65%）、山西信托（增长 170.70%）、中粮信托（增长 121.60%）、中融信托（增长 101.72%）。人均净利润降幅最大的公司是华信信托，降幅达到 120.55%。由此可见，行业内部分公司的人均净利润指标的年度差异性较大。

相比 2019 财年，2020 财年信托公司人均净利润增幅放缓。前五名平均上涨 308.45%，而 2019 财年前五名平均上涨 70.00%，前五名涨幅上升 238.45%。行业平均增幅下降 3.13%，比 2018 年 －19.24% 的降幅收窄 16.11 个百分点。2020 财年，在宏观经济提质减速的大背景下，整个信托行业面临降杠杆、去通道、压规模、告别粗放增长的压力，各信托公司的经营重点主要在合规及出险的项目上，同时受到资本市场波动加大等因素的不利影响，行业平均盈利水平整体下滑。

重庆国信营业收入和净利润出现了小幅上涨，人均净利润为 1760 万元，连续 6 年蝉联行业榜首。其原因主要有两个方面：一方面，重庆国信固有资金投资规模巨大，布局多家优质金融机构，投资收益是其净利润的主要来源；另一方面，重庆国信员工人数较少，数据显示 2020 财年重庆国信一共有员工 160 名。

当前值得关注的是，对注册资本规模超过百亿元的部分信托公司而言，如何处理好信托本源业务和公司固有业务之间的关系，如何既保证信托主业的主导地位，又能较高效率地运用好固有资金，并使之服务于信托主业，而不是喧宾夺主、主次倒置，是部分信托公司面临的又一个新的挑战和课题。另外两个人均净利润超过千万元的信托公司分别为江苏国信和国联信托，分别达到 1448 万元和 1115 万元。其中，国联信托首次人均利润突破 1000 万元。

相关数据如表 2－5、表 2－6、表 2－7 所示。

表 2－5　资本利润率序列　　（%）

序号	公司简称	2020 财年	2019 财年	2018 财年
1	长城新盛	22.37	30.92	30.96
2	万向信托	21.24	18.82	25.26
3	光大兴陇	21.11	15.96	10.96
4	国联信托	18.41	4.16	5.43
5	爱建信托	17.77	20.30	20.32
6	华能贵诚	16.42	17.62	17.90
7	西藏信托	16.31	12.26	22.71
8	五矿信托	16.01	14.49	未披露
9	中航信托	15.76	17.16	20.29
10	国投泰康	15.13	11.81	13.95
11	工商信托	14.70	14.57	16.89
12	云南国信	14.29	11.97	11.24
13	华润信托	13.81	11.22	12.95
14	紫金信托	13.49	12.01	12.21
15	江苏国信	12.64	12.74	15.22
16	中信信托	12.61	15.69	11.65
17	百瑞信托	12.52	13.66	15.81
18	粤财信托	12.42	11.43	18.74
19	陆家嘴信托	12.37	9.92	12.34
20	平安信托	12.05	14.23	16.83
21	外贸信托	11.82	18.07	19.48
22	中海信托	11.72	28.92	17.11
23	建信信托	11.62	15.18	15.86
24	重庆国信	11.57	12.93	17.13
25	中建投信托	11.28	13.05	16.14

续表

序号	公司简称	2020 财年	2019 财年	2018 财年
26	英大信托	11.13	8.15	10.43
27	天津信托	10.64	12.05	12.43
28	厦门国信	10.56	9.90	15.95
29	上海国信	10.45	10.32	13.60
30	华鑫信托	10.30	10.83	14.40
31	北京国信	10.11	9.64	12.61
32	苏州信托	10.04	8.95	11.71
33	交银国信	9.80	10.02	11.44
34	中铁信托	9.48	16.11	20.48
35	东莞信托	9.03	11.04	10.11
36	华宝信托	9.03	12.65	13.35
37	渤海信托	8.87	8.62	13.60
38	中融信托	8.79	11.48	18.29
39	国通信托	8.62	12.47	12.27
40	民生信托	8.49	10.46	17.56
41	华澳信托	7.70	11.34	10.83
42	昆仑信托	7.64	7.69	9.38
43	兴业信托	7.50	6.91	10.44
44	国民信托	7.13	4.76	4.73
45	长安国信	7.00	5.32	15.61
46	西部信托	6.95	6.43	5.45
47	山东国信	6.90	9.30	13.40
48	四川信托	6.72	10.27	14.27
49	国元信托	6.36	5.65	7.69
50	大业信托	5.64	8.58	24.57
51	中诚信托	5.61	6.78	8.07
52	北方国信	5.43	9.71	10.22
53	吉林信托	5.37	10.10	15.84

续表

序号	公司简称	2020 财年	2019 财年	2018 财年
54	浙商金汇	4.93	7.75	11.19
55	中原信托	4.81	5.02	9.91
56	湖南信托	3.43	13.90	23.56
57	中粮信托	2.92	1.08	11.66
58	中泰信托	2.91	3.36	5.84
59	华融国信	2.47	12.74	15.22
60	新时代	1.75	4.51	7.16
61	山西信托	1.59	0.57	4.15
62	金谷信托	1.30	4.38	7.59
63	新华信托	0.26	0.98	1.85
64	华信信托	-1.22	6.83	8.28
65	华宸信托	-5.88	-11.03	4.25
66	雪松国信	-35.00	0.96	未披露
67	安信信托	未披露	未披露	未披露
68	陕西国信	未披露	未披露	未披露

表 2-6　信托报酬率序列　（%）

序号	公司简称	2020 财年	2019 财年	2018 财年
1	工商信托	2.51	1.71	2.73
2	东莞信托	2.22	2.33	3.63
3	华信信托	1.89	1.52	1.27
4	长城新盛	1.49	1.66	1.43
5	爱建信托	1.10	0.61	0.84
6	重庆国信	1.01	1.03	1.20
7	百瑞信托	0.97	1.01	0.79
8	民生信托	0.81	1.09	1.17
9	浙商金汇	0.74	0.46	0.36
10	中泰信托	0.72	0.49	0.65

续表

序号	公司简称	2020 财年	2019 财年	2018 财年
11	中航信托	0. 72	0. 59	0. 59
12	紫金信托	0. 71	0. 47	0. 85
13	光大兴陇	0. 66	0. 47	0. 27
14	国联信托	0. 66	0. 73	0. 53
15	大业信托	0. 63	0. 49	0. 47
16	北京国信	0. 60	0. 28	0. 41
17	陆家嘴信托	0. 58	0. 55	0. 73
18	苏州信托	0. 55	0. 55	0. 90
19	国投泰康	0. 54	0. 32	0. 25
20	五矿信托	0. 54	0. 48	0. 42
21	山西信托	0. 51	0. 33	0. 43
22	平安信托	0. 50	0. 45	0. 50
23	长安国信	0. 42	0. 34	0. 40
24	国通信托	0. 49	0. 40	0. 35
25	江苏国信	0. 41	0. 29	0. 13
26	外贸信托	0. 40	0. 51	0. 48
27	兴业信托	0. 39	0. 26	0. 18
28	中原信托	0. 38	0. 42	0. 70
29	渤海信托	0. 38	0. 35	0. 28
30	华鑫信托	0. 38	0. 25	0. 23
31	华宸信托	0. 37	1. 08	0. 81
32	英大信托	0. 34	0. 34	0. 32
33	厦门国信	0. 33	0. 30	0. 26
34	云南国信	0. 33	0. 22	0. 21
35	昆仑信托	0. 32	0. 27	0. 40
36	陕西国信	0. 31	0. 25	0. 28
37	华澳信托	0. 28	0. 44	0. 23
38	上海国信	0. 27	0. 24	0. 28

续表

序号	公司简称	2020 财年	2019 财年	2018 财年
39	安信信托	0.26	0.65	1.92
40	中铁信托	0.26	0.49	0.53
41	金谷信托	0.24	0.26	0.47
42	新华信托	0.22	0.31	0.43
43	吉林信托	0.22	0.24	未披露
44	国民信托	0.22	0.21	0.51
45	天津信托	0.21	0.25	0.41
46	西部信托	0.21	0.20	0.22
47	交银国信	0.20	0.17	0.22
48	西藏信托	0.20	0.13	0.13
49	北方国信	0.20	0.18	0.16
50	国元信托	0.13	0.17	0.19
51	建信信托	0.10	0.10	0.10
52	新时代	0.10	0.13	0.32
53	中诚信托	未披露	未披露	未披露
54	中海信托	未披露	未披露	未披露
55	中融信托	未披露	未披露	未披露
56	中信信托	未披露	未披露	未披露
57	华融国信	未披露	0.29	0.13
58	粤财信托	未披露	未披露	未披露
59	湖南信托	未披露	未披露	未披露
60	华宝信托	未披露	未披露	未披露
61	山东国信	未披露	未披露	未披露
62	华润信托	未披露	未披露	未披露
63	雪松国信	未披露	0.52	0.64
64	中建投信托	未披露	未披露	未披露
65	华能贵诚	未披露	未披露	未披露
66	四川信托	未披露	未披露	未披露

续表

序号	公司简称	2020 财年	2019 财年	2018 财年
67	中粮信托	未披露	未披露	未披露
68	万向信托	未披露	未披露	未披露

表 2－7 人均净利润序列

单位：万元

序号	公司简称	2020 财年	2019 财年	2018 财年
1	重庆国信	1760.48	1711.21	2295.53
2	江苏国信	1448.22	1280.97	1382.88
3	国联信托	1115.33	244.24	358.65
4	华能贵诚	870.55	699.94	620.46
5	华润信托	767.73	581.66	672.62
6	平安信托	627.58	564.31	455.95
7	中航信托	605.97	604.38	624.18
8	英大信托	577.93	373.03	385.38
9	百瑞信托	572.16	486.29	515.22
10	五矿信托	518.71	585.88	489.73
11	交银国信	492.61	478.44	466.62
12	西藏信托	486.74	263.05	509.75
13	中信信托	478.66	540.31	443.76
14	建信信托	470.93	481.22	460.88
15	粤财信托	470.78	458.33	800.08
16	渤海信托	434.19	414.10	516.85
17	外贸信托	424.54	555.65	510.52
18	国投泰康	392.87	294.80	194.40
19	上海国信	379.83	337.99	417.80
20	天津信托	363.62	381.82	370.11
21	中海信托	362.34	830.25	444.26
22	昆仑信托	357.89	380.56	315.97
23	华鑫信托	337.25	318.51	319.04
24	中铁信托	325	557.00	657.00

续表

序号	公司简称	2020 财年	2019 财年	2018 财年
25	工商信托	299.00	282.00	284.00
26	光大兴陇	289.37	279.86	170.43
27	中诚信托	286.19	343.11	428.80
28	北京国信	272.00	260.00	321.00
29	苏州信托	270.18	232.33	355.28
30	浙商金汇	266.41	未披露	未披露
31	爱建信托	265.64	326.11	359.94
32	国元信托	265.30	232.31	304.43
33	紫金信托	258.32	234.36	240.30
34	长城新盛	244.03	239.21	191.21
35	厦门国信	237.94	208.90	303.35
36	华宝信托	232.70	283.69	292.16
37	中融信托	228.19	113.12	144.60
38	中建投信托	213.59	220.55	249.87
39	兴业信托	209.28	184.95	271.16
40	陆家嘴信托	191.60	146.21	162.94
41	万向信托	182.33	167.38	246.91
42	东莞信托	178.22	240.46	230.85
43	民生信托	173.19	262.64	528.62
44	中原信托	164.69	160.81	318.96
45	华澳信托	142.08	229.48	182.00
46	国通信托	137.68	192.84	193.08
47	吉林信托	134.69	280.57	125.53
48	华融国信	130.26	14.61	247.74
49	云南国信	126.00	101.00	103.47
50	湖南信托	123.00	562.00	588.00
51	中泰信托	119.83	94.83	123.48
52	西部信托	103.24	118.97	157.40

续表

序号	公司简称	2020 财年	2019 财年	2018 财年
53	北方国信	87.35	176.61	241.75
54	国民信托	79.49	49.29	46.67
55	大业信托	68.42	97.68	252.56
56	四川信托	68.33	99.88	124.92
57	长安国信	65.39	53.09	149.07
58	新时代	60.10	158.51	234.18
59	中粮信托	45.56	20.56	251.78
60	金谷信托	34.32	116.11	205.15
61	山西信托	12.75	4.71	36.14
62	新华信托	10.29	36.32	62.12
63	华宸信托	-69.58	149.05	57.97
64	华信信托	-98.99	481.66	548.11
65	雪松国信	-214.16	27.03	65.14
66	安信信托	未披露	未披露	未披露
67	陕西国信	未披露	未披露	未披露
68	山东国信	未披露	未披露	未披露

二、信托资产规模分析

（一）信托资产规模的整体分析

根据中国信托业协会公布的最新数据，截至 2020 年第三季度末，信托业受托管理的信托资产余额为 20.86 万亿元，较年初减少 7432.79 亿元，同比下降 5.16%，降幅较第二季度末收窄 0.4 个百分点，信托资产余额较第二季度末减少 4182.31 亿元，环比下降 1.97%，降幅比第二季度扩大了 1.75 个百分点。

2020 财年，信托行业平均信托资产规模为 31763131 万元，比 2019 财年下降了 1651758 万元，下降幅度为 4.94%。自 2014 财年以来，信托公司的信托资产规模每年都有大幅度的提升，除 2016 财年外，平均每年提升 20% 以上。而 2019 财年该指标首次出现了下降，2020 财年继续下降，表明在宏观经济增速放缓以及金融监管不断加强的环境之下，信托行业的发展仍面临着比较严峻的考验。

在2020财年，有49家公司缩减了信托资产规模。从公司层面来看，中信信托仍然维持在单个公司年度信托资产规模排名的第一位，但其数值却由2019财年的165219704万元下降至157415596万元，经历了2018财年的最高值之后，中信信托也开始适当收缩资产规模。从信托资产规模分布的平均程度来看，2020财年信托资产规模分布的标准差（30062729万元）与2019财年（29825848万元）相比有了小幅上升。与此同时，变异系数也出现上升，由2019财年的0.89上升至2020财年的0.95，这说明2020财年信托资产规模于不同信托公司之间的差异度在逐步扩大（表2－8）。

从中观层面看，信托行业的信托资产规模均值在2020财年出现了4.94%的下降；与此同时该指标的标准差和变异系数出现了小幅的上升。从微观层面看，行业内信托资产规模的最大值与最小值相比于上一年度均有所减少。这些数据表明，2020财年信托资产规模均值的下行并不是由于个别公司战略调整的原因，而是整个行业都在进行信托资产的调整与收缩。如何应对系统性风险对于信托行业的冲击将是未来一段时间亟待解决的重要问题。具体数据如表2－8所示。

表2－8　信托公司信托资产规模的统计分析

指标	2016财年	2017财年	2018财年	2019财年	2020财年
平均值（万元）	24050170	29758782	38648885	33414889	31763131
平均值增长幅度（万元）	3332333	5708612	8890103	－5233995	－1651758
平均值增长率（%）	16.08	23.74	29.87	－10.89	－4.94
公司数目（家）	68	68	68	68	68
最大值（万元）	109683950	142488879	198672976	165219704	157415596
最小值（万元）	980256	971111	396584	219914	213840
标准差（万元）	23583490	28279946	35079305	29825848	30062729
变异系数	0.98	0.95	0.91	0.89	0.95

（二）信托资产规模的公司分析

从信托资产规模排名来看，2020财年，信托资产规模最大的信托公司前五名为：中信信托（157415596万元）、建信信托（139123224万元）、华润信托

(95488578 万元)、五矿信托(88497647 万元)和中融信托(76545192 万元)。整体而言,2020 财年的信托资产规模排名与 2019 财年相比变化不大。值得注意的是,虽然中信信托、建信信托和华润信托的信托资产规模排名相对稳定,但并不能说明这些信托公司没有对其信托资产进行调整,其信托资产规模相比于 2019 财年均出现了一定程度的下调。其中,中信信托资产规模下降了 7804109 万元,建信信托下降了 1270668 万元,华润信托下降了 3366 万元。

同时,可以发现,2020 财年信托资产规模达到 1000 亿元以上的公司达到 54 家,比 2019 财年的 59 家减少了 5 家。另外,信托资产规模达到 500 亿元以上的公司,2015 财年达到了创纪录的 60 家,2016 财年则小幅下降至 58 家,2017 财年增加至 59 家,2018 财年又增加至 63 家,2019 财年增加至 64 家,2020 财年下降至 62 家。

值得注意的是,信托资产规模排名前三的信托公司中,除华润信托以外,其他两家信托公司控股股东均为商业银行背景。造成这种现象的原因一方面可能是由于金融机构相比于其他类型的企业在资金端具有一定优势,可以在一定程度上提高资本规模,降低资本成本;另一方面可能是在资产端方面商业银行背景信托公司可能更加熟悉资本市场运作规律,能够运用信息优势来提高自身的资产配置水平。从信托资产增长来看,2020 财年,信托资产增长前五名分别为五矿信托(28557968 万元)、光大兴陇(16998715 万元)、中融信托(11078693 万元)、英大信托(7917074 万元)以及天津信托(6738841 万元)。信托资产增长前五名的信托公司变化较大。

从信托资产规模增幅来看,2020 财年,信托资产规模增幅排名前五的公司为五矿信托(47.64%)、天津信托(45.13%)、光大兴陇(29.28%)、百瑞信托(27.57%)和英大信托(24.82%)。值得一提的是,2020 财年信托资产规模增长率排名前五的信托公司的增长率虽然高于 2019 财年,但整体来说仍延续增长率下降趋势。部分信托公司在 2020 财年缩减了信托资产规模,一方面,可能是受到宏观经济环境的影响,2020 财年中国宏观经济稳中有降,因此部分信托公司采用了相对稳健的经营策略。另一方面,由于去通道、降规模、提高发展质量的趋势不可逆转,信托行业逐步从粗放型的增长模式向内涵式的发展模式转变。部分信托公司适当压缩资产规模,也是转型过程中的一种正常现象。

三、信托资产结构分析

（一）信托资产投资领域分析

1. 信托资产分布的行业分析

（1）2020年前三季度数据分析

随着我国新冠肺炎疫情得到有效控制，从2020年第二季度以来，我国经济开始逐步走出低谷并持续复苏，在此背景下，信托业按照“六稳”和“六保”的要求，综合运用贷款、债券投资、资产证券化等手段积极响应基建投资、企业复工复产和消费回补中的融资需求，并加大对实体经济中民营企业、中小企业、个体经营者的资金支持力度，切实引导更多资金进入实体经济领域，助力经济企稳回升。截至2020年第三季度末，投向工商企业的信托资金占比仍居首位，投向基础产业、房地产、其他、金融机构和证券市场的资金占比分别居第二位至第六位。根据银保监会的统计，第三季度末，信托行业直接投入实体经济（不含房地产业）的信托资产余额达13.14万亿元，占全部信托资产余额的62.97%，其中投向小微企业的信托资产余额为2.41万亿元。

2020年第三季度末，投向工商企业的信托资金总额为5.42万亿元，比上年末减少662.4亿元，这主要是压降融资类和通道类业务导致资金信托的规模整体下降所致。不过，投向工商企业的信托资金规模仅较年初下降1.21%，显著低于资金信托整体3.94%的降幅。

2020年第三季度末，投向金融机构的资金信托总额为2.15万亿元，较2019年末减少3533.59亿元，下降14.11%；环比2020年第二季度末减少1161.99亿元，降幅为5.13%；规模占比为12.48%，较2019年末下降1.48个百分点，较上年同期下降1.97个百分点。

截至2020年第三季度末，投向基础产业领域的信托资金总额为2.76万亿元，较上年末减少616.09亿元，降幅达2.18%，但占比为16.01%，较上年末提升0.29个百分点，基础产业领域仍然是信托资金第二大重点投向领域。

截至2020年第三季度末，投向房地产领域的信托资金总额为2.38万亿元，较上年末下降3262.01亿元，降幅达12.06%；较2020年第二季度末下降1234.42亿元，环比下降4.94%。2020年第三季度末投向房地产的资金信托规模较2019年第二季度末的最高峰值下降了5516.60亿元，降幅达18.83%。从占比来看，2020年第三季度末，房地产信托占比为13.8%，比2019年末和2020

年第二季度末分别下降 1.27 个百分点和 1.58 个百分点。这些都说明信托行业在落实房地产宏观调控政策上取得了明显成效,这有助于促进房企降杠杆,保障房地产市场平稳健康发展。

截至 2020 年第三季度末,投向证券市场的信托资金总额为 2.21 万亿元,较上年末增加 2538.14 亿元,增长幅度达 12.95%,证券市场是唯一实现正增长的投向领域;规模占比为 12.84%,也较上年末提升 1.92 个百分点。从具体构成来看,2020 年第三季度末,投向股票的资金信托余额为 6062.74 亿元,较上年末增加 1026.38 亿元,增幅达 20.38%,占比为 3.52%,较上年末提高 0.71 个百分点;投向基金的资金信托余额为 2524.40 亿元,较上年末增加 312.41 亿元,增长 14.12%,占比为 1.47%,较上年末提高 0.24 个百分点;投向债券的资金信托余额为 13543.68 亿元,较上年末增加 1199.35 亿元,增长 9.72%,占比为 7.86%,较上年末提高 0.98 个百分点。

(2) 历史数据分析

信托资产的行业分布呈现如下特征:

第一,2013 财年以前,信托资产在基础产业的分布比例是最大的,此后连续 5 年,实业资产超过了基础资产,位于资产比例的首位。在 2020 财年,实业资产占比与 2019 财年持平,保持在 32% 的比例,表明信托行业服务实体经济的特性仍在进一步加强。而基础产业资产在 2013 财年以后开始进入下行通道,2020 财年与 2019 财年持平,维持在占比均值 14%,相比于 2017 财年的 26% 下降了 12%。第二,信托资产在金融机构和证券市场的分布比例曲线一致,2012—2016 财年占比呈上升趋势,而在 2017 财年之后则进入波动状态,在经历了 2017 财年的下降和 2018 财年的小幅下降之后,2019 财年金融机构资产占比与证券市场资产占比均值分别降至 15% 和 8%,2020 财年金融机构资产占比下降至 13%,证券市场资产维持在 7%,波动趋势基本保持一致。第三,房地产资产的分布占比在近 6 年内基本徘徊在 10% 左右的水平,与其他类型资产相比表现得较为平稳。2020 财年,房地产资产占比增至 17%,为近年来的最高水平。

通过对上述数据的综合分析,可以发现,与 2019 财年信托公司较为稳定的信托资产结构不同,2020 财年信托公司普遍调整了原有的信托资产配置结构。其中,基础产业资产维持不变,与 2018 财年持平。金融机构资产和证券资产均值波动趋势较为趋同,经历了 2019 财年较为稳定的小幅下降之后,2020 财年也有小幅下降，说明这两类资产的配置规模具有较强的同周期性。实业资产占比与2019财年持平。房地产资产的配置规模仍然处于波动状态，2018财年该均值为12%，相比于2017财年下降1%，而在2019财年该指标则上升至15%，2020财年上升至17%，上升幅度达到2%。由此可以得出如下规律：信托公司普遍重视对实业资产的支持力度，近年来无论宏观经济和监管环境如何变化，实业资产的配置规模始终呈现上升状态。而对于基础资产投资，由于中国经济结构的不断调整，通过投资拉动宏观经济的模式正在发生变化，其投资比重仍然呈下降趋势。金融机构资产与证券市场资产由于在性质上较为相近，因此其变动趋势较为一致。而房地产资产的变动趋势则与上述两种资产呈现反向变动的特征。这一方面说明对于这三类资产的配置，信托公司会根据情况进行动态调整；另一方面也说明这些资产之间具备一定的替代性和互补性。

首先，2016财年以前，基础产业资产的变异系数一直比较低，而且相对稳定，一直维持在0.60左右，2014年上升至0.63。自2016财年开始，该指标进入上行通道，增长至0.78。2017财年与2016财年基本持平，而在2018财年该指标又大幅上升至0.87，2019财年该指标进一步上升至0.88，2020财年下降到0.84。上述数据表明，由于基础设施投资一度在我国宏观经济增长中扮演着重要角色，因此在2016财年以前，大部分信托公司都将基础产业作为资产配置的重点。2016财年以后，随着基础产业资产占比开始放缓，行业内不同信托公司之间对于基础产业资产配置之间的差异也在逐步加大。这可能说明随着我国宏观经济增长模式逐步从投资拉动到消费拉动之间的转化，信托公司对于基础产业未来发展前景的态度出现了一定的分化。其次，证券资产的变异系数波动较大。2014财年至2018财年，证券资产变异系数有4年都超过了1，相对较高。2014财年证券资产变异系数大幅达到1.01，2015财年大幅下降至0.84，2016财年持续小幅上升至0.87，2017财年增加至1.46，虽然在2018财年下降至1.26，但是2019财年进一步上升至1.47，2020财年有所下降，达到1.44，为5个行业中的最高值。2017—2020财年，证券业资产变异系数已经连续4年位列5个行业中的最高值。这说明基于信托公司对于证券行业的预期存在较大分歧，其资产配置规模也存在着较大的差异。再次，对于实业资产，各信托公司的态度在各年间的变化相对较小。2013—2014财年越来越趋于一致，由2013财年的0.69降至2014财年的0.66，但是2015财年各信托公司对于实业资产的持有比例分歧开始加大，增加到0.77，2016财年则持续加大至0.82，但在2017财年大幅下降至0.64，并在2018财年和2019财年基本保持不变，2020财年小幅下降至0.60。又次，对于房地产，2014—2016财年，其变异系数逐渐加大，2016财年达到创纪录的1.49。2017财年开始，该指标开始逐步下滑，2017财年房地产业变异系数为1.09，相比于2016财年出现了大幅度的下降，2018财年降低至1.02，2019财年进一步降低至1.00，2020财年持续下降至0.91。值得注意的是，2013—2016财年，各信托公司对于房地产资产持有比例的变异系数远远高于其他几种资产形式，而2017—2020财年则出现了一定的下调，这显示各信托公司对房地产发展前景的判断逐渐分化后，2017财年这种分歧开始缩小。最后，对于金融机构资产分布比例，2014—2018财年，除2017财年变异系数上升以外，其余年度均小幅下降。其中2014财年大幅下跌至0.78，2015财年延续了2014财年的跌势，微跌至0.72，2016财年持续大幅下跌至0.65，2017财年则大幅上升至0.80，2018财年则又下降至0.73。2019财年，该指标小幅上升至0.78，2020财年回落至0.74。这说明，各信托公司对该种资产的投资比例分歧有所缩小。

2016—2020财年信托公司信托资产的行业分布占比情况如表2－9所示。

表2－9　2016—2020财年信托公司信托资产行业分布占比

项目		2016财年	2017财年	2018财年	2019财年	2020财年
披露公司数目		66	67	65	66	68
基础产业	规模（万元）	4353447	4954380	5543222	4715148	4698281
	占比（%）	17.73	15.47	14.52	13.76	14.48
	占比最大值（%）	55.35	53.67	57.63	68.33	47.93
	占比最小值（%）	0.00	0.08	0.00	0.00	0.00
	标准差（%）	13.79	11.90	12.63	12.17	12.20
	变异系数	0.78	0.77	0.87	0.88	0.84
房地产	规模（万元）	1986838	2735452	3449852	3912241	5223378
	占比（%）	9.51	13.32	12.02	14.81	17.02
	占比最大值（%）	76.64	69.91	69.45	79.33	78.48
	占比最小值（%）	0.00	0.28	0.33	0.17	0.12
	标准差（%）	14.18	14.56	12.28	14.85	15.56
	变异系数	1.49	1.09	1.02	1.00	0.91

续表

项目		2016 财年	2017 财年	2018 财年	2019 财年	2020 财年
证券	规模（万元）	4670180	4615884	5497438	3786329	3319576
	占比（%）	19.02	10.90	11.07	7.81	7.42
	最大值（%）	34.62	75.94	58.63	52.41	51.77
	最小值（%）	0.00	0.00	0.01	0.00	0.00
	标准差（%）	16.52	15.91	13.93	11.51	10.70
	变异系数	0.87	1.46	1.26	1.47	1.44
实业	规模（万元）	5482718	7634547	9976555	8903421	8976828
	占比（%）	22.33	26.97	29.60	31.56	32.23
	最大值（%）	83.59	81.57	87.02	94.19	82.24
	最小值（%）	0.00	0.20	1.47	1.70	1.84
	标准差（%）	18.31	17.29	18.84	20.66	19.46
	变异系数	0.82	0.64	0.64	0.65	0.60
金融机构	规模（万元）	4884625	6028036	8293402	5740746	4851971
	占比（%）	19.89	16.83	17.04	15.24	12.97
	最大值（%）	64.16	48.37	50.33	48.50	35.89
	最小值（%）	0.00	0.00	0.00	0.00	0.00
	标准差（%）	13.03	13.53	12.50	11.88	9.59
	变异系数	0.65	0.80	0.73	0.78	0.74

2. 信托资产分布的公司分析

基础产业资产占比变化仍然较大，其中英大信托在 2018 财年至 2020 财年连续 3 年保持在第一位，国元信托仍保持第二名。

房地产资产占比前三名中，华宸信托由 2019 财年的占比排行第二名跃升至 2020 财年的第一名。

证券资产占比前三名发生了一定的变化。外贸信托排名上升，由 2019 财年的第三名上升至 2020 财年的第一名，江苏国信与华润信托由 2019 财年的第一名与第二名，分别降至 2020 财年的第二名和第三名。

实业资产占比排名前三的企业变化相对较小，新时代和天津信托继续保持在行业前两名的位置。

金融机构资产占比前三名中，2020 财年中海信托仍然保持第一名，而民生信托与西藏信托分别位居第二名和第三名，替代兴业信托与湖南信托 2019 财年的占比排名位次。

2020 财年各项信托资产比例最大的前三名如表 2－10 所示。

表 2－10　2020 财年各项信托资产比例最大的前三名

	第一名	第二名	第三名
基础产业资产	英大信托（72.46%）	国元信托（47.93%）	陆家嘴信托（35.18%）
房地产资产	华宸信托（78.48%）	工商信托（75.98%）	万向信托（50.78%）
证券资产	外贸信托（51.77%）	江苏国信（41.58%）	华润信托（39.43%）
实业资产	新时代（94.75%）	天津信托（82.24%）	山西信托（81.46%）
金融机构资产	中海信托（35.89%）	民生信托（33.49%）	西藏信托（32.21%）

基础产业资产规模，前三名公司基本没有发生变化。其中中信信托继续维持在第一名。上海国信由 2019 财年的第二名降至 2020 财年的第三名，英大信托则由 2019 财年的第四名上升至 2020 财年的第二名。

房地产资产规模，2020 财年变化较大。其中，北京国信由 2019 财年的第十名上升至 2020 财年的第一名，中信信托由 2019 财年的第一名降至 2020 财年的第二名，兴业信托位居第三名。

证券资产规模，2020 财年行业排名变化较小，华润信托与建信信托证券业资产规模继续维持在行业前两名，外贸信托则由 2019 财年的第四名上升至 2020 财年的第三名。

实业资产规模，2020 财年前三名与 2019 财年相比发生了一定的变化。中信信托由行业第八名上升至行业第一名，渤海信托维持在行业第二名，新时代则由 2019 财年的第一名下降至 2020 财年的第三名。

金融机构资产规模，前三名公司与 2019 财年相比有所变化。中信信托扩大金融机构资产规模，跃升至行业第一名，建信信托由行业第一名下降至第二名，中融信托维持在第三名。

2020 财年各项信托资产规模最大的前三名如表 2－11 所示。

表 2－11　2020 财年各项信托资产规模最大的前三名　单位：亿元

项目	第一名	第二名	第三名
基础产业资产	中信信托 （3021）	英大信托 （2885）	上海国信 （2344）
房地产资产	北京国信 （7704）	中信信托 （2718）	兴业信托 （1374）
证券资产	华润信托 （3765）	建信信托 （2685）	外贸信托 （2308）
实业资产	中信信托 （3562）	渤海信托 （3383）	新时代 （3055）
金融机构资产	中信信托 （3762）	建信信托 （3167）	中融信托 （2274）

另外，2020 财年信托资产投资比例相对较为稳定。具体数据如表 2－12 所示。

表 2－12　2016—2020 财年各项信托资产投资比例最稳定的前三名

项目	第一名	第二名	第三名
基础产业资产	山东国信 （16.45%，0.02）	兴业信托 （6.68%，0.05）	国元信托 （46.11%，0.07）
房地产资产	大业信托 （24.31%，0.05）	工商信托 （75.60%，0.07）	华融国信 （21.11%，0.11）
证券资产	北方国信 （17.83%，0.06）	外贸信托 （48.32%，0.08）	华宝信托 （30.72%，0.14）
实业资产	天津信托 （80.84%，0.01）	华信信托 （15.20%，0.03）	紫金信托 （41.19%，0.05）
金融机构资产	华信信托 （22.05%，0.12）	华能贵诚 （12.93%，0.14）	中融信托 （35.27%，0.14）

注：表中括号内第一个数字是平均值，第二个数字是变异系数。

（二）信托资产运用方式分析

1. 信托资产的运用分析

信托公司的运用方式可以分为货币资产、贷款、长期投资以及交易性金融资产等。自 2014 财年以来，贷款资产的比例一直居于首位，但其数值存在一定波动。2012—2014 财年，贷款资产比例持续上升，由 2012 财年的 36.76% 上升至 2014 财年的 45.05%，2015 财年和 2016 财年连续 2 年下跌至 34.76%，2017 财年又一次出现上升，小幅反弹至 37.97%，2018 财年小幅下降至 36.08%，而该指标在 2019 财年进一步上升至 38.13%，2020 财年继续上升至 39.69%。在信托资产的运用分布格局中，贷款资产的比例一直远远高于其他几种资产形式。货币资产、长期投资和交易性金融资产比例比较接近。

2020 财年，长期投资比例居于信托资产运用的第二位。整体而言，2014 财年至 2019 财年，长期投资比例呈现先降后升的“V”字形变化特征。2014 财年，该指标达到 8.67%，2015 财年和 2016 财年分别降至 7.53% 和 6.73%，2017 财年开始该指标进入上升通道，2017 财年和 2018 财年分别增至 8.43% 和 8.48%，2019 财年达到 9.48%，2020 财年小幅下降至 8.82%。

2020 财年，交易性金融资产比例位居第三位。2014 财年至 2020 财年，该指标呈现小幅波动的特征。2014 财年该指标为 8.16%，2015 财年降至 7.99%，2016 财年和 2017 财年连续两年出现上涨，分别达到 9.42% 和 10.50%，2018 财年和 2019 财年再次出现下行，分别为 9.37% 和 8.25%，2020 财年继续下降至 7.53%。

货币资产的比例在 2014—2020 财年除 2015 财年大幅增加以外其余年份均逐年下降，从 2013 财年的最高值 9.55% 降低为 2014 财年的 6.80%，2015 财年小幅增加至 8.14%，2016 财年小幅下跌至 6.75%，2017 财年大幅下跌至 3.04%，2018 财年和 2019 财年更是进一步降至 2.15% 和 1.89% 的低点，2020 财年继续下降至 1.67%。由此可见，货币资产虽然风险水平相对较低，但是由于其盈利能力相对较差，因此在信托行业发展过程中，该类资产占比在逐年缩减。

综上所述，我们不难看出，2020 财年各信托公司的投资资产运用策略整体变化幅度不大。其中，贷款比例由 2019 财年的 38.13% 进一步上升至 2020 财年的 39.59%，该类资产的占比仍然最高，交易性金融资产与长期投资居中，货币资产最少。值得注意的是，2020 财年货币资产的比例仍然处于下行通道，达到了 1.67% 的历史最低点；交易性金融资产的投资比例也出现下滑，由 2019 财年的 8.25% 下降至 2020 财年的 7.53%；与此同时，长期投资的比例小幅回落。这些统计数据表明，信托行业在信托资产运用中主要依赖贷款资产的格局并没有发生变化，货币资产与交易性金融资产两类流动性较强的信托资产比例在逐渐缩减，长期投资的比重在不断增加。在信托行业发展面临严峻挑战的今天，信托公司的投资重点由流动性较强的资产转换为盈利能力更强的长期投资，由此来提高其主动管理能力。

2016—2020 财年信托公司信托资产的运用方式分布情况如表 2－13 所示。

表 2－13　信托公司信托资产运用方式分布

项目		2016 财年	2017 财年	2018 财年	2019 财年	2020 财年
披露公司数目		66	64	62	64	68
货币资产	规模（万元）	1658037	1656976	1031960	1043376	797388
	占比（%）	6. 75	3. 04	2. 15	1. 89	1. 67
	占比增长（%）	－1. 39	－3. 71	－0. 89	－0. 26	－0. 22
	最大值（%）	33. 30	29. 82	17. 54	12. 75	10. 24
	最小值（%）	0. 00	0. 00	0. 18	0. 05	0. 06
	标准差（%）	5. 91	4. 90	3. 22	0. 02	1. 72
	变异系数	0. 87	1. 61	1. 50	1. 14	1. 03
贷款	规模（万元）	8533610	9844327	13649619	12893637	12372053
	占比（%）	34. 76	37. 97	36. 08	38. 13	39. 69
	占比增长（%）	－3. 88	3. 21	－1. 89	2. 05	1. 55
	最大值（%）	86. 60	68. 70	80. 84	72. 35	76. 99
	最小值（%）	0. 03	8. 60	3. 25	3. 31	0. 59
	标准差（%）	16. 93	15. 54	15. 30	15. 36	15. 97
	变异系数	0. 49	0. 41	0. 42	0. 40	0. 40
长期投资	规模（万元）	1652335	2146446	2886342	2850223	2441903
	占比（%）	6. 73	8. 43	8. 48	9. 48	8. 82
	占比增长（%）	－0. 80	1. 70	0. 05	1. 00	－0. 66
	最大值（%）	52. 50	28. 01	31. 39	37. 25	38. 96
	最小值（%）	0. 85	0. 86	0. 22	0. 20	0. 00
	标准差（%）	5. 65	5. 98	6. 37	7. 07	7. 35
	变异系数	0. 84	0. 71	0. 75	0. 75	0. 83

续表

项目		2016 财年	2017 财年	2018 财年	2019 财年	2020 财年
交易性金融资产	规模（万元）	3669147	4283962	4800038	3375954	3104280
	占比（%）	9.42	10.50	9.37	8.25	7.53
	占比增长（%）	1.43	1.08	-1.13	-1.12	-0.72
	最大值（%）	69.07	73.08	45.84	56.18	52.59
	最小值（%）	0.00	0.00	0.00	0.00	0.00
	标准差（%）	13.17	13.41	11.46	11.81	10.15
	变异系数	1.41	1.29	1.22	1.43	1.35

2. 信托资产运用的公司分析

2020 财年各项信托资产运用方式比例最大的前三名如表 2-14 所示。

表 2-14　2020 财年各项信托资产运用方式比例最大的前三名

项目	第一名	第二名	第三名
货币资产	江苏国信（10.24%）	中信信托（8.73%）	建信信托（4.57%）
贷款	山西信托（76.99%）	湖南信托（72.94%）	万向信托（70.23%）
长期投资	长城新盛（38.96%）	中粮信托（34.80%）	北京国信（27.92%）
交易性金融资产	外贸信托（52.59%）	华润信托（36.79%）	东莞信托（27.45%）

从表 2-14 中可以看出，货币资产占比，行业前三名发生了一定的变化，江苏国信由第三名升至第一名，而建信信托则由第一名降至第三名，中信信托由 2018 财年的第五名上升至 2019 财年的第二名，2020 财年仍保持在第二名。

贷款占比方面，山西信托 2020 财年仍保持第一名，湖南信托由 2019 财年的第七名上升至第二名。

长期投资占比相对变化较小，其中长城新盛和中粮信托继续保持在行业前两位，北京国信位列行业内的第三名。

交易性金融资产占比也发生了一定幅度的变化。外贸信托由 2019 财年的行业第二名上升至第一名，华润信托由 2019 财年的第三名上升至 2020 财年的第二名。

2020 财年各项信托资产规模最大的前三名如表 2－15 所示。

表 2－15　2020 财年各项信托资产规模最大的前三名　　单位：万元

项目	第一名	第二名	第三名
货币资产	中信信托（13737753）	建信信托（6360188）	江苏国信（3765095）
贷款	建信信托（67391180）	中信信托（61569260）	华润信托（41243380）
长期投资	中信信托（17023936）	中航信托（10398216）	中融信托（10232737）
交易性金融资产	华润信托（35130462）	外贸信托（23445330）	建信信托（13987041）

2020 财年货币资产规模排名发生了小幅变动，其中中信信托由 2019 财年的第二名升至 2020 财年的第一名，而建信信托由 2019 财年的第一名下降至 2020 财年的第二名。

贷款资产规模排名变化幅度不大，其中建信信托和中信信托仍然维持在行业的第一名和第二名。

长期投资资产规模排名基本不变，中信信托和中航信托仍然维持在行业前两名。

2020 财年交易性金融资产规模排名没有发生太大变化，华润信托保持在行业第一名，外贸信托仍保持在行业第二名。

四、盈利能力分析

（一）营业收入

2020 年第三季度，信托行业实现营业收入 291.09 亿元，同比增长 6.75%，增速较第二季度提升 5.9 个百分点。从收入构成来看，第三季度实现信托业务收入为 214.44 亿元，同比增长 10.67%，信托业务收入占比为 73.67%，较上年同期提升了 2.61 个百分点；投资收益和利息收入分别为 60.17 亿元和 12.88 亿元，分别较上年同期增长 0.82% 和下滑 10.2%，占比分别为 20.67% 和 4.42%。从利润总额来看，2020 年第三季度，信托行业实现利润总额 144.87 亿元，同比下滑 21.43%，降幅较第一季度和第二季度的 －10.2% 和 －7.93% 明显扩大，这可能与信托公司加大资产减值损失计提力度有关。

1. 营业收入的历史分析

2020 财年，信托行业共实现营业收入 1173 余亿元，平均每家信托公司营业收入为 17.26 亿元，比 2019 财年增加了 2.01 亿元，上升比例为 13.19%。自 2005 财年以来，信托公司的营业收入在 2008 财年的上升幅度最大，上升了 2.2 亿元，上升比例为 158.76%；在 2019 财年下跌幅度最大，下跌了 1.4 亿元，下跌比例为 8.44%。

在 2008 财年，单个信托公司的营业收入为较高的 259269 万元，之后，年度高点在 2009 财年降为 200481 万元，在 2010 财年则小幅回升为 207486 万元，2011 财年继续上升为 238640 万元，2016 财年出现了历史最高的营业收入，即中信信托创造的 1019364 万元。中信信托 2017 财年、2018 财年、2019 财年和 2020 财年的营业收入分别为 564900 万元、574951 万元、614467 万元和 637797 万元，虽然比 2016 财年的最高点有较大幅度的下降，但也保持了不俗的业绩。

信托公司营业收入的变异系数在 2008 财年上升到最大，为 1.42，然后逐年下降，2012 财年下降为 1.03，2013 财年为 0.86，2014 财年为 0.82，2015 财年为 0.85，2016 财年提高至 0.99，2017 财年降到 0.82，2018 财年继续下降至 0.77，2019 财年小幅回升至 0.78，2020 财年与 2019 财年持平，维持在 0.78，这表明 2020 财年各信托公司营业收入差距基本保持稳定。具体数据如表 2-16 所示。

表 2-16 2016—2020 财年信托公司营业收入统计分析

项目	2016 财年	2017 财年	2018 财年	2019 财年	2020 财年
平均值（万元）	170643	159026	166145	152460	172575
均值增长额度（万元）	32184	-11617	7119	-14048	20115
增长幅度（%）	26.15	-6.59	-1.48	-8.44	13.19
公司数目（家）	68	68	68	68	68
最大值（万元）	1019364	603051	602540	614467	637797
最小值（万元）	8157	9390	4568	5171	23551
标准差（万元）	174336	130339	128902	119124	134777
变异系数	0.99	0.82	0.77	0.78	0.78

2. 营业收入的公司分析

从营业收入排名来看，2020 财年，营业收入最大的信托公司前五名为：中信信托（637797 万元）、华能贵诚（504618 万元）、平安信托（467860 万元）、中融信托（451862 万元）和光大兴陇（418548 万元）。

同时，可以发现，2010 财年营业收入达到 5 亿元以上的公司只有 12 家，而 2011 财年则增长到 16 家，2012 财年增加到 27 家，2013 财年达到 47 家，2014 财年达到 56 家，2015 财年达到 57 家，2016 财年达到 63 家，2017 财年为 58 家，2018 财年为 61 家，2019 财年这一指标有所回落，为 58 家，2020 财年为 59 家。

（二）利润总额与净利润

1. 利润总额与净利润的历史分析

2020 财年，信托行业共实现利润 701 亿元，平均每家信托公司利润总额为 103055 万元，比 2019 财年下降了 1.19%。自 2005 财年以来，信托公司的利润总额在 2008 财年的上升幅度最大，上升了 26759 万元，上升比例为 273.66%；在 2009 财年下跌幅度最大，下跌了 10392 万元，下跌比例为 28.81%。

单个信托公司的利润总额在 2015—2018 财年连续 4 年持续上升，其中，2015 财年上升幅度最大，达到 15.26%，2019 财年出现了近 5 年内的首次下跌，2020 财年仍持续下降，这显示 2020 财年整个信托市场的盈利状况仍不容乐观。

2005 财年以来，各个信托公司的利润总额差异度的最大值出现在 2005 财年，变异系数为 1.49，2006 财年和 2007 财年变异系数连续两年下降之后，2008 财年增长为 1.29，之后逐年下降，2012 财年为 0.97，2013 财年为 0.86，2014 财年为 0.84，2015 财年取得历史最低值 0.82，2016 财年小幅上升至 0.86，2017 财年与 2016 财年持平，2018 财年小幅下降至 0.85，2019 财年则大幅回升至 1.05，2020 财年上升至 1.29。具体数据如表 2－17 所示。

表 2－17　信托公司利润总额统计分析表

项目	2016 财年	2017 财年	2018 财年	2019 财年	2020 财年
平均值（万元）	109310	114372	120063	102249	103055
均值增长额度（万元）	13854	5062	5691	－17650	－1240
公司数目（家）	68	68	68	68	68
利润总额为负的公司数（家）	0	0	0	2	5
最大值（万元）	458736	424889	487421	481998	451426
最小值（万元）	2185	2192	7325	－244250	－523897
标准差（万元）	94456	98581	102384	107515	132715
变异系数	0.86	0.86	0.85	1.05	1.29

2. 利润总额与净利润的公司分析

从利润总额排名来看，2020 财年，利润总额最大的信托公司前五名为中信信托（451426 万元）、华能贵诚（418785 万元）、重庆国信（345163 万元）、平安信托（345118 万元）以及华润信托（344450 万元）。

同时，2012 财年总额超过 5 亿元的为 20 家，2013 财年达到 35 家，2014 财年为 42 家，2015 财年为 46 家，2016 财年为 49 家，2017 财年为 51 家，2018 财年为 52 家，2019 财年则小幅下降至 44 家，2020 财年回升至 49 家。

从利润总额增长率来看，2020 财年，利润总额增幅前五名的公司为华信信托（540.86%）、华融国信（130.21%）、陆家嘴信托（93.20%）、国民信托（86.66%）以及国联信托（77.65%）。另外，在 2019 年有 27 家公司的利润总额出现下滑，比 2019 财年的 40 家减少 13 家。

从信托公司净利润水平来看，自 2019 财年全行业净利润出现了近 6 年以来的首次下跌后，2020 财年继续小幅下跌。2020 财年全行业的 68 家公司中，共有 29 家信托公司的净利润超过了行业平均值（7.82 亿元），占比达 42.65%。2020 财年净利润排名前五位的信托公司分别为中信信托（340085 万元）、华能贵诚（315793 万元）、华润信托（288667 万元）、重庆国信（273755 万元）以及平安信托（265155 万元）。

五、风险增大下的整体风险可控

面对不可预期的风险经济环境，风险控制是信托公司价值创造的保障。2020 财年全球新冠肺炎疫情肆虐，经济持续低迷，宏观经济下行压力较大，需求持续疲软，投资与消费均不乐观。信托业在“新常态”背景下，面临传统业务萎缩、资管市场竞争加剧、高杠杆风险暴露以及互联网冲击等经济压力，制度红利不断削弱，信用风险持续显现。信托业为加快转型，增强自身风控能力，已加快证券投资、事务管理型信托业务的结构调整，专业化和差异化竞争战略逐步成形，然而较庞大的表内外融资业务依然面临信用风险的挑战。

（一）净资本

净资本管理既有控制“小马拉大车”无意中出现的管理能力与风控能力不相匹配的问题；也有防止个别公司为追逐眼前利益而恶意“违规超载”的现象；同时更有引导信托公司尽快实现从“广种薄收”“以量取胜”片面追求规模的粗放式经营模式，向“精耕细作”、提升业务科技含量和产品附加值内涵发展的经营模式升级转型的深层考量和战略意图。动荡多变环境下获取竞争优势、进行风险管控的关键是建立以净资本管理为核心的业务发展模式和管理体系。

2020 财年 68 家信托公司全部披露净资本值，与 2019 财年持平，另外，68 家信托公司也全部披露了净资产值。在合规内容方面，《信托公司净资本管理办法》中明确规定信托公司净资本不得低于人民币 2 亿元。目前披露净资本值的 68 家公司此项风险控制指标均达标，最低值在 7.43 亿元以上。其中最高的是重庆国信（214.23 亿元），第二位为中信信托（198 亿元）。披露公司的平均净资本值为 72.06 亿元，较 2019 财年增长 11.51%。

监管规定净资本不得低于各项风险资本之和的 100%，净资本不得低于净资产的 40%。披露的 68 家公司的这两项指标均达标，信托公司各项业务的风险资本有相应的净资本做支撑。其中，长城新盛和华宸信托净资本/各项业务风险资本准备之和的比例分别为 638.64%、598.51%，分别排名第一和第二位。净资本占净资产比重最高的是交银国信（91.40%），其次是国民信托（91.28%）。如表 2－18 所示。

表 2－18　净资本相关指标排名

排名	净资本前三名（2019 财年）	净资本前三名（2020 财年）	净资本/各项业务风险资本准备之和前三名（2019 财年）	净资本/各项业务风险资本准备之和前三名（2020 财年）	净资本/净资产前三名（2019 财年）	净资本/净资产前三名（2020 财年）
第一名	重庆国信（197.05）	重庆国信（214.23）	大业信托（129.57%）	长城新盛（638.64%）	西部信托（94.42%）	交银国信（91.40%）
第二名	平安信托（171.45）	中信信托（198.00）	华宸信托（520.08%）	华宸信托（598.51%）	光大兴陇（92.44%）	国民信托（91.28%）
第三名	中信信托（168）	平安信托（180.46）	中泰信托（512.71%）	华信信托（509.51%）	中融信托（91.26%）	湖南信托（91.24%）

注：括号内净资本单位为亿元。

（二）资产质量

从整体来看，2020 财年信托公司固有业务风险持续显露，自营业务平均不良资产规模及不良资产总体规模较 2019 财年出现大幅上升。

结合后面不良资产规模分布可以看出，披露资产规模的 65 家信托公司中有

46 家存在不良资产，比 2019 财年多 4 家。与上一年度相比不良资产规模缩减的有 11 家，较 2019 财年减少 6 家。总体而言，2020 财年信托自营业务不良资产大幅上升，经营风险加大。如表 2－19 所示。

表 2－19　自营不良资产规模的统计分析表

项目	2016 财年	2017 财年	2018 财年	2019 财年	2020 财年
合计	745998	4881071	1123717	1510983	4170379
平均值（万元）	10971	76267	17558	27472	64160
平均值增长额（万元）	4903	65296	－58709	9914	36687
平均值增长率（%）	80. 8	595. 17	－76. 98	56. 46	133. 54
公司数目（家）	68	65	64	68	65
不良资产缩减的公司数（家）	12	23	20	17	11
最大值（万元）	144367	2257675	136579	166271	795001
最小值（万元）	0	0	0	0	0
标准差（万元）	26241	294249	31757	38921	131191
变异系数	2. 39	3. 86	1. 81	1. 42	2. 04

从不良资产率来看，2020 财年 65 家公司的平均不良资产率为 8. 43%，较上一财年大幅提高。15 家公司的不良资产率低于上一财年。总体来看，2020 财年信托公司自营不良资产率较上一财年上升，在一定程度上提高了经营风险。如表 2－20 所示。

表 2－20　自营不良资产率的统计分析表

项目	2016 财年	2017 财年	2018 财年	2019 财年	2020 财年
平均值（%）	2. 71	4. 13	2. 70	3. 81	8. 43
平均值增长率（%）	2. 59	1. 42	－0. 35	0. 41	4. 62
公司数目（家）	68	68	68	68	65
不良资产率缩减的公司数（家）	21	21	22	22	15
最大值（%）	47. 60	31. 35	14. 57	32. 67	82. 40
最小值（%）	0. 00	0. 00	0. 00	0. 00	0. 00
标准差（%）	8. 35	6. 77	3. 91	0. 06	14. 44
变异系数	3. 08	1. 64	1. 45	0. 02	1. 71

从不良资产规模的分布区间来看，2020 财年亿元以上不良资产公司为 37 家（占全部信托公司的 54.4%）。亿元以上不良资产公司产生了 90% 以上的信托行业不良资产，监管对象和风控重点应集中在这 37 家公司，还有 3 家公司没有披露不良资产，也应该引起关注。

第四节　信托公司人力资源分析

2020 财年信托行业从业人员的整体规模为 22531 人，较上一财年增长 11.30%。信托行业人员队伍继续扩大，但信托行业在金融机构中属于从业人员较少的行业。信托行业近几年快速发展带来的良好发展平台和较高的薪酬水平，吸引了大量高学历人才（包括博士、硕士两个层次）的加入。8 家公司高学历人员占比 70% 以上，43 家公司高学历人员占比 50% 以上，19 家高学历人员规模超过 200 人。如表 2－21 所示。

表 2－21　信托公司从业人员规模的统计分析

项目	2016 财年	2017 财年	2018 财年	2019 财年	2020 财年
总数（人）	17554	18393	19766	20243	22531
平均值（人）	258	271	295	298	331
平均值增长幅度（人）	10	13	24	3	33
平均值增长率（%）	4.03	5.04	8.86	－0.875	11.07
公司数目（家）	68	68	68	68	68
从业人员增加的公司数（家）	46	47	57	56	58
最大值（人）	1980	1939	1974	808	945
最小值（人）	49	76	74	80	88
标准差（人）	266.31	253.84	255	161.21	216
变异系数	1.03	0.94	0.86	0.54	0.65

2020 财年信托公司从业人员规模前三位为光大兴陇信托、长安信托和四川信托；2019 财年从业人员规模前三名为中融信托、四川信托和长安信托。高质量

人员的流入也为这些公司业绩增长带来了一定支撑。如表 2－22 所示。

表 2－22 信托公司从业人员规模前三名

单位：人

排名	2020 财年从业人员规模	2019 财年从业人员规模	2018 财年从业人员规模
第一名	光大兴陇（945）	中融信托（808）	中融信托（1974）
第二名	长安国信（872）	四川信托（734）	四川信托（749）
第三名	四川信托（792）	长安信托（719）	平安信托（743）

第三章

集合资金信托产品

第一节　2020 年集合资金信托产品发行概况

2020 年，虽然新冠肺炎疫情对社会经济生活产生了较大的冲击，但是信托市场还是得到了较快修复。统计数据显示，2020 年，全行业发行集合资金信托项目 30785 只，发行集合资金信托规模 30177 亿元，发行数量和规模首次突破 30000 大关，再创历史新高。2020 年，集合资金信托市场呈现两大新变化趋势：一方面，监管部门压降融资类信托业务，管控房地产信托额度，产品供给受到很大影响。为了满足投资者需求，信托公司加大了证券投资信托的发行力度。因此，集合资金信托产品发行结构有了很大变化。另一方面，为应对新冠肺炎疫情的冲击，宽松的货币政策引导市场利率出现了明显下行态势，社会流动性宽松，信托产品预期收益率明显下行。

一、2020 年集合资金信托产品发行规模

根据信托公司公开披露的信息统计，2020 年，68 家信托公司共计发行集合资金信托产品 30785 只，发行信托规模共计 30177 亿元，平均每只信托产品规模为 0.98 亿元，平均期限约为 2.3 年，平均年化预期收益率约为 7.23%。与 2019 年相比，发行产品数量和规模均保持上升态势，单只产品平均募集规模延续下降态势，产品期限进一步延长，平均发行预期收益率明显回落。如图 3－1 所示。

2020 年集合资金信托产品数量同比增速为 15.36%，募集规模同比增长 9.45%，单只信托产品的平均规模增速为 －5.12%，产品平均期限略有延长，产品平均年化预期收益率较 2018 年下降 0.81 个百分点。2020 年初，我国遭受新冠肺炎疫情的冲击，第一季度社会经济活动明显停滞，这也严重影响了信托市场，导致产品发行和购买都有明显放缓趋势。随着疫情的好转，信托市场逐步得到修复。因此，从这方面看，2020 年信托市场继续保持良好发展态势确实来之不易。需要看到，疫情对于实体企业的冲击效应显现之后，个别信托产品出现了延期兑付，短期也会影响到信托产品安全性。2020 年下半年，信托市场受到了来自监管方面的压制，监管部门自下半年开始压缩融资类信托的规模，导致信托公司产品发行受到较大限制，产品供给能力下降。信托公司不断调整发行结构，紧抓

资本市场改革机遇，加大证券投资信托产品发行的力度，加快转型发展，更好地满足投资者需求。从资金端来看，应对疫情的宽松政策引导了市场利率下降，有助于降低实体企业融资成本，也带动了信托产品预期收益率的下降。

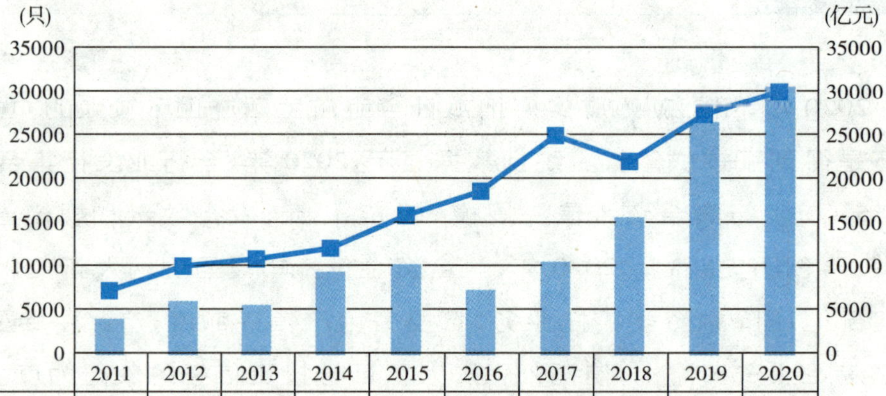

	2011	2012	2013	2014	2015	2016	2017	2018	2019	2020
产品数量	4138	6167	5727	9527	10386	7477	10700	15822	26685	30785
募集规模（右轴）	7355	10161	10981	12217	16007	18788	25124	22174	27571	30177

图 3－1　2011—2020 年国内集合资金信托产品发行数量及规模统计

从月度数据看，2020 年集合资金信托产品发行数量和规模整体呈现前高后低的态势，最后两个月有一定业绩冲刺，发行规模有所上升，这主要还是受到了下半年压降融资类信托和管控房地产信托额度监管政策的影响。具体来看，1 月、2 月发行数量和规模处于全年最低水平，与新冠肺炎疫情暴发有很大关系，也体现了春节效应。3 月至 6 月，疫情逐步得到有效控制，市场营销活动逐步恢复到正常水平，前期挤压的市场需求逐步释放，而且监管政策处于真空期，信托市场迎来了较为有利的时期，3 月的发行规模超过 3000 亿元，为全年最高水平，3 月至 6 月也为全年发行数量和规模较高的时期。下半年，监管部门开始实施压降融资类信托业务的严监管政策，传统产品发行明显受到制约，集合资金信托产品市场供给不足，虽然 11 月发行有所升高，但监管部门在 12 月对于部分并没有很好完成压降任务的信托公司给予窗口指导，导致 12 月发行数量和规模都较 11 月下降。如图 3－2 所示。

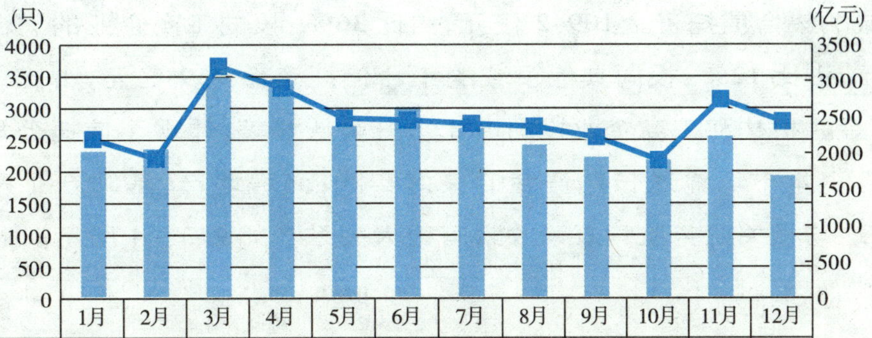

	1月	2月	3月	4月	5月	6月	7月	8月	9月	10月	11月	12月
产品数量	2284	2323	3459	3412	2692	2988	2654	2388	2195	2152	2531	1904
募集规模（右轴）	2171	1897	3180	2880	2462	2435	2387	2348	2200	1881	2724	2419

图 3－2　2020 年集合资金信托产品发行数量及规模统计

二、信托产品的资金运用方式

统计数据显示，2020 年，新增集合资金信托中贷款运用方式信托资金 7763 亿元，占比 26%；证券投资运用方式信托资金 2603 亿元，占比 9%；股权投资方式信托资金 1512 亿元，占比 5%；权益投资方式信托资金 15830 亿元，占比 52%；组合运用方式信托资金 2469 亿元，占比 8%。以贷款和权益投资为最主要的运用方式，合计占比达到 78%。与 2019 年相比，贷款、股权投资运用方式占比下降，而权益投资、证券投资、组合运用方式占比呈现上升态势，分别升高 3 个百分点、5 个百分点和 4 个百分点。如图 3－3 所示。

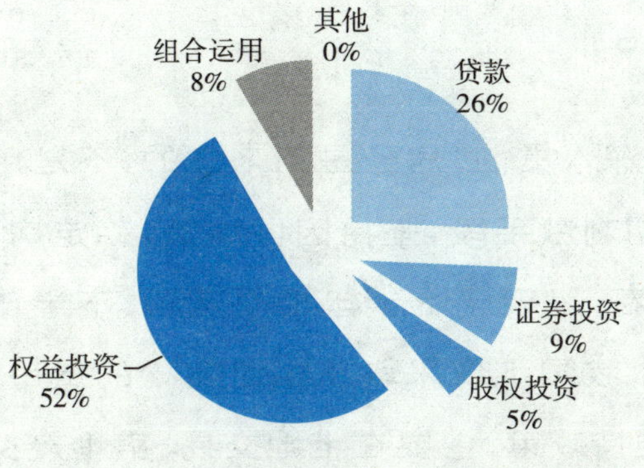

图 3－3　不同资金运用方式的资金募集规模占比

三、信托产品的资金投向

2020 年，新增集合资金信托中投向基础产业的集合信托资金 5771 亿元，占比 19%；投向房地产领域的集合信托资金 9168 亿元，占比 30%；投向金融机构领域的集合信托资金10942亿元，占比36%；投向工商企业的集合信托资金3537亿元，占比12%；投向其他领域的集合信托资金759亿元，占比3%。相比2019年，金融机构和工商企业投向占比上升势头显著，体现了信托公司服务实体经济和为资本市场输送长期资金的良好实践；而房地产、基础产业投向占比出现下滑，这与相关业务监管政策收紧有很大关系。如图3－4所示。

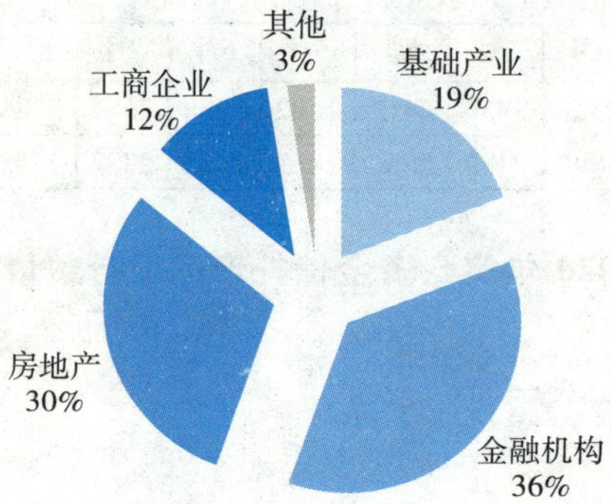

图3－4　不同资金投向的信托产品资金募集规模占比

第二节　房地产信托产品及业务发展概况

一、整体概况

2020年，我国继续深入贯彻“房子是用来住的，不是用来炒的”这一理念，强调不把房地产作为短期刺激手段，坚持因城施策，稳定房价、稳低价、稳定预期。不过，从政策实施节奏看，呈现了上半年相对宽松、下半年持续收紧的态势。上半年，为应对疫情冲击，我国不仅采取了相对宽松的货币政策，而且各地也采取了救助房地产行业的支持政策，主要在土地交易、房地产交易等环节实施了更为优惠的政策，以促进市场修复。随着疫情得到控制和经济持续修复，房地产市场面临过热风险，尤其是部分城市，房价上涨过快。为此，下半年，我国开始加快房地产调控政策的边际调整，沈阳、杭州、西安等城市出台升级限购、限价、限售等政策，进一步抑制房价上涨速度。同时，央行加强了对于金融机构的房地产融资窗口指导，出台了房地产企业的“三道红线”政策，即剔除预收款后的资产负债率大于70%，净负债率大于100%，现金短债比小于1倍。2020年最后一天，央行和银保监会针对银行业金融机构房地产贷款和个人住房贷款设置了集中度限额管理政策，进一步收紧房地产融资政策。

2020年，虽然下半年受到严调控政策影响，但是房地产行业全年恢复较快，行业景气度逐步回升至正常水平。截至2020年11月末，房地产开发投资累计同比增速为6.8%，较上年末下降3.1个百分点；商品房销售额累计同比增速为7.2%，较上年末上升0.8个百分点；商品房销售面积累计同比增速为1.3%，较年初上升1.4个百分点；房地产开发投资资金来源累计同比增速为6.6%，较年初降低1个百分点，下半年贷款融资增速放缓，而定金及预收款增速加快；房价运行态势相对平稳，不过不同城市分化走势明显，一线城市小幅上涨，二线城市、三线城市房价增幅进一步收窄。如图3－5所示。

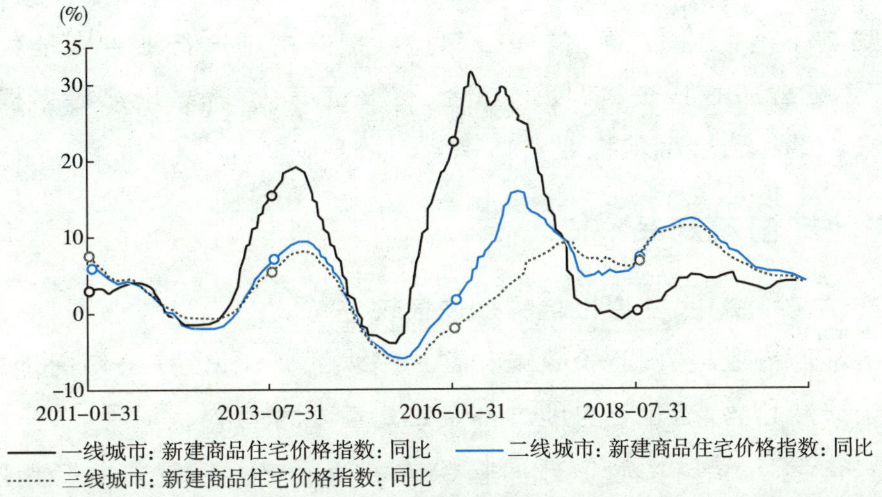

图3－5 新建住宅价格指数走势

资料来源：Wind。

二、房地产信托产品发行情况

2020年，鉴于房地产调控正常基调不变，房地产信托监管政策没有太大的改观，仍然延续了2019年下半年的房地产信托额度管控要求。而且2020年第三季度，监管部门下发《关于开展新一轮房地产信托业务专项排查的通知》，要求继续严控房地产信托规模，强化房地产信托穿透监管，严禁为资金违规流入房地产市场提供通道。此次专项排查主要针对房地产信托业务的持续合规监管情况、风险防范化解情况及落实整改问责情况，也包括房地产信托触及“三道红线”的情况。在严格监管政策下，个别信托公司因房地产信托展业不合规而遭到行政处罚，凸显了监管部门对于房地产信托规范性的重视程度。

数据显示，2020 年，信托公司发行房地产信托 6517 个，同比增长 3.6%，募集资金 9168 亿元，同比增速为 -6.3%，虽然发行数量呈现增长态势，然而募集资金规模有了明显收缩；预期收益率为 7.68%，较上年下滑 0.51 个百分点。截至 2020 年第三季度末，投向房地产领域的信托资金总额为 2.38 万亿元，较上年末下降 3262.01 亿元，降幅达 12.06%；较 2020 年第二季度末下降 1234.42 亿元，环比下降 4.94%。从占比情况来看，2020 年第三季度末，房地产信托占比为 13.8%，比 2019 年末下降 1.27 个百分点。

2020 年，信托公司持续深耕房地产信托领域，一方面，继续做好因疫情冲击和宏观调控政策影响而产生的房地产企业信用风险管控，确保信托资产质量水平不出现显著下滑；另一方面，信托公司持续提升房地产行业专业能力，加强创新转型，探索建立股权投资、房地产基金、资产证券化、养老地产等多模式、多种融资工具在内的综合金融信托业务体系。

三、房地产创新产品

房地产信托投资化、基金化趋势加速显现。

随着房地产行业趋势、监管政策和客户需求的变化，信托公司房地产信托业务转型成为必然趋势，而建立房地产基金正是重要方向。

这主要在于：一是房地产信托面临模式创新要求。随着房地产长效发展机制的深化，中央积极落实“房住不炒”的发展理念，而且随着人口老龄化等趋势的加速，房地产行业需求逐渐饱和，过往的高速增长态势难以维持，由“黄金”发展时期逐步进入“白银”时代。在此背景下，信托公司革新参与房地产投融资的业务模式，促进基金化商业模式变革，优化风险管控举措，实现从单一项目简单债权融资过渡到项目组合专业管理，提升市场竞争力。二是传统房地产信托面临规模难题。鉴于信托融资对于房地产行业发展的重要性，每次房地产调控都会涉及房地产信托业务。自 2019 年下半年，监管部门开始限制房地产信托规模额度，加强管控；自 2020 年开始压缩融资类业务规模，此项监管举措既是配合房地产宏观调控的举措，也是配合资管新规落地的举措。受此影响，2020 年以来房地产信托发行规模下降 10%，这在近年来是非常罕见的，也凸显了传统债权融资方式的不持续性。未来发展房地产信托的出路必然是在现有额度下，由债权融资向股权投资、资产证券化等形式转变，适应新的监管要求。三是房企跨越“三道红线”对于股权融资更为迫切。我国宏观经济杠杆率仍较高，前两年去杠杆政策目标过于宽泛，伤及了民企等实体企业。而本次在结构调整和杠杆压制方面，监管部门更加有针对性，央行针对房企出台了“三道红线”的政策，加强对房企资金监测和融资规则监管，房企将面临更多杠杆水平和债务率的约束。房企未来更需要通过股权形式融资，帮助其去杠杆、降低债务负担，以风险分担的形式，与资金供给方合作，实现利益共享。

2020 年，房地产股权投资信托发行数量为 989 个，发行规模为 1157 亿元，占全部房地产信托的 12.6%，仍不算高，主要在于房地产股权投资信托相较于融资类房地产信托操作性更为复杂，对于开发项目运作的专业性要求更高，因此头部信托公司正在加快探索投资化、基金化的房地产信托业务。

四、房地产信托发展展望

展望 2021 年，中央经济工作会议指出，要坚持“房子是用来住的、不是用来炒的”定位，因地制宜、多措并举，促进房地产市场平稳健康发展；要高度重视保障性租赁住房建设，加快完善长租房政策，逐步使租购住房在享受公共服务上具有同等权利，规范发展长租房市场。土地供应要向租赁住房建设倾斜，单列租赁住房用地计划，探索利用集体建设用地和企事业单位自有闲置土地建设租赁住房，国有和民营企业都要发挥功能作用；要降低租赁住房税费负担，整顿租赁市场秩序，规范市场行为，对租金水平进行合理调控。总体来看，2021 年，房地产行业调控仍然会以稳为主，继续深化房地产市场长效机制，在防范房地产金融风险的同时，进一步强化租赁市场发展和规范成长的政策力度，有效促进房地产行业平稳增长。

从房地产行业发展趋势看，2021 年，房企融资将进一步受限，这会降低房企储备土地的积极性，而加快销售及回收资金，降低杠杆水平。在此背景下，房地产行业竞争集中度会进一步显现，房企投资、销售等经营指标可能较 2020 年有所下滑，需要进一步关注部分高杠杆运行的中小房企现金流状况和偿债能力变化趋势，有效防范信用风险。

2021 年，房地产信托监管政策并不会有大的放松，会坚持额度管控和严格合规监管的政策基调。信托公司需要进一步优化目标客户、目标区域、目标报酬率，在有效额度范围内，在风险可控条件下，优选房地产项目。此外，信托公司仍会继续推进房地产信托的转型发展，强化房地产基金、商业地产投资等创新业务模式，拓展业务模式和范围，培育新的增长动能。

第三节 工商企业信托产品

一、工商企业信托发行情况

2020 年，受到全球疫情冲击，第一季度实体企业在严格的疫情防控举措下，生产经营明显停滞，随着疫情的好转，开始逐步恢复常态。疫情期间，为了支持实体企业发展，我国通过再贷款、降息、减税降费等举措，积极帮助企业渡过难关。不过，由于疫情影响具有强的结构性，医疗、信息技术等领域的行业企业收益更大，而餐饮、旅行、交通等行业企业经营修复较慢，导致行业间的发展存在很大的不平衡。统计局数据显示，截至 2020 年底，工业企业主营业务收入同比增速为 0.1%，数值刚刚转正，较年初下降 3.7 个百分点；库存同比增长 7.3%，较年初上升 5.3 个百分点，资产负债率为 56.6%，与年初基本持平，杠杆水平总体保持稳定。如图 3－6 所示。

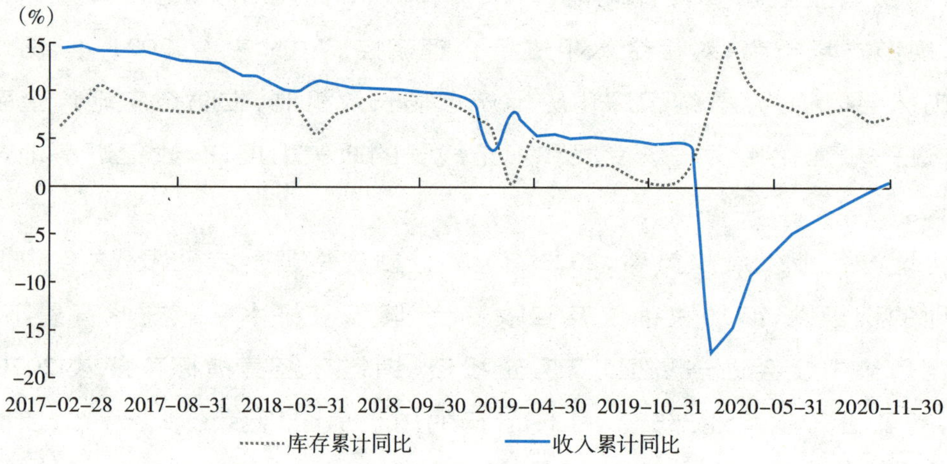

图 3－6　工业企业经营效益情况

资料来源：Wind。

从采购经理人指数看，2020 年呈现前低后高的发展态势，上半年因为疫情的负面影响，PMI 大幅下滑至 35.7%，远低于枯荣分界线。3 月之后，PMI 呈现逐步走高的态势，持续维持在较高景气水平上。不过企业间的差异化较为明显，小型企业仍然面临极为不利的发展困境，其 PMI 已经回落至枯荣分界线之下；中型企业 PMI 持续走高；大型企业的 PMI 相对平稳。如图 3－7 所示。

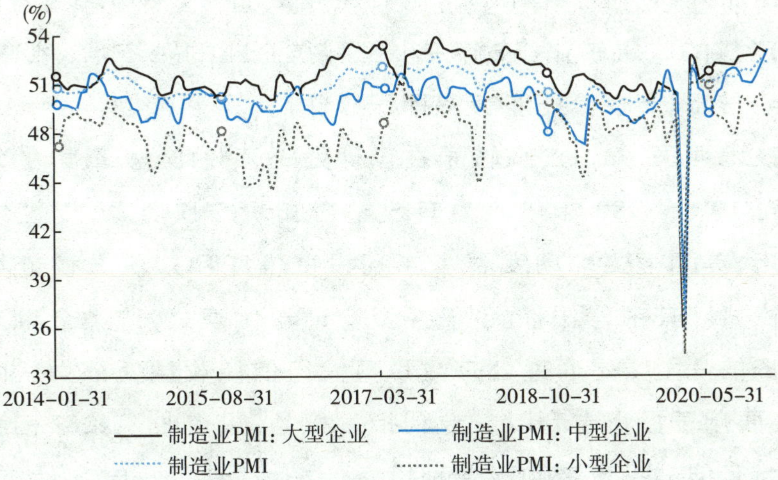

图 3－7　企业经营景气指数

统计数据显示，2020 年，信托公司新发行工商企业类集合资金信托 3645 个，同比增长 31.2%；募集资金规模 3537 亿元，同比增速为 57.1%，实现了发行数量和发行规模的双重高速增长，扭转了此前的持续收缩态势。截至 2020 年第三季度末，投向工商企业的信托资金总额为 5.42 万亿元，占比较上年末提升了 0.87 个百分点，达 31.47%。工商企业信托发行较快增长，一方面，信托公司顺应监管导向持续调整业务结构，加大对实体经济发展的支持力度，助力经济复苏反弹。另一方面，我国对房地产信托额度严格管控，加快经济结构调整，新兴行业呈现良好发展态势，信托公司加强对新业务机遇的挖掘。

二、主要创新产品与案例

知识产权信托助力科技创新。

2020 年 4 月，由国家知识产权创意产业试点园区发起设立的“知识产权创意壹号”信托产品 6 月 29 日首次发行，郑州爱瑞特生物科技有限公司等 5 家科技型企业共获信托贷款 600 万元。“知识产权创意壹号”信托产品是河南省内首只知识产权信托产品，该信托产品的发行，旨在高效利用财政扶持资金，采用市场化的评估手段，对符合政策要求、持有确实具备市场价值知识产权的企业予以低利率的贷款支持，用以帮助具有发展前景的科创企业提高科技成果转化率。

科技兴国和知识产权强国是我国实现中华民族伟大复兴的重大国家战略之一。2019 年，我国通过《专利合作条约》途径提交专利申请 5.9 万件，位居世界第一。我国实施知识产权强国战略，需要建设更加有效的科技创新机制体制，有力推动知识产权的成果转化，破解中小型科技企业的融资难、融资贵问题，发达国家经验证明，知识产权信托能够发挥积极作用。

美国是技术强国，知识产权较早在全球处于领先地位，最早的知识产权融资业务可追溯至 19 世纪 80 年代。为有效整合知识产权资源，促进知识产权更高效地发挥作用，美国主要推动发展了专利投资信托和知识产权证券化两大类知识产权信托模式。其中，美国首创信托资产证券化模式，该类金融产品的占比最高。专利投资信托主要是通过公开或私募发行信托收益凭证方式向投资者筹集资金，资金主要用于投资专利以及专利相关权益，投资收入扣除相关费用后向投资者分配。为了促进投资者购买专利投资信托，在满足一定条件下，可以享受税收优惠，从而促进该类市场的壮大。美国是全球资产证券化最为发达的国家，其知识产权证券化兴起于 20 世纪 90 年代中期，其主要产品涉及电影版权、商标、音乐、软件、药品专利权等诸多领域。知识产权证券化原理在于对部分能够产生稳定现金流的知识产权，可以通过证券化的方式，在债券市场进行公开发行，帮助科技企业筹集低成本资金，用于后续研发投入。其中，鲍伊债券案为世界第一例知识产权债券化案例；Bill Blass 于 1999 年将其商标的未来收入证券化之后，松下、希尔顿酒店等企业分别以商标证券化后的未来收入为标的发行证券化产品。

从知识产权信托发展来看，2000 年左右我国成功落地了基于四家北京中关村科技中小企业知识产权的贷款融资信托，并由风险投资机构提供担保，由政府部门提供贴息支持，部分解决了科技企业的融资难问题。近两年我国有个别知识信托、知识产权证券化产品落地，但是未形成一定市场规模。不难看出，我国知识产权信托发展相对滞后，过往探索的类似信托产品不仅数量少，而且与银行知识产权质押具有很高的同质性，仍缺乏券商、PE 机构基于自身专业优势的知识产权创新运用和管理。在服务科技企业方面，信托公司尚没有体现信托制度本身的优越性，像海外较为主流的知识产权证券化、知识产权管理信托等尚未实现突破。

国内首笔技改基金服务信托在厦门市落地。

近年来，厦门市委市政府出台了一系列支持民营企业创新发展的政策措施，积极营造良好营商环境，大力支持实体经济发展，该技改基金服务信托正是在此背景下对企业的一次创新型服务实践。

作为全国首单技改服务信托，创新的机制设计是其亮点之一。一方面，技改服务信托将原来的支持形式由拨款改为贷款或股权投资，厦门市财政局创新企业扶持模式，通过结构化设计，实现财政资金对社会资金5∶95的大杠杆比例撬动，极大地提高了资金的配置效率，也更大程度地让众多中小微企业受惠。另一方面，该信托通过引入商业银行信贷资金的价格竞争、最低贷款申请响应率、提升中小微企业在白名单中占比等方式，辅以财政贴息，将企业融资成本降低至3%，有效保障贷款成功率，创造性地解决了中小微企业融资难、融资贵的难题。

该技改服务信托与厦门5家银行共同合作，各合作银行均为技改服务信托设立了专门的服务工作小组，以便提高审批效率及降低沟通成本，全方位、专业化地对接技改企业的融资需求。技改服务信托首期服务规模为30亿元，之后将根据企业融资需要逐步扩大。不仅如此，已纳入技改服务基金支持范围，且符合厦门中小企业增信基金条件的企业，还可同时享受中小企业增信基金支持。

第四节 基础设施类信托产品

一、基础设施类信托产品发行

2020年，基建投资成为托底经济、拉动投资的重要政策导向，“两会”上，李克强总理要求，在实施扩大内需战略中，要扩大有效投资，深入推进新型城镇化建设，加快落实区域战略，进一步促进新型基建投资建设。为此，国务院不仅增大了2020年地方债券发行额度，而且提前下达相关发行额度，进一步加强资金与项目的对接。2020年11月末，基础设施投资（不含电力、热力、燃气及水生产和供应业）同比增长1.0%。其中，铁路运输业投资增长2.0%，道路运输业投资增长2.2%，水利管理业投资增长3.1%，公共设施管理业投资下降1.8%。整体来看，基础设施投资增速仅次于房地产投资，成为增速第二快的投资领域。

2020年，全行业新增基础设施类集合资金信托6572个，同比下降4.1%，募集资金规模5771亿元，同比下降7.2%，发行数量和发行规模未能延续2019年的良好态势，出现了明显收缩。从市场情况来看，2020年，监管部门并没有出台更为严格的监管政策，更多的是市场需求发生了较大变化。一方面，国务院继续扩大地方政府债券发行额度，而且市场利率下行明显，基础设施投资资金来源更多地通过低成本的发债等渠道实现，对信托融资渠道的依赖性明显下降。另一方面，西部、东北等经济欠发达地区，城投公司流动性吃紧，部分债券、非标融资负债出现违约，信托公司在上述地区准入，提出更高要求，业务营销难度进一步提升。总体来看，地方债务治理的推进以及基建投融资体制的改革，需要信托公司发行基础设施信托产品转换思路，降低对于地方政府的信用依赖，围绕项目本身多做文章，以此优化商业模式，拓展低成本资金，才能实现基础设施信托的可持续发展。

二、基础设施类信托产品创新

我国试点基础设施REITs。

2020年，证监会发布《公开募集基础设施证券投资基金指引（试行）》，这标志我国基础设施REITs逐步由理论走向现实，有望加快我国基建投融资市场化发展进程，信托公司政信业务既面临机遇也面临挑战。

从交易结构来看，基础设施REITs主要采用“公募基金+资产证券化”的方式取得基础设施项目的所有权或特许经营权，并要求80%以上基金资产持有单一基础设施资产支持证券全部份额。从这一交易结构可以看到，基金管理人必须是符合条件的公募基金管理公司或者有公募基金牌照的金融机构，其他资管机构暂时无法担当基金管理人，而此处所指的资产证券化即为券商或基金子公司的基础设施支持专项计划，而非银行间市场的ABN。

从合格基础资产来看，基础设施REITs需要有80%的资金投向基础设施包括仓储物流，收费公路、机场港口等交通设施，水电气热等市政设施，产业园区等其他基础设施，不含住宅和商业地产。并且这些资产需要经营3年以上，已产生持续、稳定的现金流，投资回报良好。由此可以看出，我国基础设施REITs并不能参与新建基建项目的开发与融资。

从发行方式来看，基金注册时需要向监管部门提交包括尽职调查报告、现金流测算报告等申请文件；公开发行前 3 日披露基金合同、招募说明书等文件；基础设施基金与股票 IPO 定价机制相近，要求采用网下询价方式定价，采用战略配售、网下投资者配售以及公众投资者认购相结合的方式发行。

从杠杆水平来看，可对外借款，但是借款总额不能超过基金资产的 20%，而且借款用途限于基础设施项目维修、改造等。

从投资收益分配来看，基础设施 REITs 应当将 90% 以上经审计年度可供分配利润以现金形式分配给投资者。基础设施基金的收益分配在符合分配条件的情况下每年不得少于 1 次。此举可以保证为投资者提供稳定的投资现金流，有助于吸引投资者。

从流动性来看，基础设施 REITs 采用封闭式管理，可以在证券交易所上市，并进行交易，有利于提高其流动性，实现价格发行功能。

我国推出基础设施 REITs，一是有利于信托公司更好地提供基建投资金融服务。以往，信托公司主要为基础设施提供债务融资，而且主要参与新建或在建工程，服务方式和服务项目阶段上较为单一。而基础设施 REITs 丰富了基建融资渠道，尤其是权益性融资工具，有利于增多信托公司服务基础设施建设的工具。未来，信托公司可以根据融资人实际需求，安排不同融资方案，实现投贷结合、增量建设和存量盘活相结合等全方位、全场景、全周期的金融服务。二是有利于完善信托公司基建投资退出渠道。近年来，信托公司开始逐步探索基础设施投资模式，包括参与 PPP 基金管理、开展基础设施私募基金业务，此类业务主要面临难以退出的问题，降低了投资者的积极性。基础设施 REITs 的推出为信托公司参与基建项目投资提供了便利的退出渠道，不仅利于加快资金周转，提高信托公司投资基础设施项目的力度，还可丰富信托公司投资标的。信托公司发力财富管理，持续为客户提供大类资产配置服务，满足客户财富传承和财富增值的需求。三是基础设施 REITs 本身作为介于股债之间的一种投资工具，能够提供稳健的投资收益，信托公司在今后的财富管理服务中，可以丰富投资标的，进一步满足投资者资产保值增值的期望。

三、基础设施类信托产品发展展望

2021 年，随着经济恢复常态，政府将可能降低地方政府债券发行额度，进一步推进地方债务治理进程。由此可见，虽然市场环境仍有利于基建投资获取更为低成本的资金，但如果信托融资成本无法下降，将难以实现资产端和资金端的匹配。此外，地方政府债务治理进程的推进，又促使地方政府进一步寻求低成本资金替代信托等高成本融资，加快存续基础设施类信托的退出速度。此外，部分区域的财政实力仍没有得到很好的修复，短期债务负担仍较高，仍存在信用风险，信托产品风险防控依然任重而道远。总体来看，2021 年基础设施类信托展业环境并不十分顺畅，发行市场难有起色，也许是这类业务的新常态，如果无法较好地进行业务模式创新，将无法持久地深度参与此类业务。

第五节 证券投资信托

一、证券市场状况

股票市场方面，2020 年 A 股市场在疫情、政策、经济等多重因素下波动起伏，波动性明显增大。全年上证综指上涨 13.87%，深成指上涨 38.73%，创业板指上涨 64.96%；上市公司达到 4154 家，总市值从 65.8 万亿元上升至 79.72 万亿元。2020 年 A 股市场可谓一波三折，第一季度，疫情的全面暴发推动了市场的大跌，而我国快速地落实疫情防控举措，叠加货币信用双宽的货币政策促使市场反弹，然而在全球疫情的蔓延与流动性危机冲击下，A 股跟随全球股市进一步下跌。4 月至 7 月上旬，全球流动性持续宽松，国内经济探底回升，公募资金与外资大举入市，股市流动性充裕，市场走出底部区域，演绎了牛市行情。7 月下旬至 10 月，宏观流动性收紧引发市场担忧，而海外疫情复发、中美摩擦加剧，市场维持震荡格局。10 月至年底，随着美国大选的落幕和疫苗的上市，外部不确定性降低，市场热情升高，A 股上行态势明显。

债券市场方面，中国债券市场在经历了 2018 年以来的牛市行情后，2020 年受疫情催化，收益率进一步下行至历史低位。但相对于海外深陷疫情泥淖的情况，国内凭借高效的抗疫政策，经济基本面快速恢复，应对疫情冲击的宽松政策随后退出，使得债市牛熊转换到来的亦十分突然，当前债券市场正处在跟随基本面和政策面进一步恢复常态化的过程中；2020 年末，在资金面宽松和配置力量加强驱动下债市春季行情提前开启。具体来看，2020 年，上证国债指数收于

183.78 点，全年增长 3.7%；上证企业债指数收于 249.44 点，全年上涨 4.5%；整体看，信用债收益率略高于利率债，主要在于投资者风险偏好提升，宽信用政策推动投资者加大了对于信用债的投资力度。利率债方面，10 年期国债收益率下降至 3.22%，较上年上升 8BP。

二、证券投资信托产品发行情况

统计数据显示，2019 年，全行业发行证券投资集合资金信托 4863 个，同比增速为 142.3%；募集资金 2603 亿元，同比增速为 91.8%。发行数量和规模均呈现大幅上涨态势。这源于监管部门引导信托公司加强证券投资信托业务的发展，为资本市场输送长期资金；此外，2020 年，我国深化资本市场改革，投资机遇显著，投资者对于证券投资信托产品的需求也较旺盛。从月度发行走势看，呈现前低后高的态势，发行数量在 7 月创出全年最高水平，发行规模在 11 月创出最高水平。证券投资信托的这种发行态势并不与金融市场完全一致，一方面取决于信托公司创设产品的效率和速度，另一方面还取决于投资者对于金融市场未来走势的判断。如图 3－8 所示。

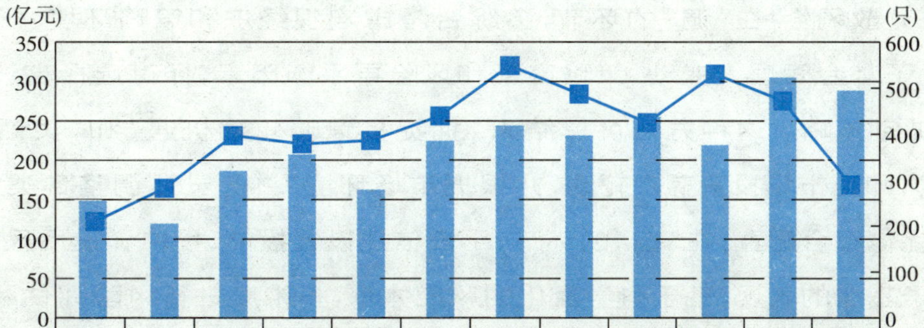

	1月	2月	3月	4月	5月	6月	7月	8月	9月	10月	11月	12月
规模	149.9	120.9	187.4	208.6	163.6	225.7	244.9	232.3	255.8	219.9	305.4	288.6
数量（右轴）	212	284	399	381	388	441	550	488	426	531	473	290

图 3－8　2019 年证券投资信托发行数量及规模统计

2020 年，监管部门加强压降融资类信托业务，在传统业务受阻后，信托公司还是纷纷加快非标转标的转型速度，加强布局证券投资业务。信托公司坚持两条腿走路，一方面，与券商、公募基金等在证券投资领域具有优势的金融机构开展产品创设、代销等深度合作；另一方面，不断提升自主投研能力，通过内部培育、外部引进等多方面充实专业人才。2020 年，信托公司全面布局证券投资信托产品，围绕投资者需求和差异化发展的原则，布局"固收 +"、打新、指数增强、中资美元债、定增、量化对冲、TOF 等类型产品，部分产品取得了较优异的投资业绩。

三、证券投资信托产品创新

平安信托将推出全新系列 TOF 产品。

自诞生以来，TOF 产品即因其灵活性高、净值型、标准化的特点而备受投资者关注。相对于其他资管渠道，TOF 投资工具丰富、资产配置灵活，兼具信托牌照优势，可帮用户解决选"基"难题。在 TOF 领域全面发力，通过投资公募基金、私募基金等，构建多资产、多策略的产品组合降低投资风险水平，提高收益风险比。

在"选"的环节，平安信托实现了市场优质投资标的全覆盖，在债权、股票、期货、期权等资产内优中选优，并以"定量 + 定性"指标精选长期业绩表现突出的基金管理人。在"配"的环节，则是基于产品投资目标，综合考虑安全性、流动性和收益性，根据各类策略的相关性和互补性进行分散配置，减小单一策略的不稳定性，分散风险；在"调"的环节，会综合考虑宏观经济和策略环境、子基金业绩表现、子基金管理人变动、策略容量和风险再平衡因素，择时选择高波动策略或中低波动策略。这种方法可总结为"捕捉多策略轮动机遇"和"灵活动态调整机制"，即全市场投资存在轮动，并根据市场环境变化，灵活调整各类策略配置，持续优化组合配置；在"控"的环节，平安信托设置投前、投中和投后风控管理，跟踪母子基金的表现，基于科学量化的风控体系，多维度进行风险评估和监测。综上所述，平安信托的 TOF 产品有信心将市场风险通过投资产品组合配置进行对冲，实现稳健可持续的收益率。

根据客户不同的风险收益偏好，平安信托正在打造"安稳、安鑫、安胜"三条绝对收益产品线，覆盖保守、稳健、进取类型的不同客户。"安稳"系列产品追求稳健收益，以固收资产为核心配置，在能力边界内获取合理回报；"安鑫"产品以中低风险的股票阿尔法策略为核心配置，同时根据市场环境变化辅以 CTA、期权、套利等策略，是一款以量化策略为核心配置的绝对收益产品；"安胜"TOF 则是一款适应不同经济周期及市场环境的全资产配置型产品，可根据投资者的特征，通过资产配置模型将资产进行组合配置，以适应市场行情，提高风险收益比。

四、证券投资信托发展展望

展望 2021 年，股市景气度依然位于高位，盈利能力改善，外部资金加持，投资者情绪相对较高，都有利于股市行情的延续，不过也需要看到估值水平上升空间、政策边际变化、供给压力增大等方面对于股市也都形成一定阻力。相对来说，2021 年股市收益率会有一定程度的降低，结构性机会依然存在。债市方面，疫情后时代，支持政策会逐步退出，虽然部分企业的经营状况会显著改善，但是部分高杠杆运行的企业还是面临较大的考验，特别需要关注部分房企、民企的信用资质变化情况。企业债仍可能成为投资者重点配置品种，以此提升投资收益率，不过考虑到违约事件仍可能逐步释放，将会制约信用利差大幅下滑。预计 2021 年利率债整体投资机会将会大于信用债。

从证券投资信托产品发展来看，2021 年，信托公司会进一步强化资本市场布局，从产品创设、投资策略等方面入手，全面强化专业能力塑造。不过，也需要看到，2021 年资本市场行情持续性动力不足，可能影响到投资者热情。此外，在市场景气度下降过程中，也会对现有产品风险管控、回撤幅度等方面形成考验，以此来检验信托公司投研能力。因此，2021 年，证券投资信托产品发行市场增速可能放缓，信托公司将继续苦练内功，实现更大的作为。

第六节　信托业务创新及特色发展

一、慈善信托呈现良好发展态势

2020 年，信托公司继续发挥信托制度优势，大力发展慈善信托，助力社会公益事业发展，尤其是在扶贫、教育等领域发挥了积极作用。2020 年，在抗击新冠肺炎疫情过程中，信托公司更是冲在前面，动员社会资金，纷纷设立抗疫主题慈善信托，为全国取得抗击疫情的关键性胜利提供了极大动力。

光大信托成立首批抗疫物资慈善信托。

2020 年 1 月 25 日，光大信托与蓝帆医疗股份有限公司达成共识，设立了国内首单医疗实物类慈善信托——“光信善・蓝帆医疗实物救援慈善信托”。蓝帆医疗股份为此主动放弃海外优质订单，优先保证国内捐赠物资供应，捐献 100 万只医疗级防护手套作为慈善信托资产，用于武汉及北京疫情防控工作。

光大信托发挥“公益基金 + 慈善信托”双平台运营优势，1 月 25 日与四川省欣鑫慈善基金会联合设立“光信善 · 欣鑫慈善专项慈善信托”，同样作为医疗器械实物类慈善信托，将首期价值 100 万元的医疗器械风雨兼程送达那些大爱无疆的白衣天使手中。光大信托将利用慈善信托“财产独立、运行成本低”的特质，做好信息管理和披露，确保慈善资产使用效益，为疫情前线提供有力支持。

在这次全国抗疫阻击战中，光大信托行动最早，落地疫情防控慈善信托最多。全年共设立 49 单抗疫专项慈善信托，规模超过 5000 万元，共筹集 100 万只医用手套、20 万只医用口罩、2 万套防护服、10 辆负压急救车、10 吨消毒剂、大型医疗 CT 机专用设备、危重呼吸机 ECMO 等各类急缺的医疗物资支援到疫情防控第一线。同时发起设立了多单关爱医护人员信托，已慰问覆盖 16700 多名抗疫一线医护人员。

截至 2020 年末，光大信托共向民政部门完成备案的慈善信托产品达到 110 单，规模合计超过 7.1 亿元，成为行业内首家突破百单慈善信托的金融机构。

二、资产证券化业务市场潜力巨大

盘活存量资产，服务实体经济，推动资产证券化市场持续做大。Wind 数据显示，截至 2020 年末，银行间市场共发行信贷资产证券化 184 单，发行总额为 8041.9 亿元，同比下降 16.5%；发行 ABN 产品 447 单，发行总额为 5100.1 亿元，同比增长 76.4%，继续保持较快增速；交易所发行 ABS 产品 1149 单，发行总额为 15595.6 亿元，同比增速为 40.5%。可以看出，2020 年，企业资产证券化市场增速相对较快，而信贷资产证券化发行放缓，可能与银行信贷投放放缓有关。信托公司正在积极拓展信贷资产证券化市场和 ABN 市场，此外，监管部门开始运行信托公司试点参与 ABS 发行管理，未来信托公司有望在各类资产证券化市场实现全面布局。如图 3－9 所示。

我国试点资产支持商业票据（ABCP）。

2020 年，为提高金融支持的针对性和精准度，加大债券市场融资支持，大力发展供应链金融，中国银行间市场交易商协会推出资产支持商业票据（Asset－Backed Commercial Paper，ABCP）。

ABCP 是指单一或多个企业（发起机构）把自身拥有的、能够产生稳定现金

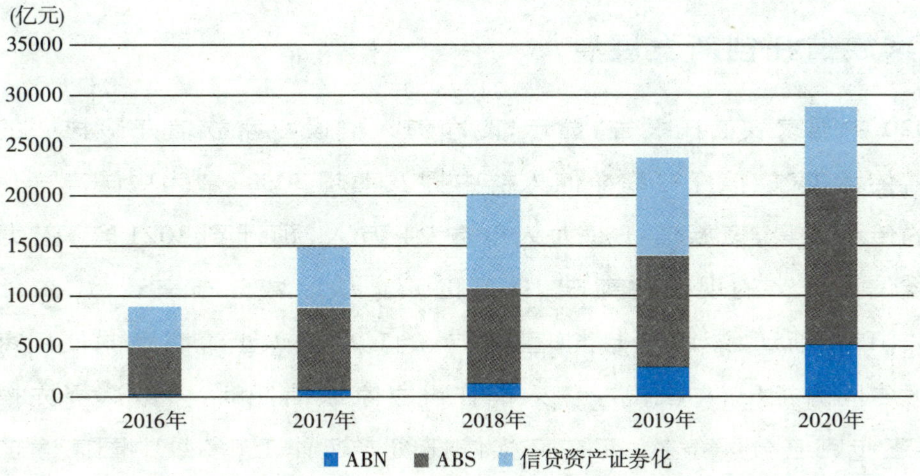

图 3-9　资产证券化发行趋势图

流的应收账款、票据等资产按照“破产隔离、真实出售”的原则出售给特定目的载体（SPV），并由特定目的载体以资产为支持进行滚动发行的短期证券化类货币市场工具，为企业提供兼具流动性和资产负债管理的新型工具。ABCP 作为国际上发展较为成熟的证券化产品，于 20 世纪 80 年代起源于美国，在美国、欧洲、日本等国家（地区）广泛发展，是目前国际上通行的货币市场工具，也是深受国际投资人欢迎的货币市场管理工具，诸如养老基金、货币市场共同基金、银行信托部门、外资银行以及投资公司等，均是 ABCP 的主要机构投资者。

与当前的各类资产证券化产品相比，ABCP 主要有三个特点：一是短久期，可滚动发行。目前国内资产证券化产品通常为一次发行。ABCP 单期发行在一年以内，单期到期时可灵活选择以新发行 ABCP 的融资款、基础资产回款或外部流动性支持作为偿付来源，实现滚动发行、循环融资。二是便利性好，可操作性强。出于融资效率考虑，常规证券化产品会要求入池资产到期日相近。ABCP 基于“滚动发行”特点，入池资产可不要求与单期发行期限匹配，从而大幅提升盘活存量资产选择的灵活性和效率。三是标准化程度高，产品安全性好。以应收账款、票据等期限短、分散性高的基础资产为支持，可借助大数法则获得较为稳定的违约率，标准化程度高，流动性好，加之借助证券化产品的结构化设计和多元增信安排，保障了较高的产品安全性。

交易商协会成功推动首批 5 单试点项目落地，首批项目合计发行规模为 33.24 亿元，首批主承销商分别为兴业银行、中国银行、中信银行、农业银行、中信建投等金融机构，参与试点的信托公司包括中信信托、华润信托。

三、家族信托创新发展

《2020中国家族信托报告》显示，高净值人群设立家族信托最核心的目的是保障财富传承，家族信托在高净值人群中提及率超30%，成为中国高净值人士主要运用的传承工具，家族信托潜力人群逾24万人，预计到2021年，潜力人群可转入家族信托资产的规模将突破10万亿元。从地域分布来看，广东、北京、上海、江苏、山东、浙江、湖北等七省（直辖市）的高净值人士最有意向使用家族信托服务。报告同时指出，中国高净值人群在设立家族信托时，多数选择先搭建信托架构，再逐步完善分配条款；而在家族信托资产运作上，多数中国高净值客户在家族信托中的投资较个人账户投资更加保守；在家族信托的投资决策权上，多数委托人仍然希望保留投资决策权力；在投资方式上倾向听取机构建议后自主决定。

建信信托针对家族财富传承中的特殊需求，相继推出了美籍受益人家族信托和家族基金，进一步丰富了超高净值客户服务体系。

美籍受益人家族信托方面，建信信托创新性地推出针对美籍受益人（包括持有美国国籍、美国绿卡或因其他原因成为美国税务居民的受益人）的家族信托服务，有别于传统的境内家族信托，为高净值人士向美籍子女传承境内资产提供新思路。该产品服务的设计背景在于，亚洲高净值客户通常选择通过离岸信托架构筹划相关税务，但许多高净值人士的多数资产仍在境内，无法“装入”离岸信托。此次建信信托通过推出此家族信托，在合规范畴内进行税务筹划，帮助规避美国较高的税负，能够很好地解决美籍华人财富传承的痛点。

家族基金方面，建设银行与建信信托设立以非上市企业股权为信托财产的家族信托，将企业主家族物业、固定资产置入家族信托，以实现个人资产有效隔离及定向精准传承。与此同时，建信信托已推出为家族企业设计“股权家族信托+家族基金”方案，实现股权资产中经营性资产与传承性资产的隔离。创新设立的非上市企业股权家族信托，其设计管理逻辑在于，企业主名下所持股权资产整体置入信托架构、实现公司股权的集中管理后，便可避免股权资产因家族企业内部纷争、后代婚姻变化旁落他人，有效隔离了企业经营风险与子女婚姻风险。信托架构通过巧妙设计，还可对股权利益（分红、转让收入等）进行个性化安排，实现精准定向传承，同时，保证家族成员能够掌握家族企业的控制权。

近年来，家族信托日渐成为信托公司转型发展的重要方向，随着实践不断的深入，各信托公司不断加强创新发展，以此更好地满足客户需求，提高业务能力。其一是设立形式上的创新，突破现有的信托合同设立形式，通过遗嘱的方式设立家族信托，部分解决财产过户过程中的税收等难题。其二是实现了股权、房产等各类财产的受托管理，从而真正发挥信托财富管理和财富转移的制度优势。其三是境内外联动增多，由于高净值客户资产进行全球化配置，需要针对全球化的资产进行有效管理，境外信托、面向境外人士的境内家族信托案例增多。

四、养老保障信托获得突破

根据国家统计局数据显示：中国内地总人口突破 14 亿人，为 140005 万人，比上年末增加 467 万人。60 周岁及以上人口 25388 万人，占总人口的 18.1%，其中 65 周岁及以上人口 17603 万人，占总人口的 12.6%。据世界银行估计，2035 年我国 65 岁以上人口占总人口比例将突破 20%，步入超老龄化社会，至 2050 年这一人口结构比例将高达 26.07%，即每 4 人中就有一位老年人。老年人口数量和占总人口比例双双达到峰值，届时中国将进入超级老龄化社会。除西藏和台湾外，我国其他省、自治区、直辖市已经进入老龄化社会。其中，重庆、辽宁、江苏、四川、安徽、山东、北京、浙江、湖北、吉林、湖南、黑龙江等 12 个省市老龄化程度已经超过 12%。我国养老产业仍处于发展初期，但还未形成完整的养老产业链。日本已经形成丰富的养老服务内容及服务形式。参考日本，养老产业划分为六大细分领域，包括老年住宅、家务服务、老年器械用品、文化生活服务、老年金融及其他相关产业。其中，前三大细分领域是满足老年人基本生理需求的核心产业。近年来，我国相继出台《关于金融支持养老服务业加快发展的指导意见》等政策，支持养老产业的发展，与此同时，信托公司也积极探索养老产业投融资机遇，并进行业务创新。

中航信托推出的鲲瓴养老信托创新性地将养老服务、受托传承、投资保值三位一体有机结合，为客户提供“养老 + 传承 + 投资”一站式综合服务。通过专属信托账户，实现养老费用支付、养老社区入住和保值增值等目标，为有独立养老意愿、高品质养老需求、养老传承兼得诉求的客户提供综合性金融解决方案。

万向信托联合杭州市国立公证处、上海市普陀公证处（顾问单位）将信托制度与监护制度紧密结合，成功落地全国第一单监护支援信托，让当事人人生规划更加全面，首次在现实服务层面实现“信托制度 + 监护制度”的创新融合。

未来,信托公司针对养老服务,可能在第三支柱建设、养老保障等方面有更多创新探索,帮助解决我国老龄化社会可能面临的各种社会问题。

第七节 2021年信托产品创新转型趋势和展望

2021年,将是资管新规过渡期最后一年,也是资金信托新规落地之年,监管政策继续推动非标转变,继续推动信托公司回归本源,加快创新转型。

第一,强化证券投资信托业务的发展。2021年,我国资本市场改革开放的步伐仍将加快,在全球后疫情时期,人民币的升值潜力和中国资产的低估值会吸引更多外资进入资本市场,资本市场仍存在较大的结构性机会。在2020年小试牛刀的基础上,信托公司需要在证券投资业务方面全面铺开,完善投资逻辑和策略,丰富产品体系,尤其是在业务流程、系统建设、激励机制、人才队伍等能力建设方面实现更大投入,弥补短板,提高主动管理能力。

第二,围绕客户需求进一步创新家族信托、慈善信托。家族信托、慈善信托已有一段发展时间,各家信托公司都推出了比较一致性、同质性的产品。未来,信托公司需要在实际服务中,不断根据客户特殊化需求,进行个性化、定制化安排,并针对特定人群的偏好,进一步创新此类业务。

第三,大力开展养老信托布局。我国老龄化问题日益得到关注,对于如何累积养老金、如何做好老人权益保障等问题,信托制度都有很大的应用空间。2021年,一方面,我国第三支柱建设有可能获得突破,信托公司可以在此方面发力,开发更有针对性的养老理财信托。另一方面,针对养老权益保障、个人身后事处置方面,监护后援信托、遗嘱信托等发展空间都较大,而且《民法典》也明确鼓励个人设立遗嘱信托,目前更多的是一些实操性问题,需要在监管部门、司法部门和信托公司的共同努力下,将这些信托服务固定化、推广化,丰富老年人口安享晚年的工具和手段。

第四章

2020 年泛资产管理市场：挑战与机遇

第一节　2020 年泛资管市场：迎挑战、抓机遇

一、银行理财：结构调整、转型加速

（一）银行理财发行量下滑，净值化转型加速

2019 年，银保监会、人民银行发布了《关于规范现金管理类理财产品管理有关事项的通知（征求意见稿）》（以下简称《现金管理类产品征求意见稿》），对现金管理类理财产品的投资范围、流动性管理、集中度限制、杠杆和组合久期要求予以明确和规范。在《现金管理类产品征求意见稿》发布前，监管层对银行现金类理财产品并没有明确的定义和标准，也没有严格的投资范围和期限要求，和基金公司货币基金产品等同类产品相比存在明显的制度红利。2018 年发布的资管新规配套文件《关于进一步明确规范金融机构资产管理业务指导意见有关事项的通知》规定银行现金管理类理财产品适用"摊余成本法"，这一计量方式使理财产品有更稳定的净值，更符合传统理财购买群体的需求。在资管新规发布后，现金类理财产品成为银行理财管理机构最重要的净值化转型过渡产品之一。

2020 年受疫情影响，银行理财产品度过了艰难的转型之年，考虑到疫情等多方面因素的影响，央行同多部门共同决定将资管新规过渡期延长 1 年至 2021 年底，有力支持了净值化转型，银行理财净值产品发行是大势所趋。总体上，2020 年，银行理财发行数量下滑，但存续规模小幅回升，同时，银行净值化转型加速，净值型产品申购占比呈现上升趋势，但净值型产品综合业绩基准指数下滑。

具体来看[①]，2020 年第三季度，全市场商业银行（不包括外资银行）非保本理财产品的存续数量 62673 款，较 2020 年第二季度减少 891 款，环比下降 1.40%；平均存续数量为 180 款，环比下降 4 款；非保本理财产品存续规模估计为 25.08 万亿元，较 2020 年第二季度环比上升 1.97%。

① 数据来源于普益标准。

从发行主体类型来看，2020 年第三季度，全国性银行非保本理财产品的存续数量及存续规模继续保持绝对领先，城市商业银行次之，最后是农村金融机构。其中，全国性银行（包括国有银行和股份制银行）非保本理财存续数量为 25768 款，较 2020 年第二季度减少 1216 款，环比减少 4.51%；平均存续数量为 1432 款，环比下降 68 款；非保本理财存续规模估计为 19.43 万亿元，环比上涨 1.08%。城市商业银行非保本理财存续数量为 23746 款，较 2020 年第二季度增加 363 款，环比上升 1.55%；平均存续数量为 192 款，环比上升 1 款；非保本理财存续规模估计为 4.48 万亿元，环比上升 5.32%。农村金融机构（包括农商银行、农信社、农合行）的非保本理财存续数量为 13159 款，较 2020 年第二季度减少 38 款，环比减少 0.29%；平均存续数量为 64 款，与上季度持平；非保本理财存续规模估计为 1.17 万亿元，环比上升 4.43%。

从认购对象来看，2020 年第三季度个人非保本理财存续数量为 56747 款，较 2020 年第二季度减少 623 款，环比减少 1.09%；存续规模估计为 21.35 万亿元，环比上升 1.06%。机构非保本理财产品存续数量为 5017 款，较 2020 年第二季度减少 205 款，环比减少 3.93%；存续规模估计为 3.09 万亿元，环比上升 14.73%。同业非保本理财存续数量为 909 款，较 2020 年第二季度减少 63 款，环比减少 6.48%；存续规模估计为 0.64 万亿元，环比减少 17.66%。

受资管新规的影响，净值化转型是 2020 年银行理财产品的主要发展趋势，2020 年第三季度，全市场商业银行净值型理财产品存续数量 27237 款，较 2020 年第二季度增加 4159 款，环比增长 18.02%；平均存续数量为 98 款，环比上升 12 款；存续规模估计为 14.54 万亿元，较 2020 年第二季度环比增长 9.85%。其中，全国性银行净值产品存续数量为 11174 款，较 2020 年第二季度增加 591 款，环比增长 5.58%；平均存续数量为 621 款，环比上升 33 款；存续规模估计为 11.14 万亿元，环比增长 6.85%。城市商业银行净值产品存续数量为 11702 款，较 2020 年第二季度增加 2369 款，环比增长 25.38%；平均存续数量为 99 款，环比上升 19 款；存续规模估计为 2.80 万亿元，环比增加 19.74%。农村金融机构净值产品存续数量为 4361 款，较 2020 年第二季度增加 1199 款，环比增长 37.92%；平均存续数量为 31 款，环比上升 7 款；存续规模估计为 0.60 万亿元，环比增长 27.32%。

净值化转型进度方面，2020 年第三季度，全市场银行机构净值化转型进度为 57.98%，较上季度环比上升 4.16 个百分点。其中，全国性银行净值化转型进度为 57.37%，较上季度环比上升 3.09 个百分点；城市商业银行净值化转型进度为 62.39%，较上季度环比上升 7.52 个百分点；农村金融机构净值化转型进度为 51.26%，较上季度环比增长 9.21 个百分点，增速相对较高。2020 年 7 月 31 日央行发布公告称，为平稳推动资管新规实施和资管业务规范转型，决定将资管新规过渡期延长至 2021 年底，过渡期的延长为银行理财业务整改争取了更多的可操作空间，避免存量资产集中处置带来整改压力，同时也有利于银行理财净值化转型，推进资管业务转型升级。

（二）银行理财业务收益率下降、风险增加

银行理财产品仍在持续转型之中，净值型产品占比不断提升，如图 4－1 所示，2020 年 10 月，银行理财产品收益率为 3.72%，再创新低。目前，资管新规过渡期已延长至 2021 年底，银行有了更多的喘息时间，这也就意味着，未来一年多的时间，市场上的银行理财产品有预期收益型产品、净值型产品甚至“伪净值型”产品，收益率也存在不确定性。

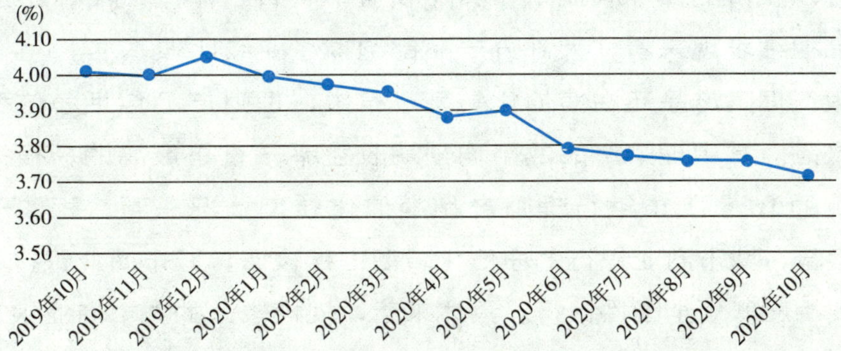

图 4－1 近 1 年人民币非结构性理财平均收益率走势

1. 不同类型银行理财收益率排名

不同类型银行理财产品收益率差别较大，如表 4－1 所示，2020 年 10 月理财子公司理财产品平均预期收益率为 4.26%，排名第一，远高于其他传统银行理财产品的收益率；城市商业银行理财产品平均预期收益率为 3.91%，排在第二位；股份制银行理财产品平均预期收益率为 3.81%，排在第三位；农村商业银行理财产品平均预期收益率为 3.78%，排名第四；国有银行理财产品平均预期收益率一直处于垫底状态，10 月为 3.37%。

表 4-1　2020 年 10 月不同类型银行理财产品收益率排名

银行类别	平均预期收益率（%）
理财子公司	4.26
城市商业银行	3.91
股份制银行	3.81
农村商业银行	3.78
国有银行	3.37

注：由零售金融新视角数据整理所得。

理财子公司自成立以来，根据监管“洁净起步、轻装上阵”，杜绝“带病上岗”的要求，新发的净值型产品要符合资管新规的要求，从母行迁移过来的存量资产也是经处置后符合资管新规的净值型产品。理财子公司产品的业绩比较基准主要与资产配置和期限有关，权益类资产及其他高风险资产配置比例越高、期限越长，业绩比较基准也越高。理财子公司的平均业绩比较基准并不代表投资人可以获得的实际收益率，实际收益率一直在浮动之中，不过从理财子公司的产品业绩表现来看，大部分产品都跑赢了业绩比较基准。

传统银行理财产品还在净值化转型过程中，理财产品包括净值型产品和预期收益型产品。其中理财产品的平均预期收益率一直是最高的，根据零售金融新视角监测的 16 家上市银行理财产品净值化转型情况来看，相较于国有银行和股份制银行，城市商业银行的净值化转型进程较慢，城市商业银行净值型理财产品规模要明显低于全国性银行。具体来看，规模较大的城市商业银行理财产品净值化转型进展较快，规模较小的进展偏慢，大部分还是预期收益型产品。

国有银行理财产品收益率一直垫底，国有银行均成立了理财子公司，理财产品也在逐步迁移过去，理财子公司的产品收益比拼的是公司的投资能力，国有大行综合实力较强，传统银行的理财产品收益率不具备竞争力，但理财子公司的产品收益并不差。

2. 不同银行理财收益率排名

通过对 2020 年 10 月人民币非结构性理财产品收益披露数量在 5 只及以上的传统银行进行收益排名①，如表 4-2 数据显示，贵州农村商业银行理财产品平均收益率为 5.47%，继续领跑，是唯一一家平均收益率在 5% 以上的银行。

① 数据来源于零售金融新视角

葫芦岛银行理财产品平均收益率为 4.9%，排在第二位；广州农村商业银行理财产品平均收益率为 4.6%，排名第三；盛京银行、广东南粤银行分列第四、第五位。

前十榜单中的银行类别只有城市商业银行和农村商业银行，其中城市商业银行 6 家，农村商业银行 4 家，上榜的银行也多是以前的常客。

表 4－2　2020 年 10 月传统银行理财产品收益率排名

排名	银行简称	银行类别	平均收益率（%）
1	贵州农村商业银行	农村商业银行	5.47
2	葫芦岛银行	城市商业银行	4.9
3	广州农村商业银行	农村商业银行	4.6
4	盛京银行	城市商业银行	4.41
5	广东南粤银行	城市商业银行	4.32
6	浙江禾城农村商业银行	农村商业银行	4.3
7	抚顺银行	城市商业银行	4.27
8	华融湘江银行	城市商业银行	4.21
9	浙江杭州余杭农村商业银行	农村商业银行	4.17
10	苏州银行股份	城市商业银行	4.09

注：由零售金融新视角数据整理所得。

此外，零售金融新视角对 2020 年 10 月理财子公司的平均业绩比较基准进行排名，表 4－3 显示，10 月中邮理财产品平均业绩比较基准为 4.54%，排名首位；招银理财和工银理财平均业绩比较基准为 4.47%，并列第二；兴银理财平均业绩比较基准为 4.43%，排名第三。

表 4－3　2020 年 10 月理财子公司平均业绩比较基准排名

排名	理财子公司	披露业绩基准产品数	平均业绩比较基准（%）
1	中邮理财	4	4.54
2	招银理财	7	4.47
2	工银理财	21	4.47
3	兴银理财	2	4.43
4	建信理财	29	4.39
5	交银理财	10	4.38

续表

排名	理财子公司	披露业绩基准产品数	平均业绩比较基准（%）
6	杭银理财	2	4.27
7	中银理财	27	4.20
8	渝农商理财	4	4.16
9	信银理财	3	4.03

注：由零售金融新视角数据整理所得。

从10月所有理财子公司披露业绩比较基准来看，平均业绩比较基准在3.80%～4.54%。业绩比较基准高的产品一般具有两个特征：期限长和风险高。比如3年期、5年期的产品业绩比较基准偏高，PR3风险等级产品平均业绩比较基准要高于PR2级，配置权益类资产的产品业绩比较基准往往要高于只配置固收类资产的产品。

以业绩比较基准排名第一的中邮理财来看，一共发行了4款产品，如表4－4所示，业绩比较基准最高的是2年期，配置了权益类资产的混合类产品，风险等级为PR3；最低的是1年期，固定收益类，风险等级为PR2。

表4－4　中邮理财4款产品信息

定开封闭期（月）	产品投资性质	风险等级	业绩比较基准中值
24	混合类	PR3	5.25
12	混合类	PR3	4.45
12	混合类	PR3	4.45
12	固定收益类	PR2	4.00

注：由零售金融新视角数据整理所得。

3. 银行理财来年预期收益率下降、风险上升

自2018年初以来，银行理财收益率跌势就一直没有停止，从近期的数据来看，银行理财收益率略微有所回升，这和每逢年末理财产品收益率均有年末翘尾情况出现有关，预计在接下来一年多的过渡期中，收益率很难走高。

如果投资者想要买到高收益的理财产品，净值型理财产品是首选，不管是从业绩比较基准还是实际收益率来看，净值型产品的收益要高于预期收益型产品，当然高收益意味着高风险，投资者除了要考虑收益，更要衡量自己的风险承受能力。

在银行净值化转型过程中，预期收益型产品会逐步减少，净值型产品增多，理财产品的风险高低不是以它是否为净值型来判断的，而是应该从风险等级、投资类型、资产配置、历史净值等多方面因素来考核产品的风险。

一般来说，固收类理财产品、风险等级为 PR2 级的理财产品净值波动要更小，实际投资收益率与业绩比较基准的偏离度更小，混合类和权益类理财产品、风险等级在 PR3 级及以上的理财产品净值波动会更大，实际投资收益可能会与业绩比较基准偏离较远。

（三）互联网代销助推银行理财创新发展

2020 年以来，互联网平台代销的存款产品变化很大。首先，受监管影响，年初以来，靠档计息智能存款陆续下架。目前平台已无法购买到此类存款，个别银行甚至对智能存款进行清盘处理，对储户利益造成损害，不过大部分银行规定，持有的智能存款仍然可以按照原先规则计息。其次，短期高息创新型存款减少，整存整取存款成主流产品。前两年互联网平台上的存款以 1 年期以内短期存款居多，利率普遍在 4% 以上，不过 2020 年以来，也是受监管约束，这类存款越来越少，但仍有部分银行在发售。2020 年以来，互联网平台上大部分都是普通整存整取定期存款，期限拉长，不过利率要高于银行网点。再次，大中型银行逐渐加入，代销平台增多。前两年，互联网平台上的存款基本上都是民营银行、小型的城商行和农商行发行的，2020 年国有银行和股份制银行也逐渐加入其中。代销平台也越来越多，最初只有京东金融、度小满理财，2020 年支付宝、腾讯理财通、滴滴等平台也加入其中。最后，利率下行，和前两年动辄 5% 以上甚至 6% 以上的存款利率相比，2020 年互联网存款利率下降了很多，主要是上半年降幅较大，5 年期存款利率全部降至 5% 以下。

据零售金融新视角监测支付宝、京东金融、度小满理财这三个大型互联网理财平台代销的存款情况，腾讯理财通虽然上线银行产品，但目前只有理财产品，暂时无存款产品。从代销的银行数量来看，支付宝、京东金融、度小满理财合作的银行数量分别为 12 家、71 家、25 家；从代销的存款产品数量来看，支付宝、京东金融、度小满理财 2020 年 11 月 3 日在售的存款数量分别为 30 只、115 只、103 只（含定时发售产品、不含售罄产品）。

京东金融最早代销银行存款产品，不管是从合作银行数量还是从代销存款产品数量来看，都是最多的，度小满理财虽然合作银行数量不太多，但是存款产品数量与京东金融较为接近。支付宝无论是合作银行数量和代销存款产品数量都要远低于其他两个平台。由于支付宝平台流量远高于其他两类平台，所以在代销银行存款和理财方面相较于其他平台更加谨慎。腾讯理财通也是如此，即使以后代销互联网存款，合作银行也会首先考虑大中型银行，产品数量不会太多。

表4-5为2020年10月最后一周支付宝、京东金融、度小满理财上定期存款平均利率。从三个互联网平台的存款利率来看，度小满理财3年期、5年期存款利率最高，京东金融1年及以内存款利率最高，支付宝整体利率最低。不过由于未包括创新型存款，所以以上不代表平台的真实存款利率水平。目前，支付宝平台上无创新型存款，京东金融也很少，度小满理财平台较多。创新型存款指的是1年期以内高息存款，利率上浮幅度超过市场利率定价自律机制规定。此外，据零售金融新视角统计，度小满平台2020年11月3日在售的全部创新型存款发行银行共12家，产品数量共35只，占比在1/3左右。

表4-5 支付宝、京东金融、度小满理财互联网存款各期限平均利率 （%）

平台	3个月	6个月	1年	2年	3年	4年
支付宝	1.6	1.91	2.19	3.1	3.82	4.4
京东金融	1.78	2.04	2.34	3.04	3.94	4.76
度小满理财	1.6	2.18	2.22	3.07	4.01	4.85

注：由零售金融新视角数据整理所得。

表4-6 度小满理财创新型存款汇总

银行	产品名称	期限	利率（%）
新疆汇和银行	汇和月月汇	30天	4.09
	汇和季度汇	90天	4.28
	汇和半年汇	180天	4.42
	汇和年年汇	12个月	4.6
营口沿海银行	祥云宝90天	80天	4.4
	祥云宝188天	188天	4.5
	祥云宝360天	369天	4.69
安徽新安银行	新安周周盈2号	7天	3.5
	新安惠民宝30天2号	30天	3.9
	新安新春盈30天2号	30天	4.1

续表

银行	产品名称	期限	利率（%）
三湘银行	三湘银行闲钱盈	灵活	3
	三湘湘福存 3 天	3 天	3.1
	三湘湘福存 30 天	30 天	3.3
	三湘湘福存 90 天	90 天	3.4
	三湘湘福存 180 天	180 天	3.6
	三湘湘福存 360 天	360 天	3.8
百信银行	半年宝	180 天	3.8
花溪农商银行	花利存 2 号	12 个月	4.7
裕民银行	金裕存 1 号	7 天	3.3
	金裕存 3 号	3 个月	3.9
	金裕存 4 号	6 个月	4
	金裕存 5 号	12 个月	4.2
蓝海银行	零存宝	灵活	2.9
	蓝贝贝 7 天	7 天	3.3
	蓝贝贝 30 天	30 天	3.5
	蓝贝贝 90 天	90 天	3.6
	蓝贝贝 360 天	360 天	4
华瑞银行	华瑞双月享	2 个月	3.65
	华瑞四月享	4 个月	3.85
达州银行	多利 3 年 2 号	1 个月	3.75
华通银行	定期 7 天	7 天	3.5
	定期 1 月	1 个月	3.9
梅州客商银行	客享存 7 天	7 天	3.4
	客乐存 7 天	7 天	3

注：由零售金融新视角数据整理所得。

表 4－6 显示，创新型存款基本上都是民营银行和地方性小银行发行，期限比较丰富，从活期到 1 年期均有，利率在 3%～4.69%，平均为 3.82%，要远高于同期限的整存整取定期存款利率。这类存款由于期限短、利率高，很受互联网用户青睐，部分高息存款定点发售，会存在售罄的情况。

但存款市场的“创新”涉及违规问题，推动银行揽储成本上升，近两年成监管重点整治对象，所以支付宝、微信这样的大平台不会上架这类产品，京东金融由于近两年代销产品规模大幅扩张，创新型存款也越来越少。今后创新型存款会逐渐下沉到一些中小型平台，未来发展不明朗，如果监管趋严，会存在下架的可能。对储户来说，购买创新型存款存在风险吗？本金风险不大，均受《存款保险条例》保护，但受政策影响，可能会碰到产品下架无法再买，或是持有产品提前清盘的情况。

（四）资管新规带给银行理财业务的挑战和机遇

1. 短期内面临转型挑战

资管新规实施背景下，银行理财资产管理业务总体规模将呈收缩态势。资管新规中消除嵌套、净值化管理等要求可能会带来整体业务规模的收缩。特别对于银行理财而言，可能会存在三方面规模收缩压力：一是部分保守的投资者因没有“确定性收益”而放弃银行理财产品，转而投资存款类产品；二是由于短期理财产品的发行受到限制，以资金短期周转为目标的投资者会更青睐于货币市场基金等流动性较高的产品；三是一部分风险承受能力较高的投资者将资金转移到权益型基金或混合型基金，以博取更高收益。

同时新规推行过程中存在过渡期风险，资管新规过渡期内，出现了经济增速换挡转型、中美贸易摩擦等内外部新情况，金融机构在资产端的潜在风险暴露较前几年有明显增长。由于传统上通过资金池、扩规模等方式稀释信用风险的经营模式在资管新规实施后无法继续实施，老产品仅可用于存量接续，而多数金融机构难以轻易放弃规模增长目标，仍需通过老产品实现业务发展。因此在过渡期内，资管机构既需要处理好存量投资的风险管理问题，又要尽快建立可以同时容纳新老两套产品投资运营模式的业务流程和架构，在人员、文化、制度、经验等方面都有大量工作需要推进。对此，监管层需要及时监测过渡期内资管行业实际经营状况，适时调整过渡期相关要求的节奏，保证不引发行业系统性风险；资管机构则需及时对标资管新规的相关要求，做好转型，稳妥完成存量产品的到期处理，尽快完成符合新规要求的新产品发行准备。

2. 长期迎来发展机遇

首先，银行等机构将加强净值化管理，提升主动管理能力。未来在净值化产品要求下，主动管理能力将成为资管机构竞争力的核心，特别对于银行理财而言，产品净值化对投研能力较好的银行或理财子公司是优化业务、提升市场份额、改变竞争格局的良好机遇。从现有监管架构看，净值型理财产品承担着打破刚性兑付的重任，已日益成为银行理财未来发展的方向。包括商业银行在内的所有资管机构应注重培育投资能力，提升自主投研能力，探索运用 FOF、MOM 等新型合作模式，拓宽投资渠道。

同时，银行能够积极开拓私人银行财富管理新格局。资管新规坚决打破刚性兑付，未来客户要享受产品的高收益，必须要相应地承担高风险，而高收益主要来源于权益类和金融衍生类产品。同时，对投资者适当性管理，要求私募产品只能销售给合格投资者，私人银行的高净值客户无疑是合格投资者的最大来源。基于上述情况，未来私人银行的渠道价值凸显。私人银行更擅长对客户需求的深度挖掘，以客户为中心，更注重客户财富的整体性规划，不仅是简单的产品销售，高端客户也更容易适应产品净值化管理带来的变化，成为银行创新定制化产品的重要渠道。

最后，长期而言，我国居民人口老龄化和人口素质提高将是人口变化中最明显的两个趋势，人口老龄化将催生庞大的养老金储备和投资需求，人口素质提升则可以提升投资者风险识别能力，降低金融机构的投资者教育难度。资管行业有能力承接大规模养老金的运营和增值，并可为不同风险偏好和目标的人群提供合适产品，借助居民养老需求，资管机构也可以实现规模提升和客户黏性的增加。特别是银行理财在固定收益领域投资经验积累丰厚，与居民养老投资风险偏好较为匹配，长期而言，如能以合适的产品体系引流居民养老资金，实现稳健保值增值，则理财资管行业规模将存在较大的发展空间。

二、信托资管：优化结构、服务实体

2020 年，我国统筹疫情防控和经济社会发展工作取得重大成果，经济稳步恢复，复工复产逐月好转，第二季度经济增长明显好于预期，经济结构持续优化。我国信托业坚持新发展理念，推动行业高质量发展，一是在压缩信托资产规模的前提下优化信托资金来源结构，第二季度末的集合信托与管理财产信托合计占比为 65.37%，表明信托业的主动管理业务占比已接近 2/3，是推动行业转型发展的实际成效；二是始终将服务实体经济置于重要位置，截至第二季度末，信托行业直接投入工商企业和基础产业的资金信托达到 8.46 万亿元，占全部信托资金余额的47.88%，为实体经济提供了多元化的金融服务。总体上，2020年我国信托业运行平稳，风险整体可控。

（一）信托资产规模下降，资本实力不断增强

1. 信托资产降幅收窄，资金来源结构优化

对过去5年信托资产规模变动的分析显示①，信托资产规模从快速扩张转为持续收缩，截至2020年第二季度末，信托资产规模为21.28万亿元，同比下降5.56%，比年初减少3250.48亿元；环比下降0.22%，降幅收窄。这是自2017年第四季度以来信托业管理资产规模连续10个季度下降。根据2020年第二个季度下降额来看，2020年第一季度末比2019年第四季度末减少2772.93亿元，2020年第二季度末比第一季度末减少477.55亿元。

图4－2是2016年第一季度至2020年第二季度信托资产规模变动情况。在"去通道、去嵌套"监管政策的要求下，信托资产规模进入平稳下降期，2019年第三季度末至2020年第二季度末的4个季度同比与环比增速下降较为平稳。

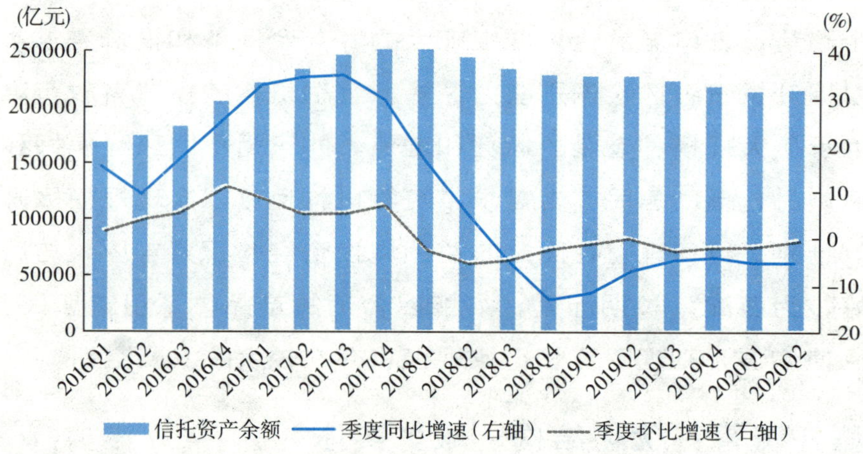

图4－2　信托资产规模变动情况

从资金来源看，如图4－3显示，截至2020年第二季度末，集合信托规模为10.29万亿元，占比48.35%，同比上升4.78个百分点，比第一季度末的46.99%上升1.36个百分点。单一信托规模为7.37万亿元，占比为34.63%，占比同比下降6.33个百分点，比第一季度末的35.99%减少1.36个百分点。

① 数据信息均来源于中国信托业协会。

管理财产信托为 3.62 万亿元，占比同比上升 1.55 个百分点，占比环比下降 0.2%。随着信托业持续推动业务转型，资金来源结构正在优化：一方面是 2019 年 6 月末，集合信托占比为 43.57%，仅比单一资金信托占比 40.97% 高 2.6 个百分点；到 2020 年 6 月末，集合信托占比已增加到 48.35%，比单一信托 34.63% 的占比要高 13.72 个百分点。另一方面是 2020 年 6 月末的集合信托与管理财产信托合计占比为 65.37%，表明信托业的主动管理业务占比已接近 2/3，这是推动行业转型发展的实际成效。

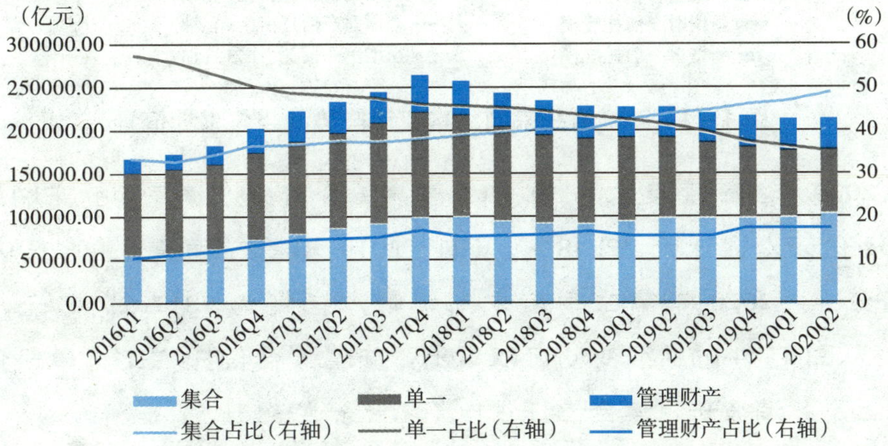

图 4－3　信托资产来源结构变动态势

2020 年上半年，集合信托市场持续升温，一方面，在融资类业务规模受到压缩和限制的背景下，信托公司大力发展标准化产品市场，短期内集合信托产品规模大幅上升；另一方面，随着疫情缓解和经济活动开始有序恢复，加上递延的市场需求，使集合信托产品增长。

从新增信托数及其占比来看，图 4－4 比图 4－3 更能反映信托业为减少单一信托数量和占比所做的努力。2020 年第二季度末，新增集合信托与新增财产信托合计占比为 77.52%，确实表明信托业提高主动管理能力的成效是显著的。

图 4－4 是 2016 年第一季度至 2020 年第二季度新增信托来源结构变动态势。2018 年第四季度末，新增集合信托占比为 33.67%，新增单一信托占比为 32.19%，新增财产信托占比为 34.14%，几乎是三分天下。此后的 6 个季度则呈现差异很大的变动态势，2020 年第二季度末新增集合信托为 1.52 万亿元，占比上升到 51.19%，同比 2019 年第二季度末 46.46% 的占比要高 4.73 个百分

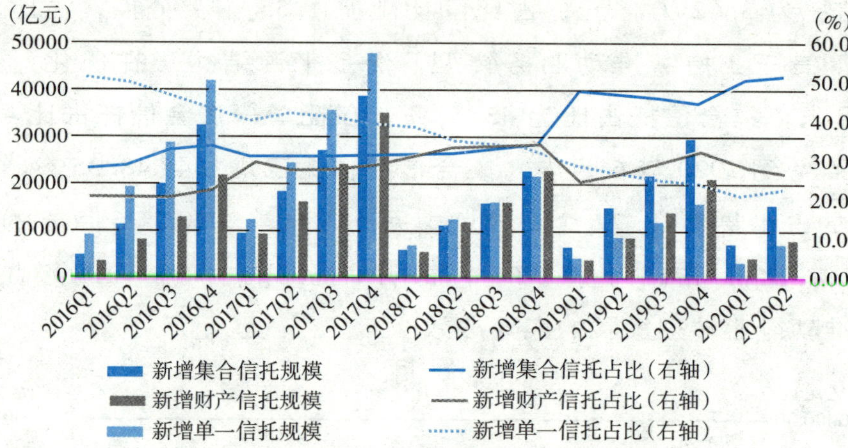

图4-4　新增信托来源结构变动态势（当年累计值）

点，环比2020年第一季度末的50.19%要高1个百分点。同期的新增单一信托为6676.31亿元，占比为22.48%，同比2019年第二季度末的26.95%下降4.47个百分点；2020年第二季度末新增财产信托为7817.29亿元，占比为26.32%。从图4-4的曲线变动可以看出，新增集合信托占比与单一信托占比变动基本上是此消彼长，集合信托占比沿着上行线攀升。

从信托资产功能划分来看，截至2020年第二季度末，事务管理类信托为9.58万亿元，同比2019年第二季度末的12.42万亿元下降22.87%，环比第一季度末下降4.62%。事务管理类信托占比从2019年第二季度末的55.12%下降到2020年第二季度末的45.02%，下降10.1个百分点；环比第一季度末下降2.07个百分点。融资类信托为6.45万亿元，环比增长4.33%；第二季度末占比为30.29%，环比第一季度末的28.97%上升1.32个百分点。从图4-5信托资产按功能分类的规模与占比可以看出：一方面，融资类信托是当前信托业主要的业务类型之一；另一方面，压降融资类信托业务是基本趋势。信托公司要响应监管要求，逐步压缩违规融资类业务，同时要加快业务模式变革，如提高标准化产品（包括股票、债券等）的配置比例，更应着力于提高标准化资产的投研能力和标准化资产产品的收益率，增强信托产品的竞争力。

2020年第二季度末，信托资产运用中的投资类资金为5.25万亿元，比第一季度末增加1481.10亿元。投资类信托占比一直呈现非常缓慢的爬升，2020年第二季度末占比为24.69%，同比2019年第二季度末上升1.64个百分点，环比第一季度末上升0.75个百分点。投资占比略有上升，显示推动转型所取

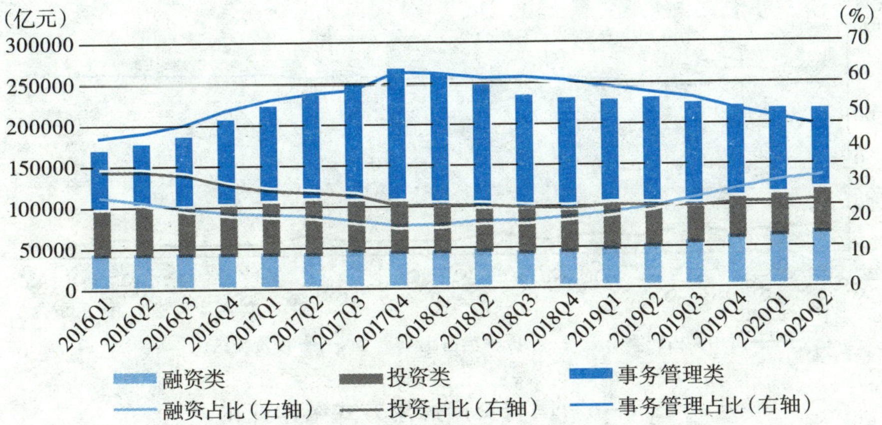

图 4－5　信托资产按功能分类的规模与占比

得的点滴进步。信托业要提升专业投资能力，就要转变多年来依靠“通道”获取收益的做法，业务模式的转变需要思路，信托公司要提高对市场变化的把控能力，分析新冠肺炎疫情冲击下新的投资机会，并在开展信托业务的同时紧紧围绕畅通资金流向实体经济的渠道上做文章。

2. 固有资产保持增长，资本实力不断增强

信托公司资本实力增强，既有利于开拓新的业务，也有利于防控可能出现的各类金融风险。截至 2020 年第二季度末，68 家信托公司固有资产为 7891.43 亿元，同比 2019 年第二季度末的 7342.18 亿元增长 7.48%，环比第一季度末 7795.53 亿元增长 1.23%。近年来，投资类在固有资产运用中的占比是上升的。如图 4－6 所示，2020 年第二季度末占比为 81.24%，比 2019 年第二季度末的 80.06% 和 2020 年第一季度末的 80.11% 有小幅上升。货币类资产为 409.75 亿元，同比略微增长 0.92%，环比下降 15.06%；在固有资产运用中的占比为 5.19%，同比下降 0.34 个百分点，环比下降 1 个百分点。贷款类资产为 476.84 亿元，同比 2019 年第二季度末的 409.31 亿元增长 16.50%，占比为 6.04%，略高于 2019 年第二季度末的 5.57%。

与证券公司和基金管理公司等金融机构相比，许多信托公司自身的投资能力较弱，应当加大“补短板”的力度。信托公司要借助于增强的资本实力去探索新的投资方式，为疫情防控和经济发展中急需资金的实体部门提供项目融资、股权融资、债券融资等多种方式，在实践中丰富固有资产的投资模式。

从所有者权益的构成来看，截至 2020 年第二季度末，实收资本为 2847.20 亿元，同比 2019 年第二季度末的 2734.15 亿元增长 4.13%。考虑到同一时期

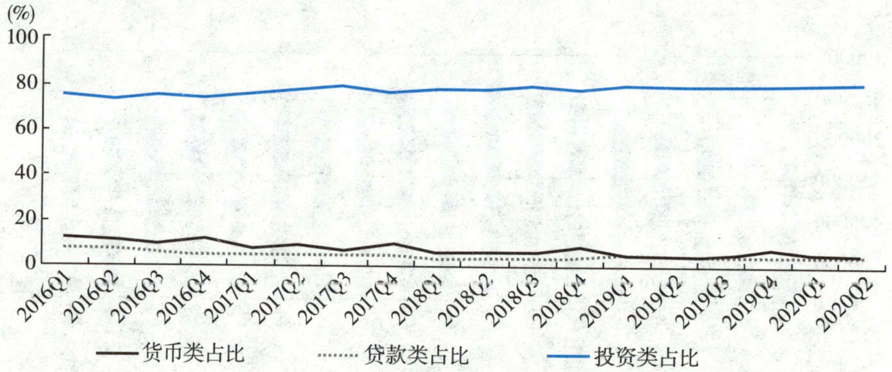

图 4－6　固有资产运用方式结构变化

的信托资产规模同比下降 5.56%，信托业的资本实力不断增强。在一个不稳定性、不确定性较大的内外经济形势下，信托公司仍然要重视资本实力，这是抵御风险冲击的有力之盾。2020 年上半年，有多家信托公司正采取增资扩股提升资本实力的行动，预期下半年有更多信托公司会加入增资扩股的行列中。2020 年第二季度末，未分配利润为 1967.75 亿元，同比 2019 年第二季度末的 1749.05 亿元增长 12.50%，环比第一季度末的 1923.90 亿元增长 2.28%。

通常说来，宏观经济下行期间的金融风险会有所暴露。当前经济尚未全面恢复，疫情仍有较大不确定性，所带来的金融风险也存在一定时滞，此时信托业就需要提高信托赔偿准备，以应对和处置可能出现的更多风险点，在化解存量风险的同时，要防止新增风险。截至 2020 年第二季度末，信托赔偿准备金为 296.01 亿元，同比 2019 年第二季度末的 266.38 亿元增长 11.12%，环比第一季度末的 295.39 亿元增长 0.21%。信托赔偿准备金占所有者权益比例从 2019 年第二季度末的 4.45% 提高到 2020 年第二季度末的 4.56%。第二季度末的信托赔偿准备金比第一季度末增加 6131.11 万元，赔偿能力有了提升。截至 2020 年第二季度末，信托业净资产 6492.5 亿元，同比增长 8.55%，风险抵补能力进一步增强。当下信托业风险总体可控，但一定要把可能的风险损失考虑进去。为此，信托业需要有足够的资金实力，备足“弹药”提高应对未来风险的抵御能力。

（二）信托业务运行平稳，经营业绩改善

2020 年上半年，在新冠肺炎疫情冲击下，信托业务开展暂遇困难，信托业坚持质量优先与风险可控的业务经营原则，紧紧围绕服务实体经济和提升金融服务效率方面来调整各项业务工作，构建和完善了多层次、多渠道、有特色的

信托业服务实体经济的产品体系和服务体系。

1. 信托经营业绩稳中有升

2020 年第一季度信托业受到疫情及经济下行的冲击，业务开展受阻。第二季度随着疫情得到有效控制和复工复产的持续推进，信托业也逐步修复业绩。截至 2020 年第二季度末，信托业实现经营收入 550.52 亿元，同比 2019 年第二季度末的 522.95 亿元增长 5.27%；第二季度营业收入为 294.86 亿元，比第一季度的 255.65 亿元增长 15.34%。2020 年上半年，全行业 68 家信托公司的信托业务收入为 401.34 亿元，同比增长 12.23%；第二季度信托业务收入为 210.75 亿元，比第一季度 190.59 亿元增长 10.58%。2020 年第二季度末，信托业务收入占经营收入的比例为 72.90%，高于 2019 年第二季度末的 68.38%。图 4－7 显示 2016 年第一季度至 2020 年第二季度信托业务收入及其同比增速。

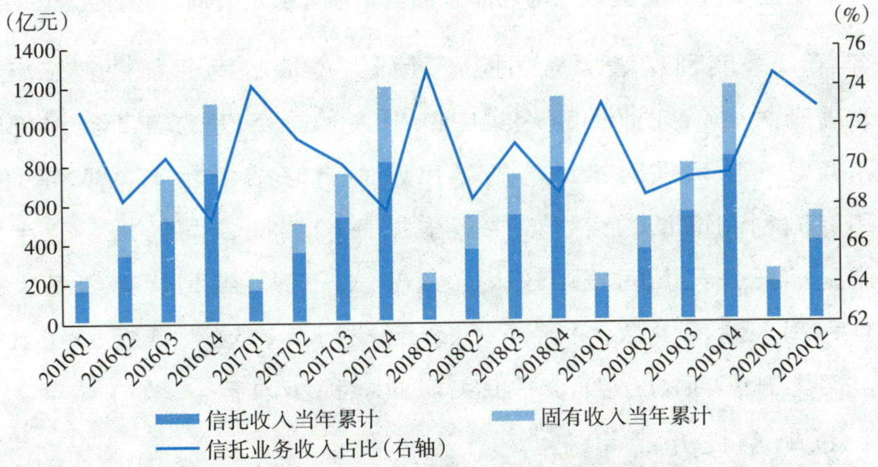

图 4－7　信托业务收入及其同比增速

在经营收入中，2020 年第二季度末的投资收益为 107.52 亿元，同比 2019 年第二季度末的 126.55 亿元下降 15.04%。投资收益占比为 19.53%，低于上年同期 24.20%，高于第一季度末的 17.66%。第二季度的投资收益有一个明显提高，达到 62.36 亿元，环比第一季度的 45.16 亿元增长 38.09%，比第一季度增加 17.2 亿元。

2. 信托业利润环比增长

图 4－8 显示，2020 年第二季度末，信托业利润为 341.02 亿元，同比 2019 年第二季度末的 374.96 亿元下降 9.05%；第二季度利润为 174.92 亿元，环比第一季度的 166.10 亿元增长 5.31%，盈利状况保持良好。2020 年第二季度人

均利润为 59.51 万元，同比 2019 年第二季度的 64.99 万元下降 8.43%，环比第一季度的 54.48 万元增长 9.23%。

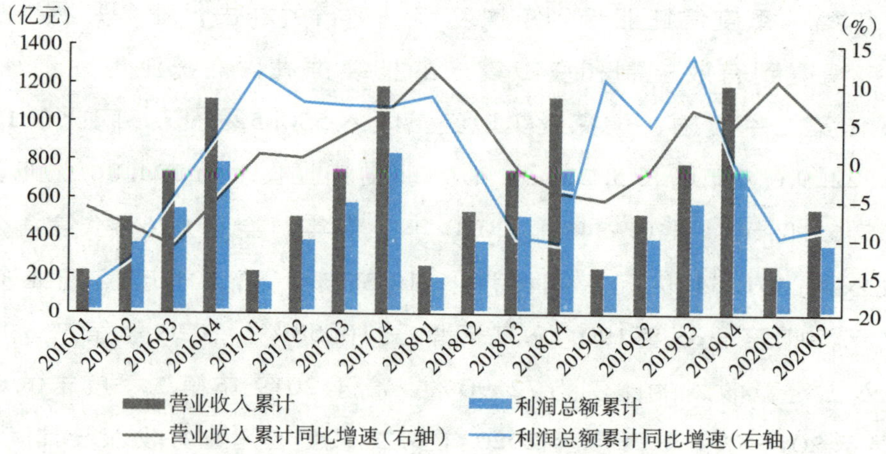

图 4-8　营业收入与利润总额当年累计值及其同比增速

2020 年第二季度利润增加与防控新冠肺炎疫情的同时加快复工复产的经济运行态势改善有关，信托业不断落实中共中央和国务院的复工复产部署，攻坚克难，将原有信托项目按时推进与新项目设立更好结合起来，取得了稳定信托业务收入和促进利润增长的良好效果。根据各家信托公司年报，上半年盈利增速出现分化，信托公司之间差距较大，头部信托公司盈利优势显著；部分信托公司出现净利润下滑，少数信托公司跌入亏损行列，这类信托公司要扫清各类风险雷点，努力开拓新的业务，逐步实现业绩稳步改善。

3. 信托报酬率提升

2020 年第二季度末，68 家信托公司涉及的清算项目 1685 个，年化综合实际收益率为 6.25%，同比 2019 年第二季度 4.49% 要高。平均年化综合信托报酬率为 1.26%，比第一季度的 0.66% 高得多，这同信托业务结构转向主动管理能力提升有关。

（三）信托业进一步服务实体经济，关注资本市场新动向

金融要服务实体经济，实体经济是一国经济的立身之本，是经济发展的基本力量。自 2016 年以来，信托业服务实体经济部门的资金占比以一个较为快速的幅度在提升，工作力量正向实体经济部门加强。当前，信托业按照“六稳”和“六保”要求，结合新冠肺炎疫情防控要求，推进生产生活秩序全面恢复，引导更多资金流向实体经济部门。截至 2020 年第二季度末，资金信托

为 17.66 万亿元，同比 2019 年第二季度末 19.05 万亿元下降 7.30%，环比第一季度末 17.70 万亿元下降 0.23%。从资金信托在五大领域的占比来看，2020 年第二季度末的排序是工商企业（31.51%）、基础产业（16.37%）、房地产（14.16%）、金融机构（12.84%）、证券市场（11.71%）。图 4－9 是 2016 年第一季度至 2020 年第二季度信托资产按投向分类的规模及其占比，可以看到过去 4 个季度工商企业信托余额占比和基础产业信托余额占比持续上升，而证券市场信托余额占比在 2020 年第二季度出现微升。

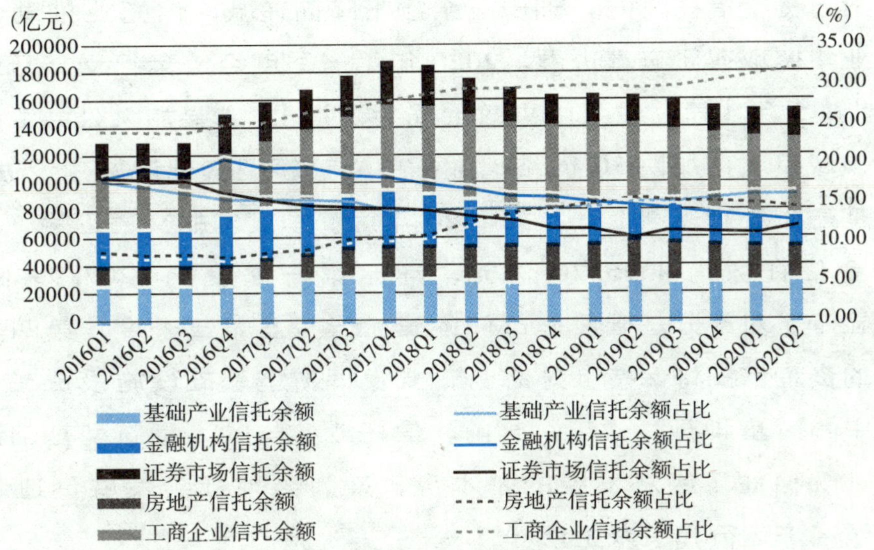

图 4－9　信托资产按投向分类的规模及其占比

1. 工商企业

资金信托流向工商企业有 5.56 万亿元，同比 2019 年第二季度末的 5.61 万亿元下降 0.89%，环比第一季度末的 5.48 万亿元增长 1.46%。2020 年第一季度和第二季度工商企业的资金占比是增加的，分别为 30.98% 和 31.51%，这是信托业不断探索更好服务工商企业所做的不懈努力。同时，要看到在资金信托数下降的背景下也出现了资金信托流向信息传输、计算机和软件业的减少，2020 年第二季度末为 2065.29 亿元，同比 2019 年第二季度末 2229.51 亿元下降 7.37%，环比第一季度末的 2197.19 亿元下降 6%。下半年，信托业要通过强化服务意识，增加对制造业及新兴技术产业的资金支持力度，以实际行动来落实监管部门提出的支持制造业和中小企业资金需求的政策要求，为工商企业提供更切合实际、更高效的综合金融服务。

2. 基础产业

我国基础设施建设是国家战略与公众意愿相统一的时代工程，充分的基础设施网络可以提高生产率、改善环境条件、减少贫困等。通常来说，基础产业信托规模会受到财政政策和地方债务控制等相关政策的直接影响。近两年来，基础产业信托规模超越金融机构和证券投资成为资金信托投向的第二大领域。2020年第二季度末的资金信托投向基础产业余额为2.89万亿元，与2019年第二季度末的2.89万亿元持平，环比第一季度末的2.88万亿元增长0.35%，支持力度并不因资金信托投向基础产业余额下降而递减，信托业推动信托资源向基础产业集聚取得了可喜进展。2020年第一季度经济运行受新冠肺炎疫情的影响较大，3月4日，中共中央政治局会议指出："要加大公共卫生、应急物资保障领域投入，加快5G网络、数据中心等新型基础设施建设进度。"第二季度的基建投资量逐渐上升，如2020年第二季度末的交通运输、仓储和邮政业的资金信托数为3395.70亿元，环比第一季度的3207.99亿元增长5.85%，显示了对部分基础设施部门的资金支持。第三季度、第四季度投向基础产业的资金信托将保持上升态势，要发挥新型基础设施投资在全面恢复经济运行中的"垫脚石"作用。当前，信托业参与的大量新型基础设施项目正在进行，既稳住了经济发展的基本盘，又为当地社会发展创造了就业机会，改善了经济运行和民众生活。

3. 房地产

一直以来，房地产信托是备受关注的，信托业要降低对房地产信托的依赖。要坚持房住不炒的定位，落实房地产长效管理机制，促进房地产市场平稳健康发展。2020年第二季度末，房地产资金信托余额为2.50万亿元，同比2019年第二季度末的2.93万亿元下降14.68%，环比第一季度末的2.58万亿元下降3.10%。过去几个季度的房地产信托占比是逐渐下降的，2019年第四季度末占比为15.07%，2020年第一季度末和第二季度末占比分别为14.57%和14.16%。信托业要严格落实房地产行业发展要求，在风险可控的前提下适度合理地开展房地产业务，力求在城市更新领域的资金支持方面有所作为。城市更新的内涵日益丰富：包括租赁住宅、养老住宅、商业物业改造等多种形式，信托公司可以创新金融产品和改善金融服务，通过债权融资、股权融资、资产证券化、组合金融服务等多种业务模式，充分发挥信托公司的制度优势和灵活架构，为新型城镇化和高质量城镇化融资体系探索新的思路和模式。

4. 金融机构

自 2018 年 4 月《关于规范金融机构资产管理业务的指导意见》实施以来，“去通道”“去嵌套”的监管政策是要控制和减少金融同业的风险传染。截至 2020 年第二季度末，信托资金流向金融机构余额为 2.27 万亿元，同比 2019 年第二季度末的 2.85 万亿元下降 20.35%，环比第一季度末的 2.41 万亿元下降 5.81%。金融机构在资金信托中的占比已下降为第四大领域，2020 年第二季度末占比为 12.84%，同比 2019 年第二季度末的 14.96% 减少 2.12 个百分点，环比第一季度末的 13.60% 减少 0.76 个百分点。金融理论与政策一直强调的主流观点是，金融机构必须服务实体经济部门。为此，信托业要对类似背离金融中介职能的所谓金融同业合作产品或服务保持高度的警惕之心，坚守服务实体经济的初心。

5. 证券市场

2020 年第二季度，证券市场的信托资金流动发生了一些变化。2020 年第一季度末，证券投资的资金信托数是减少的，2019 年第四季度末和 2020 年第一季度末分别为 1.96 万亿元和 1.94 万亿元。2020 年第二季度末增加到 2.07 万亿元，同比增长 3.72%，环比增长 6.49%。在证券投资的资金信托中，投向债券的余额为 1.26 万亿元，投向基金的余额为 0.23 万亿元，投向股票的余额为 0.58 万亿元。

2020 年第二季度，一方面，稳健货币政策背景下的流动性保持合理充裕，集合信托产品的收益率存在继续下行的可能；另一方面，在经济增长好于预期的乐观情绪影响下，证券二级市场表现较为活跃，使得资金进入资本市场的速度明显加快，有些信托公司布局权益类产品市场，并进行基于宏观分析的大类资产配置。面对资本市场的新动向，信托业要树立价值投资理念，成为促进资本市场发展、维护资本市场稳定的中坚力量。在这种形势下，第三季度证券投资类产品的数量和规模会有较为明显的增长，信托公司需要把提高资金收益率与防控风险更好地结合起来，在一个市场“热点”不断显现的环境下保持清醒的洞察力：走出进退维谷，才能进退自如。

运行良好的金融体系是经济稳定增长的关键因素，它能够成功地将各类社会闲置资金转化为有利于提高生产率和生活质量的投资项目。在当前防控疫情和促进经济全面复苏的经济形势下，信托业要坚定服务实体经济和人民美好生活需要的信念，使信托业的经营效率、创新能力、服务水平取得新的成效。

（四）信托业 2021 年发展趋势

当前，疫情防控局势平稳，经济运行基本恢复。信托业要坚持以金融供给侧结构性改革为主线，充分结合信托制度特点，全力以赴促进经济社会恢复正常循环，同时要深刻认识到以国内大循环为主体、国内国际双循环相互促进的新发展格局是未来几年的发展战略，信托业要提前进行资金布局，在服务实体经济尤其是支持制造业和中小企业方面迈出新的步子，努力完成全年发展目标。

1. 增强政治大局意识，明确服务实体经济的重点领域

经济决定金融，支持实体经济，服务实体经济，是信托业的最基本要求。要做好信托业各项工作，必须创造性地贯彻落实统筹疫情防控和经济社会发展的工作要求，明确服务实体经济的重点领域，稳企业保就业，托住中国经济发展的基本盘。

其一，推动制造大国向制造强国转变是国家战略，既要加快传统制造业结构升级，又要不失时机地推进高端制造业发展，依靠和强化科技创新。几年来，信托业一直在不断加大对高端制造业项目的资金支持力度，要在新的内外经济形势下增强政治大局意识，服务制造业就是信托业的展业重点，第三季度、第四季度要确保新增资金信托更多流向制造业。为此，信托公司支持制造业发展和稳定制造业投资要有新的资金安排，只有增加制造业部门的资金信托数，才能在促进制造业技术能级提升方面做出应有的贡献。

其二，信托业是服务中小企业、稳定就业、促进经济平稳发展的重要生力军。从数量上来说，中小企业是市场主体的最大族群，加大对中小企业、民营企业的金融支持，因地制宜推进普惠金融工作是金融供给侧结构性改革的重要路径之一。信托业要讲求顾大局，千方百计助力企业纾困，确保新增信托资金更多流向中小企业，这是信托公司的时代担当，责无旁贷。信托公司可以通过深度挖掘各产业链上下游中小企业的实际需求，设计灵活多样的金融模式，不断进行信托产品迭代和服务创新，促进服务中小企业从量到质的提升。

其三，在一个创新频出的科技时代，基础设施建设内容是动态演进的，蛛网般的地铁线、高铁线，不断夯实城市群生产率提升的基础，而 5G、人工智能、工业互联网、物联网是新型基础设施建设的主要方面，是方兴未艾的投资领域。信托公司可以联合政府部门和其他金融机构设立股权投资基金或其他创新型的投资工具，着眼于新型基础设施建设。信托业在 2020 年第二季度增加

了基础产业的资金信托数，在加快新型基础设施建设的国家战略指导下可以与推进重大区域发展战略所需要的资金需求相结合，城市群、都市圈的发展会形成基础产业的资金需求，这也是信托业响应国家号召的用武之地。

2. 要用好资管新规延期的“窗口”机遇

2020 年以来，新冠肺炎疫情对全球经济造成严重冲击，部分企业生产经营困难增多，监管部门决定延长《关于规范金融机构资产管理业务的指导意见》过渡期至 2021 年底。这次疫情从资金端和资产端对信托业务产生了双向冲击，一些投资项目的期限安排面临调整，就需要统筹存量业务整改和创新业务促发展的关系。监管方向并未发生大变化，信托业要增强机遇意识，珍惜和抓住对冲疫情影响的政策调整窗口期，制定全新的战略规划，把握好节奏和力度，加快转型步伐不放慢，迅速构建起净值化产品体系和服务信托产品体系。赢得时间，拥抱未来。

3. 进一步提升行业资本实力

信托公司的增资意愿普遍增强，资本实力有待进一步提升。2020 年 5 月，《信托公司资金信托管理暂行办法（征求意见稿）》将资金信托业务开展的规模限制与信托公司净资产挂钩。监管政策，见微知著，这使建立和完善资本补充机制、增加资本实力显得较为迫切。信托公司通过增加股东实际投入、减少分红等多个方面提高净资产规模，提高资金信托业务的相关额度，同时提高资金信托业务的风险承受力。上半年，有若干家信托公司已进入增资扩股的操作阶段，从目前所获得的信息来看，会有更多的信托公司加入增资扩股的队伍中来。未动先谋，2020 年的增资扩股，为 2021 年把握更多的展业机会奠定了坚实的资本基础。

4. 科技赋能，加速转型

新冠肺炎疫情年初暴发，使诸多信托公司更加意识到科技对于展业的重要性，需要更多的大数据和信息整合，信托产品面向高净值客户，合格投资者在哪里？投资偏好怎样？这些是这次疫情导致无法上门拜访客户带来的问题。在常态化疫情防控的新形势下，信托公司要利用智能科技，推动业务模式创新，可以引入人工智能、区块链、云技术、大数据、移动互联网等最新科技，打造线上化、智能化的信托科技运营系统，为信托业务转型提供更加精准的科技赋能。

三、基金管理：积极开放、迎接挑战

（一）基金规模持续走高

截至2020年第三季度末，如表4-7所示，基金管理公司及其子公司、证券公司、期货公司、私募基金管理机构资产管理业务总规模约为56.17万亿元。其中，公募基金规模为17.80万亿元，证券公司及其子公司私募资产管理业务规模为9.50万亿元，基金管理公司及其子公司私募资产管理业务规模为8.13万亿元，基金公司管理的养老金规模为3.02万亿元，期货公司及其子公司私募资产管理业务规模约为2115亿元，私募基金规模为15.82万亿元，资产支持专项计划规模为1.86万亿元。

表4-7　各类资产管理业务只数及规模（截至2020年第三季度末）

业务类型	产品数量（只）	资产规模（亿元）
公募基金	7644	178047.17
证券公司资管计划	17658	94985.71
基金公司资管计划	6111	44647.48
养老金	2019	30223.65
基金子公司资管计划	5168	36630.71
期货公司资管计划	1229	2115.06
私募基金	91798	158194.53
资产支持专项计划	1926	18604.69
合计	132544	561673.29

注：由中国证券基金业协会数据整理所得。

1. 公募基金规模继续增长

根据基金业协会数据，截至2020年第三季度末，各类公募基金共计7644只，资产净值约为178047.17亿元。相较于2020年第二季度末（各类基金共计7197只，资产净值约169043.92亿元），各类基金数量增加6.21%，资产净值增长5.33%。如表4-8所示。

表4-8 公募基金只数及规模（截至2020年第三季度末）

基金类型	基金数量（只）	基金份额（亿份）	资产净值（亿元）
封闭式基金	1106	22120.97	23342.51
开放式基金	6538	134331.92	154704.66
其中：股票基金	1325	11414.6	17755.76
其中：混合基金	3040	24607.77	35992.59
其中：货币基金	333	72865.4	72931.58
其中：债券基金	1678	24384.9	26838.43
其中：QDII基金	162	1059.25	1186.3
合计	7644	156452.89	178047.17

注：由中国证券基金业协会数据整理所得。

从基金业协会公布的数据来看，债基出现赎回压力，份额有所下降。如图4-10所示，2020年第三季度末，混合型基金资产净值约为35992.59亿元，较2020年第二季度末上升34.66%；股票型基金资产净值约为17755.76亿元，较2020年第二季度末增长15.43%；债券型基金资产净值约为26838.43亿元，较2020年第二季度末下跌13.93%（第一季度为11.48%，第二季度为1.11%）；货币型基金资产净值约为72931.58亿元，较2020年第二季度末减少3.70%。就债券型基金而言，分投资风格来看，进入2020年第三季度以来，受摊余成本法影响，主动管理型基金（短期纯债型基金、中长期纯债型基金、一级债基、二级债券）的新发份额明显增长，尤其是7—8月，中长期纯债型基金依然是拉动主动管理型基金新增规模的主力。被动管理型基金（被动指数型债基）的新发份额较上一季度回落。

从基金管理机构来看，如表4-9显示，2020年第三季度末，20强基金公司合计月均规模为6.22万亿元，相较第二季末的5.37万亿元增长了16%。第三季度，易方达基金非货币理财公募基金月均规模为6139.82亿元，位居行业第一。汇添富基金紧随其后，非货币理财公募基金月均规模为4728.07亿元，广发基金、华夏基金、南方基金整体规模也超过4000亿元，分别为4450.25亿元、4207.82亿元和4095.56亿元。此外，博时基金、富国基金、招商基金、鹏华基金的非货币理财公募基金月均规模都超过3000亿元；前二十强的平均规模达到3109.84亿元。

从规模增长情况看，不少公司第三季度都出现了大踏步的增长。汇添富基

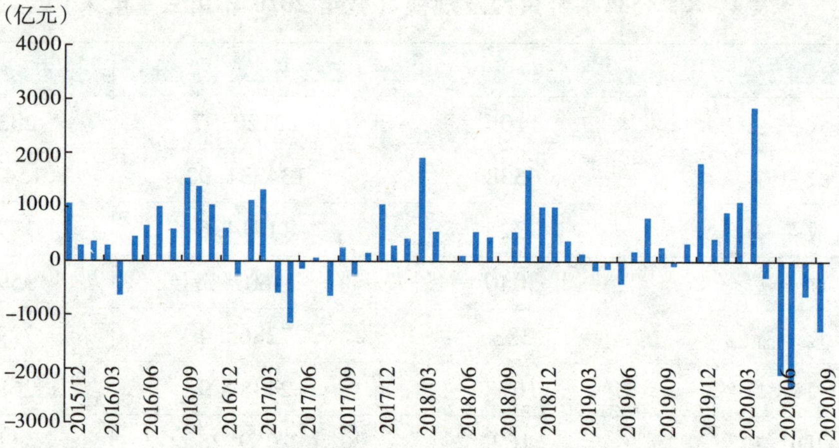

图 4－10　2015Q4—2020Q3 债券型基金份额变动图

金成为第三季度增长最猛的基金公司，一个季度规模增长了 1363.19 亿元。“广州双雄”也在第三季度大举扩张规模——易方达基金规模增长了 980.38 亿元，广发基金第三季度月均规模大增 505.35 亿元。此外，南方基金、富国基金、鹏华基金、中欧基金第三季度规模都增长了 600 亿元以上。

表 4－9　2020 年第三季度基金管理机构非货币理财公募基金月均规模排名

排名	公募基金管理人名称	非货币理财公募基金月均规模（亿元）
1	易方达基金管理有限公司	6139.82
2	汇添富基金管理股份有限公司	4728.07
3	广发基金管理有限公司	4450.25
4	华夏基金管理有限公司	4207.82
5	南方基金管理股份有限公司	4095.56
6	博时基金管理有限公司	3789.32
7	富国基金管理有限公司	3610.84
8	招商基金管理有限公司	3050.55
9	鹏华基金管理有限公司	3005.06
10	嘉实基金管理有限公司	2837.66
11	中银基金管理有限公司	2824.16
12	工银瑞信基金管理有限公司	2711.7
13	华安基金管理有限公司	2396.31
14	中欧基金管理有限公司	2383.33

续表

排名	公募基金管理人名称	非货币理财公募基金月均规模（亿元）
15	交银施罗德基金管理有限公司	2237.62
16	国泰基金管理有限公司	2144.66
17	银华基金管理股份有限公司	2090.63
18	兴证全球基金管理有限公司	1974.61
19	景顺长城基金管理有限公司	1788.46
20	平安基金管理有限公司	1730.28

注：由中国证券基金业协会数据整理所得；第三季度非货币理财公募基金月均规模是指季度中各月末非货币理财公募基金规模的算术平均数。月末规模包含基金持有的其他管理人管理的基金规模，剔除了短期理财债券基金规模。

2. 私募基金增长放缓

2020 年 10 月，基金业协会新备案私募基金 1841 只，较上月减少 1335 只，环比下降 42.03%；新备案规模 592.86 亿元，较上月减少 1025.94 亿元，环比下降 63.38%。其中，私募证券投资基金 31329 只，占新备案基金数量的 72.19%，新备案规模 260.84 亿元，环比下降 48.85%；私募股权投资基金 284 只，新备案规模 218.22 亿元，环比下降 76.17%；创业投资基金 228 只，新备案规模 113.80 亿元，环比下降 41.10%。

从存续情况来看，如表 4－10 所示，截至 2020 年 10 月末，存续私募基金 92955 只，存续基金规模 15.84 万亿元，较上月增加 7201.57 亿元，环比增长 4.76%。其中，存续私募证券投资基金 51196 只，存续规模 3.68 万亿元，环比增加 15.74%；存续私募股权投资基金 29070 只，存续规模 9.42 万亿元，环比增长 2.14%；存续创业投资基金 9764 只，存续规模 1.55 万亿元，环比增长 6.25%。

表 4－10　私募基金存续情况统计表（截至 2020 年第三季度末）

基金类型	基金数量（只）	较上月变化（只）	资产规模（亿元）	较上月变化（亿元）
私募证券投资基金	51196	933	36810.15	5006.35
其中：顾问管理类基金	2872	26	5445.94	－29.02
私募股权投资基金	29070	80	94237.77	1970.42

续表

基金类型	基金数量（只）	较上月变化（只）	资产规模（亿元）	较上月变化（亿元）
创业投资基金	9764	223	15483.42	911.45
私募资产配置基金	9	0	8.76	0.04
其他私募投资基金	2916	-90	11816.10	686.70
合计	92955	1146	158356.19	7201.57

注：由中国证券基金业协会数据整理所得。

在私募基金管理人登记方面，如图4-11所示，截至2020年10月末，存续私募基金管理人24513家，较上月增加33家，环比增长0.13%；管理基金数量92955只，较上月增加1146只，环比增长1.25%；管理基金规模15.84万亿元，较上月增加7201.57亿元，环比增长4.76%。其中，私募证券投资基金管理人8868家，较上月增加24家，环比增长0.27%；私募股权、创业投资基金管理人14967家，较上月增加16家，环比增长0.11%；私募资产配置类基金管理人9家，较上月持平；其他私募投资基金管理人669家，较上月减少7家，环比下降1.04%。如图4-12所示。

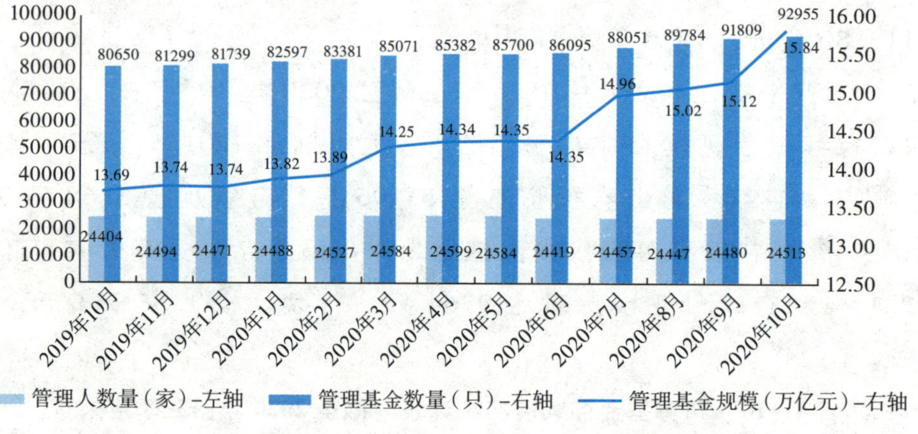

图4-11　私募基金管理人存续情况趋势

从注册地来看，截至2020年10月末，已登记私募基金管理人数量从注册地分布来看（按36个辖区），已登记私募基金管理人集中在上海、深圳、北京、浙江（除宁波）和广东（除深圳），总计占比达70.45%，略低于9月的70.52%。其中，上海4641家、深圳4485家、北京4344家、浙江（除宁波）2066家、广东（除深圳）1733家，数量占比分别为18.93%、18.30%、

17.72%、8.43%和7.07%。

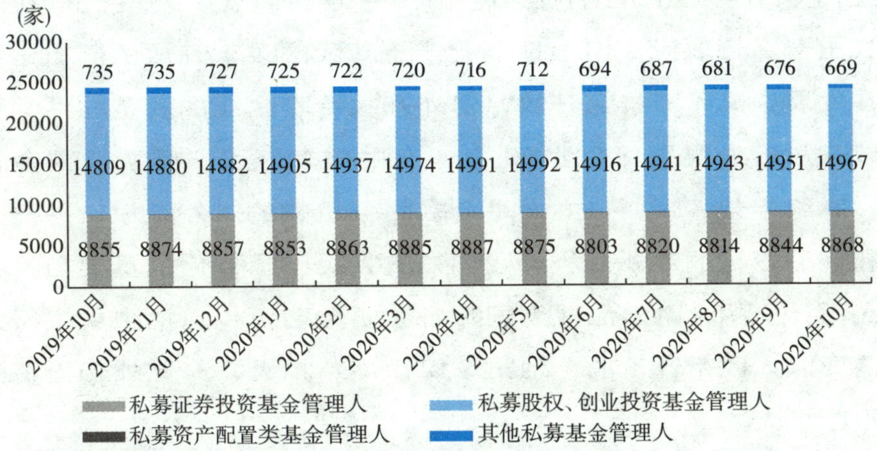

图 4－12　各类型私募基金管理人存续情况

从管理基金规模来看，前五大辖区分别为上海、北京、深圳、浙江（除宁波）和广东（除深圳），总计占比达 69.36%，略高于 9 月的 69.21%。其中，上海 36427.47 亿元、北京 35690.06 亿元、深圳 19633.29 亿元、浙江（除宁波）9291.47 亿元、广东（除深圳）8801 亿元，规模占比分别为 23.00%、22.54%、12.40%、5.87%和5.56%。

（二）基金行业提升开放程度，积极服务实体经济

1. 努力提升开放程度

基金行业是中国金融领域对外开放的先行者，自其诞生以来，就吸收了海外成熟市场行之有效的制度经验和管理思想，并结合我国市场实际持续改进。2002 年 6 月《外资参股基金管理公司设立规则》颁布，在随后的 18 年里基金管理公司外资持股比例由 33%放宽至不受限制。同时，QFII、RQFII、沪港通、深港通、沪伦通等跨境制度也为境内外市场互联互通提供了丰富的跨境投资渠道。

私募基金方面，作为中美战略与经济对话、中英经济财金对话成果，2016 年 6 月起，外商独资和合资的私募证券基金开始在协会登记备案，中国二级市场基金管理业务由私募领域率先向外资全资开放，而外资私募股权基金在证监会层面一直没有限制。近几年，外资私募证券基金在境内展业政策不断透明、优化、完善，2018 年底，协会明确了外资私募基金投资参与银行间债券市场的标准；2019 年，允许外资私募产品参与“港股通”交易，细化了港资机构来

内地登记为私募证券基金管理人的要求，私募投资基金纳入 QFII/RQFII 可投资范围已经在 QFII 办法修订的征求意见稿中得到体现，外资机构在翘首以待办法的正式出台。可以说，中国基金业伴随着我国改革开放的历史进程不断成长壮大，在发展中又不断扩大开放，对外开放给基金业的规范与活力注入了重要源泉，以开放促发展是基金业 20 多年来的成功经验。回看我国金融领域的对外开放，脉络十分清晰，一方面是金融服务机构的对外开放，另一方面则是金融市场和产品投资的对外开放。我们知道人民币国际化的重要衡量标准之一就是以人民币计价的金融产品成为国际各主要金融机构包括中央银行的投资工具，为此需要以人民币计价的金融市场规模不断扩大，允许外资投资的产品种类和额度不断扩大。

截至 2020 年 5 月末，中国证监会公布的 129 家公募基金管理公司中，有 44 家为中外合资，数量占比达到 34.1%，市场份额占比达到 48.2%。在协会登记的外资私募证券基金管理人达到 27 家，吸引了富达、英仕曼、桥水等一批全球知名资产管理机构，管理规模 93 亿元；外资私募股权创投基金管理人 138 家，管理规模 1929 亿元；598 家私募机构开展境外投资达 1718 亿元。对外开放激发基金市场活力逐步显现，越来越多的国际知名机构表达出强烈的来华展业意愿，境内资产管理机构在国际市场中的地位不断提升，基金业“引进来”和“走出去”取得实质性成效。

2. 积极服务实体经济

2020 年，疫情考验当前，中国基金业依旧保持良好的发展态势，并展现出行业专业价值与责任担当。全球新冠肺炎疫情持续蔓延，对世界经济带来剧烈冲击，全球化进程和产业供应链分工受到重大影响，金融市场波动加剧，我国面临的国际环境更加复杂。国内方面，疫情防控进入常态化，短期内复工复产、提振市场信心，中长期深化改革、培育经济增长新动能的任务艰巨。在严峻的挑战和复杂的市场环境面前，中国基金业始终以服务实体经济为使命，在疫情防控中坚守工作岗位，以高度的使命感、责任感和过硬的专业能力顶住基金投资与运营的各种考验，确保市场及各项业务平稳运行，维护投资者利益。据英国《金融时报》网站报道，中国基金 2020 年 7 月在全球投资市场上的份额排名已从第十位上升至第五位。

疫情期间，中国证券投资基金业协会各会员机构联手生态链企业，尽最大努力整合资源，及时捐赠防控物资，帮助被投企业复工生产，展现了行业应有的专业价值与责任担当。据中国证券投资基金业协会不完全数据统计，截至 2020 年 6 月 1 日，共有 421 家会员机构捐赠资金 4.7 亿元，其中公募基金行业 1.6 亿元，私募基金及私募资管行业 3.0 亿元。私募股权创投机构在进行捐赠的同时，积极支持疫苗、检测试剂、医疗器械等防疫抗疫类企业加大研发生产，在投及追加投资约 420 亿元，协会已为此类基金开通了备案绿色通道，基金业为疫情防控工作做出的突出贡献获得社会各界的高度肯定。

此外，基金行业持续为实体经济形成股权资本金。互联网等计算机运用、计算机及电子设备、机械制造等工业资本品、原材料、医药生物、医疗器械与服务、半导体等产业升级及新经济代表领域成为私募基金布局重点。基金行业在服务财富管理和普惠金融、服务多层次资本市场建设和实体经济融资方面发挥了重要作用。

（三）权益类基金迎来发展期

1. 权益类基金占据主仓位

2020 年公募基金管理规模增速飞快①，从 6 月起，公募基金规模已经连续 4 个月实现正增长。相比上年末的 14.77 万亿元，2020 年 6 月以后，公募基金总规模连续跨过 16 万亿元、17 万亿元两个整数关，直冲 18 万亿元管理规模，年内规模增幅已达 24%。不言而喻，新基金的火爆发行是 2020 年公募基金管理规模屡创新高的重要增量来源。但整体而言，开放式债券型基金规模出现缩水，主动权益类基金规模实现大幅增长。具体来看，截至 10 月底，公募基金市场上债券型基金的总体规模为 2.654 万亿元，较上年末的 2.77 万亿元缩水 0.116 万亿元，年内降幅 4%。

主动权益类基金规模则大放异彩，大幅攀升至 5.621 万亿元，较上年末的 3.19 万亿元骤增 76.18%。其中开放式股票型基金规模超过 1.805 亿元，较上年末增长 5058.04 亿元，混合型基金规模达到 3.816 万亿元，较上年末增长高达 1.93 万亿元。此外，货币型基金的最新规模为 7.548 万亿元，年内增幅 6%；QDII 最新规模为 0.118 万亿元，年内增幅 27.12%；封闭式基金最新规模为 2.368 万亿元，年内增幅 47.82%。

引人注意的是，当前主动权益类基金的仓位整体偏高。截至 2020 年 11 月 23 日，全市场 2957 只主动权益基金（不含股票多空型）整体仓位为 81.88%，

① 本部分数据来源于新浪财经网，https://finance.sina.com.cn/roll/2020-12-02/doc-iiznezxs4722442.shtml。

其中指数增强型基金最高，为93.87%；股票型基金为91.84%；偏股混合型基金为88.13%；灵活配置型基金整体仓位不高，仅为68.65%；平衡型基金最低，仅为58.22%。

2. 推动权益类基金持续发展

面对权益类基金的重仓趋势，基金行业和市场应该继续努力，共同致力于改善公募基金的经营环境。一方面，大力宣传价值投资理念，让普通投资者明白赚钱的基本逻辑，向普罗大众讲解价值投资的基本原理，同时大力推进有封闭期产品的发行，争取让持有人有更强的盈利体验。另一方面，正确引导投资人预期，建立正确的风险收益观，要获得高收益就要承担较高的风险，如果不想承担风险，就应接受较低的收益，这种观念是净值型产品生存的基础。

此外，基金业要坚持价值投资的正确方向，发展多元化投资风格。价值投资在中国已经生根发芽，中国基金业已经找到了做大权益基金的金钥匙。价值投资在2003年左右开始被中国投资界了解和运用。经历了多次市场涨跌和风格轮换的考验，价值投资的基本理念和原则得到了基金行业广泛的认可和遵从。价值投资的优点很多，比如长期业绩胜率最高，有利于团队作战从而更适合机构投资者运用等，但还有一个更大的优点：它的理念非常清晰和简单，通过价值投资不仅能赚到钱，而且还能说清楚凭什么赚到的钱。这就比较容易赢得投资者的信任和支持，有利于做大做强权益基金。

（四）基金业面临的挑战和机遇

近几年来，我国公募基金市场发展取得了可喜的成绩，公募基金行业的规范性、专业性和受托理财的文化应该说领先于大资管行业，在百姓理财、养老金管理等方面树立了标杆。这些改变得益于基金市场的对外开放，对外开放为我国基金行业引入先进的制度经验和管理思想，极大地推动了我国基金行业规范发展的进程。从2002年兴办合资公司以来，外资一些成熟的内控制度和经验就开始在我国的基金行业落地，市场的竞争也推动了全行业更加重视内控制度的建设，对改善公司治理水平也起到了重要的作用。

从基金业发展和对外开放的历程来看，我国公募基金监管也始终是与国际市场同步接轨，并且持续完善，较好地兼容了我国资本市场的实际和国际市场的理念，构建了信息披露制度、公平交易制度、公司内控制度、公允价值制度等一系列、一整套的体系，所以目前“卖者有责，买者自负”的信托文化和理念应该说是深入人心，这些都为公募基金的发展奠定了坚实的基础。不过由于中国的基金市场和国际市场相比还有自己的特点，这就为中外资基金管理公司带来了一定的挑战和机遇。

我国基金业面临的挑战有以下几个方面：

第一，从投资者的生态看，我国是以散户为主的投资机构，而且这个现象可能要在相当长的时间内存在。目前，从我国的基金有效账户来看，2019 年已经突破了 6 亿元，其中 99% 都是自然人投资，自然人投资者持有全部公募基金资产占比大约为 50%，机构持有 50%。但是在我国的公募基金当中，养老金持有公募基金的资产比重还不到 1%，当然，养老金大部分是通过基金专户来管理的，没有大规模进入公募基金的资产当中，这和美国公募基金市场养老资产占了 40% 相比差得很远。这也是我国基金当中缺少长期稳定的资金，导致权益类的公募基金发展比较缓慢的原因之一。另外投资行为短期化也是一个很重要的原因。

第二，从运营的生态来看，我国是以银行和第三方销售主导的客户服务体系，不利于基金管理公司的公平竞争和良性发展。银行系的合资公司和非银行系的合资公司一方面在渠道资源方面有很大的差异，另一方面在销售费用体系方面也不尽合理。自然人也包括一部分机构频繁申赎，既伤害了基金管理人，同时也伤害了基金投资者的长期利益。

第三，从监管生态来看，大资管还没有实现有效的功能监管。公募基金受到的监管比较严格，尽管大资管办法与基金法在监管理念、原则、方向上趋同，但监管主体、监管对象和监管规则不尽一致，资产管理业的功能监管还有很长的路要走。这种情况也不利于各类资产管理机构公平地竞争。

尽管存在一些挑战和困难，但全球化时代为基金行业带来的机遇也是巨大的。基金业一直是金融对外开放的排头兵，也是对外开放的受益者。特别是 2020 年上半年，尽管受到全球新冠肺炎疫情蔓延的影响，但是我国的基金市场发展得很快，整个基金市场的发行迎来了一个轰轰烈烈的发行潮。从全球来看，2020 年第一季度，全球开放式公募基金的规模仍在持续地增长，但是中国的增长速度显著超过其他国家。截至 2020 年第一季度，我国的公募基金的排位已经升到了第五位，超过了法国、英国、日本、澳大利亚，取得了长足的进步，但是我们也要看到，跟发达国家市场相比，我国还是有短板，其中最大的短板是权益型的公募基金占比较低、发展速度比较慢。

未来我们应该进一步积极地扩大对外开放，推进基金行业的生态建设，立足统一市场要求，对内资和外资要提供更加公平的竞争环境，主要从以下几个方面入手：

第一，推动鼓励长期资金和长期投资的制度建设，优化资本市场的生态。养老金、保险资金应当成为公募基金投资的基石，大量财险的资金也应当制度化地通过大类资产的配置来持有合适的资产，大类资产配置的产品要专注于匹配不同人群的生命周期和风险偏好的需求，提供资产配置和风险管理的解决方案。大类资产配置产品以各类公募、私募基金为主要投资标的，而公私募基金挑选优质公司的股份或者债券，并且以构建特定投资组合为目的，将资金配置到各类基础资产上，由此形成从大类资产产品到基金投资工具，再到基础资产这样一个有机的生态，来进行长期的投资。

同时要鼓励长期资金，发展长期投资，公募基金公司本身需要进行改革，公募基金公司自身怎样来健全长期资金的制度约束，也很重要。现在有的资产管理公司在这个方面做了很好的探索，如怎么样改革基金公司的经营理念和考核机制，寻找选择合格的客户。作为基金管理公司，一定要选择适合自己的长期投资的客户，不是说盲目地追求资产规模。只有通过一系列产品的设计和服务的方案，改变基金持有者的短期行为，这样才可以增加长期资金的来源。所谓的短期资金其实通过制度设计、产品设计和服务方案，是可以变为长期资金来源的。

第二，积极推动基金的费率体系改革，要确保基金销售运营的过程和投资者的利益保持一致。我们当前向管理人收取基金产品销售的佣金，基金销售大部分依赖银行和第三方销售，同时也向投资者收取投资顾问服务的费用，这个也确实削弱了基金销售当中投资者利益的保护。特别是现在投资者的适当性管理，应该说还没有完全得到落实。所以，应当借鉴境外的经验，改革费率体系，从产品返佣的模式转向管理费模式，也就是说不再从产品发行人那里获得佣金，而是依照不同的规模，向投资者收取固定的费用，免得投资者频繁地申赎，加重其负担。这样做既有利于改善基金产品的销售行为，降低投资者的成本负担，也能够很好地引导投资者来长期投资，壮大权益型基金的投资基础。

第三，要推进功能监管和境内外监管协调，应当把公募基金、私募基金和公私募资产管理业务统一到《基金法》下，进一步提升功能监管的有效性，减少监管套利，促进市场的公平竞争。

四、期货资管：再创新高、抗疫扶贫

（一）交易规模再创新高

据中国期货业协会最新统计资料，2020 年 11 月全国期货市场交易规模较上月增长，以单边计算①，当月全国期货市场成交量为 640501544 手（表 4－11），成交额为 464918.50 亿元，同比分别增长 63.99% 和 70.26%，环比分别增长 35.09% 和 40.21%。1—11 月全国期货市场累计成交量为 5379951101 手，累计成交额为 3824539.94 亿元，同比分别增长 50.45% 和 45.57%。

表 4－11　2020 年 11 月分交易所成交情况

交易所名称	本月成交量（手）	上年同期成交量（手）	同比增减（%）	上月成交量（手）	环比增减（%）	本月成交量占全国份额（%）
上海期货交易所	175099284	137418373	27.42	135737059	29.00	27.34
上海国际能源交易中心	7713730	2076810	271.42	4765875	61.85	1.20
郑州商品交易所	199217506	88137636	126.03	153070684	30.15	31.10
大连商品交易所	248306366	156951855	58.21	173411378	43.19	38.77
中国金融期货交易所	10164658	5990554	69.68	7140527	42.35	1.59
全国期货市场交易总额	640501544	390575228	63.99	474125523	35.09	100.00

注：由中国期货业协会数据整理所得。

分交易所来看，如表 4－11 显示，上海期货交易所 11 月成交量为 175099284 手，成交额为 141634.23 亿元，分别占全国市场的 27.34% 和 30.46%，同比分别增长 27.42% 和 59.75%，环比分别增长 29.00% 和 33.41%。11 月末上海期货交易所持仓总量为 6898048 手，较上月末增长 0.89%。1—11 月上海期货交易所累计成交量为 1817203015 手，累计成交额为 1211082.36 亿元，同比分别增长 42.48% 和 38.16%，分别占全国市场的 33.78% 和 31.67%。

① 本部分所有数据均来源于中国期货业协会。

上海国际能源交易中心11月成交量为7713730手，成交额为13210.87亿元，分别占全国市场的1.20%和2.84%，同比分别增长271.42%和56.14%，环比分别增长61.85%和61.89%。11月末上海国际能源中心持仓总量为375226手，较上月末下降4.65%。1—11月上海国际能源中心累计成交量为48244300手，累计成交额为111534.13亿元，同比分别增长44.65%和下降23.90%，分别占全国市场的0.90%和2.92%。

郑州商品交易所11月成交量为199217506手，成交额为70059.39亿元，分别占全国市场的31.10%和15.07%，同比分别增长126.03%和118.64%，环比分别增长30.15%和25.52%。11月末郑州商品交易所持仓总量为9885824手，较上月末增长11.53%。1—11月郑州商品交易所累计成交量为1454397230手，累计成交额为511649.99亿元，同比分别增长44.07%和39.52%，分别占全国市场的27.03%和13.38%。

大连商品交易所11月成交量为248306366手，成交额为138108.70亿元，分别占全国市场的38.77%和29.71%，同比分别增长58.21%和80.32%，环比分别增长43.19%和54.85%。11月末大连商品交易所持仓总量为11349381手，较上月末增长3.37%。1—11月大连商品交易所累计成交量为1954956978手，累计成交额为936376.38亿元，同比分别增长63.28%和53.40%，分别占全国市场的36.34%和24.48%。

中国金融期货交易所11月成交量为10164658手，成交额为101905.31亿元，分别占全国市场的1.59%和21.92%，同比分别增长69.68%和51.39%，环比分别增长42.35%和41.03%。11月末中国金融期货交易所持仓总量为838997手，较上月末下降0.15%。1—11月中国金融期货交易所累计成交量为105149578手，累计成交额为1053897.08亿元，同比分别增长74.59%和68.07%，分别占全国市场的1.95%和27.56%。

总体来看，2020年前11个月的成交量已经远超2019年全年成交量39.62亿手和2016年全年成交量41.37亿手，并创出同期历史新高，12月全国期货、期权成交量和成交额较11月进一步增长。

从品种价格走势来看，有色金属在11月整体表现突出，上海铜期货价格较3月下旬的低点已上涨六成，并创下7年来新高，铝价也突破16000元/吨关口，创下两年来高点，锌、铅、镍价格也均回到一年来的高点附近。这一方面是由于国内经济强劲复苏，规模以上工业增加值已连续7个月高于上年同期，制造业需求向好；另一方面是因为全球范围内新冠疫苗研发不断取得进展，叠加宽松的货币环境，市场对于经济前景感到乐观。从更长期来看，全球范围内多个国家出台发展电动汽车的政策，也推动了有色金属的表现。

此外，11月原油价格波动剧烈，国际原油当月涨幅逾25%，上海原油期货当月涨幅也近20%。12月3日举行的欧佩克+部长级会议的最终决议直接影响市场情绪与2021年油市的供需格局，另外，地缘政治风险加剧，风险事件需密切关注。

（二）期货行业抗疫扶贫工作显著

2020年是全面打赢脱贫攻坚战收官之年，年初以来暴发的新冠肺炎疫情更是给脱贫攻坚带来了新的困难和挑战。中国期货业协会（以下简称“中期协”）坚决贯彻落实习近平总书记关于疫情防控和脱贫攻坚的重要指示精神，积极引导行业机构一手抓疫情防控，一手抓脱贫攻坚，切实把各项工作抓实、抓细、抓落地，坚决打赢疫情防控阻击战和脱贫攻坚战。

面对突如其来的新冠肺炎疫情，中期协分别于2020年1月28日、29日向全体会员发出“众志成城抗击疫情”的倡议和向疫区捐款捐物的通知，并联合国内4家期货交易所共同向湖北省重点疫区捐款4000万元。期货行业机构积极响应协会倡议，在贯彻落实各项疫情防控指示精神的同时，勇于担当、主动作为、切实履行社会责任，累计捐赠资金及紧缺物资4000多万元，为疫情防控纾困解难。另有多家期货公司及其风险管理子公司利用期货、期权等金融衍生品工具，为“三农”和实体企业解决价格波动大、原材料采购难、疫情防控等困难。

在做好疫情防控工作的同时，为进一步推进行业脱贫攻坚工作，在中国证监会期货部、扶贫办等单位指导下，一方面，中期协充分利用微信群、电话、邮件等即时通信方式及时向行业机构传导党和国家脱贫攻坚最新政策精神和各项决策部署，鼓励行业机构努力克服疫情影响，因地制宜、分类施策、转变工作方式，扎实有效地推进脱贫攻坚相关工作。另一方面，中期协主动加强与贫困地区相关政府部门的沟通联系，督导已开展的帮扶项目顺利推进、取得实效，深入了解新形势下相关贫困地区的帮扶需求。

截至2020年9月30日，结对帮扶方面，已有111家期货经营机构与217个国家级贫困县（乡、村）签署了384份结对帮扶协议。资金投入方面，行业累计投入扶贫资金达5.76亿元。专业扶贫方面，期货经营机构通过“保险+

期货”模式为贫困地区的天然橡胶、玉米、大豆、鸡蛋、苹果、棉花、白糖、红枣等品种提供了价格保障，承保货值约187.19亿元；帮助29家贫困地区企业成为期货交易所交割仓库；为贫困地区实体机构或个人提供合作套保、点价、场外期权等风险管理服务方案118个，名义本金约10.63亿元；累计举办专业知识培训878场，参加培训人员累计51919人次。消费扶贫方面，通过消费扶贫的形式共签署544个购销合同，商品价值共计约3269.21万元。其他方面，期货经营机构录用贫困地区毕业生（实习生）共708人、残疾人25人；在贫困地区设立分支机构7个、派遣61名驻村人员到村到户开展扶贫工作；帮助贫困地区相关主体设立网店、电商、网站等销售平台共68个。

从具体例子来看①，2020年7月3日，中信期货在中国证监会定点帮扶县河南省桐柏县，采购当地的特色农产品香菇和豆筋各1160斤，合计金额150800元。在贵州六盘水市盘县采购面条6960包，合计金额71456元。据悉，中信期货积极开展消费扶贫，通过“以购代捐”的方式，带头转变消费观念、购买扶贫产品，帮助更多贫困群众脱贫增收。

2020年7月14日，弘业期货在江苏省徐州市铜山区实施的玉米“保险+期货”项目成功在大连商品交易所备案。弘业期货携手人保财险徐州分公司，为当地刘集、何桥、黄集和柳泉等乡镇的13.67万亩、7.5万吨、价值1.59亿元的玉米现货提供价格保障服务，涉及玉米种植户2.14万户，其中贫困户1000余户。该项目得到了铜山区政府的高度重视，成立了由徐州市农业农村局、市财政局、期货公司、保险公司等相关单位组成的项目工作领导小组，铜山区政府将配套总保费80%以上的资金用于支持该项目，并为项目落地提供全方位支持。

2020年8月21日，永安期货实施的猪饲料成本价格保险在甘肃省镇原县成功落地，保险产品出单工作顺利完成。镇原县为国家级贫困县，畜牧业是当地支柱产业之一，饲料成本是影响养殖企业和养殖户收益以及整个生猪养殖产业发展的主要因素之一。项目以大商所猪饲料成本指数计算得到的猪饲料成本为保险标的，旨在保障猪饲料成本价格，加快生猪稳产保供工作。项目是“大商所农民收入保障计划”专项扶贫项目，覆盖镇原县5个合作社、建档立卡贫困户1222户，涉及生猪养殖量4万头，保障期限为4个月，保障总金额约

① 本部分仅列举部分例子。

3257 万元。

2020 年 9 月 17 日，中信建投期货赴重庆市彭水苗族土家族自治县开展教育扶贫，为彭水县靛水街道文武小学校的贫困儿童捐赠 50 个大礼包，内含学习用具、体育用品、课外读物、工具书（新华字典）和生活用品（毛巾、水杯、棉被、护眼灯）等物资，价值共计 25000 元。该活动是重庆市红十字基金会主办、中信建投期货重点参与的 2020 “精准扶贫·与爱同行”系列活动之一，系列活动共有 200 余家机构参与，共计捐赠资金约 180 万元，是一场广泛汇聚社会力量，有广度、有温度的帮扶活动。

2020 年 9 月 29 日，中期协正式向中国证监会办公厅报送《关于“保险 + 期货”试点情况的报告》（以下简称《报告》）。《报告》是中期协按照中办信息调研任务要求，结合行业实际，基于“保险 + 期货”业务开展情况组织撰写的专题报告。报告全面呈现了自 2016 年以来“保险 + 期货”试点项目开展的总体情况，并就“保险 + 期货”业务模式的优化提出了相关政策建议，以进一步推动“保险 + 期货”功能作用发挥，服务脱贫攻坚、乡村振兴、三农发展等国家战略。为做好本次报告撰写工作，中期协前期通过问卷调查、交易所调研等方式开展了广泛的基础信息收集工作，派员分别赴黑龙江省桦川县、陕西省富县开展了试点项目实地调研，并依托中期协社会责任委员会、汇聚行业力量组建了报告撰写工作小组。

（三）权益类场外衍生品成为期货市场新宠

在国内股市交投活跃的背景下，以股票 ETF、股票指数、个股为标的的权益类场外衍生品正成为市场的宠儿。2020 年，业内风险管理公司在发展商品场外衍生品业务的同时，积极探索、不断创新，发力权益类场外衍生品市场，不仅提升了自身的核心竞争力，更拓宽了期货行业服务实体经济的广度与深度。

数据显示①，截至 2020 年 10 月末，风险管理公司权益类场外衍生品实际持仓名义金额达到 432 亿元，较上年底增长超过 3 倍。从产品类型看，除普通期权外，组合期权，凤凰、雪球等结构化期权逐渐被客户接受。中信中证资本和银河德睿是业内开展权益类场外衍生品业务较早的两家风险管理公司。截至 10 月末，银河德睿权益类场外衍生品业务持仓名义金额达到 138 亿元，同比增长近 10 倍。

① 数据来源于中国期货业协会。

权益类场外衍生品火热受到多方因素的推动，一方面，股市火热催生客户需求，2020 年在有效控制住新冠肺炎疫情后，中国经济一枝独秀，国内股市备受各路资金追捧。受限于传统多头市场的特征，融券卖空困难且成本较高，加之场内金融衍生品品种较少，权益类场外衍生品成为各类投资者对冲股市风险和投资的重要工具。除市场因素外，客户接受度不断提高，成为 2020 年权益类场外衍生品业务大发展的重要推手。风险管理公司与券商一起对市场进行培育，提供更丰富、更优质的风险管理工具来满足客户的个性化需求，提升了客户对结构化期权产品的认可度。2020 年以来，部分风险管理公司引入了凤凰、雪球等结构化期权，提供了客户做空波动率的交易结构，不仅满足了客户的类固收交易需求，同时也降低了风险管理公司自身的 Gamma 风险。

另一方面，机构客户成主要服务对象，在如今的期货市场中，机构投资者的资金量占比已超过六成，持仓量占比超过五成，期货市场“机构化”趋势越发明显。场外市场同样如此，商业银行、券商资管、公募基金、私募基金纷至沓来，成为风险管理公司权益类场外衍生品的主要交易对象。目前，客户对权益类场外衍生品的需求更加丰富，不同风险偏好的客户会选择不同的产品。以目前市场中较为热门的雪球式结构产品为例，其可以在客户愿意承担一定的尾部风险的基础上，实现相对固定的收益。对保守型客户而言，我国财富管理领域正缺乏这一类型产品。通过风险管理公司量身定制的权益类场外衍生品，机构客户不仅可以对冲风险，而且能够实现在风险降低的基础上，起到不减少其原本收益预期的良好效果。

此外，更重要的是，在权益类场外衍生品业务规模迅速增长的背后，监管部门正不断完善相关管理规定，以维护风险管理公司权益类场外衍生品业务的健康发展。2020 年 10 月 30 日，中国期货业协会发布《关于进一步明确权益类场外衍生品标的范围的通知》（以下简称《通知》），进一步明确了风险管理公司开展权益类场外衍生品业务的标的范围。《通知》“拉平”了证券期货行业间的自律监管安排，既有助于风险管理公司充分发挥衍生品团队的专业能力，又能满足实体产业的风险管理需求、丰富资产配置渠道。同时，《通知》为风险管理公司发展营造了更良好的政策环境。新的场外衍生品标的划分合理地扩大了标的池，同时对接券商的监管要求，做到了一致性。

面对火热的市场需求，各期货机构要增加产品奇异度，不断满足客户多样化需求。事实上，权益类场外衍生品已成为风险管理公司为客户量身定制，满足客户风险管理、资产管理、股权管理等特定需求的结构性金融衍生工具。为了满足客户的多元化、个性化需求，权益类场外衍生品奇异度正不断增加，除简单期权及其组合外，已经出现二元、雪球、亚式、区间累计、单鲨等十多类奇异期权。日渐丰富的期权结构是场外市场发展必经之路。从一致化到个性化，从单一性到多样性，是每家风险管理公司的共同发展目标，奇异度增加不但满足了客户对不同市场观点的表达与变现，同时还优化了资金使用效率。

从市场前景来看，权益类场外衍生品发展空间广阔。行业内专家普遍表示，当前权益类场外衍生品尚处于初始发展阶段，未来仍有广阔的发展空间。瑞银非银金融团队此前的研究称，中国场外交易衍生品名义交易额还不到对应市场总市值的 1%，而美国为 78%。权益类场外衍生品是场外市场的重要组成部分。根据境外市场的经验，从规模来看，权益类会比商品类要大很多。未来的权益类市场将会延续 2020 年高速增长的势头。今后权益类场外衍生品的客户接受度会进一步提升，期权逐渐会成为股票多头策略和中低频量化交易策略的一个投资标的。此外，指数类期权将会迎来更强的增长势头，未来或形成指数与个股之间的期权套利交易模式，进一步促进权益类场外衍生品市场的发展。

（四）期货市场发展方向

根据对 2020 年中国期货期权市场交易和行业发展方面的回顾，2021 年中国期货市场发展可能有以下主题。

1. 推进“一带一路”国家期货市场布局

“一带一路”建设既为大宗商品期货市场带来广阔的空间，也为中国期货市场打造区域定价能力提供了机遇。把握“一带一路”建设带来的机遇，找准“一带一路”沿线国家的需求，实现共赢，我国期货市场在“一带一路”沿线国家开展国际经贸合作领域中进行风险管理以规避价格风险。“一带一路”沿线国家众多，其原油、铁矿石、天然橡胶和棕榈油等产品产量较大，与中国贸易量也很大，且期货市场发展严重不平衡。这些国家的实体企业和贸易商有巨大的套期保值需求，给我国期货市场的发展带来良好机遇，同时上述沿线国家的投资者还有跨市场套利的需求。随着国内期货市场交割规模稳步增长和现代技术在交割管理中的运用，可以探索“一带一路”沿线国家设立期货交割仓库，继续促进我国期货市场更好服务实体经济的发展。

2. 期货服务实体经济力度将继续加大

一直以来，期货市场个人客户数量占绝对优势，机构客户包括产业客户占比较低，实体企业利用期货市场避险的参与度有待提升。随着期货市场品种供给的增加、市场规模的扩大及市场质量的提升，期货行业全方位、多路径服务实体经济的格局已经形成，实体企业通过期货市场规避风险的意识不断增强，期货市场价格发现和风险缓释的作用得到有效发挥。同时，《期货公司分类监管规定》将期货公司服务实体经济的能力作为重要的评价内容，助推机构客户参与度和交易规模的提升。国内市场涌现了一批以服务农产品、有色金属、黑色能源等板块产业客户为各自特色的期货经营机构。

随着更多期货、期权品种的上市，期货市场服务实体经济的工具和手段更加丰富，2021 年，我国期货市场将继续加大服务实体经济力度。作为期货公司服务实体经济的重要抓手，风险管理子公司可以开展的试点业务包括：基差贸易、仓单服务、合作套保、场外衍生品业务、做市业务、其他与风险管理服务相关的业务等。从当前来看，期货公司风险管理子公司的发展前景非常广阔，风险管理子公司或将侧重某项业务，做出亮点形成成熟模式之后，子公司可以在很多业务上实现深入创新。在《期货公司风险管理子公司业务试点指引》下，风险管理子公司在未来展业过程中将能够更加清晰自己的职能和定位，能够更好地对公司进行内部管理和明确分工，从而更好地服务实体经济。

3. 推进大型金融机构参与期货市场

当前，商业银行、保险公司、公募基金和私募基金等参与期货市场还有一些政策限制，有关部门将继续推动取消有关政策限制，在风险可控的前提下研究推进商业银行、保险公司等其他金融机构有序利用期货期权市场进行资产配置和风险管理业务。特别是在外资持股比例和中国金融市场逐步放开的当先，推动金融机构参与期货市场对冲现货资产价格波动风险和直接投资期货衍生品进行资产配置是完善国内期货期权市场的重要发力点。

经过 30 多年的发展，我国大宗商品期货市场越发完善，已经具备成为财富管理配置资产的基本条件。一是我国大宗商品期货市场规模不断扩大，交易量和交易额已经成为世界之最；大宗商品期货市场主要参与力量已经开始向机构化、专业化方向发展。二是国内大宗商品期货价格的风险回报特点使其具备大类资产配置的价值。三是以大宗商品为基础资产的金融产品占整体资管产品的比重还很低。因此，稳步推进金融机构参与期货市场交易，提升金融机构在期货市场的财富管理配置规模至关重要。

五、券商资管：调整结构、深化开放

2020 年 11 月，中国证券业协会向会员单位下发了《证券公司 2020 年前第三季度经营情况分析》（以下简称《分析》）。《分析》显示，2020 年前三季度，全行业 135 家券商主营业务全面增长，净利润同比增长 42.51%，增速均较 2020 年上半年有所提高。值得注意的是，随着金融双向开放的推进，前三季度外资券商经营业绩实现快速增长，合计净利润同比增长 64.61%；而内资券商国际竞争力有待加强，内资券商去通道效果显著，资管业务净收入明显提高，业务结构持续优化。

（一）资管业务净收入提高，行业开放持续深化

《分析》显示，资管新规发布以来，证券公司资管业务经过调整，整体规模处于下滑趋势，但业务结构持续优化，盈利能力有所增强。截至 2020 年第三季度末，受托资金期末余额为 11.23 万亿元，较上年末下降 8.55%，较上年同期下降 11.62%。

其中，定向资管规模同比下降 22.32%，集合资管规模同比上升 25.49%。前三季度，全行业实现资管业务净收入 212.64 亿元，同比增长 11.54%，收入显著提高。行业资管业务平均费率为 0.19%，同比增加 0.04 个百分点；其中，公募基金、集合及定向资管业务平均费率分别为 0.83%、0.43%、0.09%，同比分别增加 0.08 个百分点、0.06 个百分点、0.02 个百分点，资管业务收入质量显著提升。

值得注意的是，《分析》显示，证券行业资管业务集中度持续提升，截至第三季度末，券商资产管理受托资金规模排名前十位的券商合计规模占比为 52.16%，资产管理业务净收入排名前十位的券商合计规模占比为 55.11%，占比分别同比增加 3.94 个百分点和 3.52 个百分点，集中度明显提升。

在国际化方面，《分析》显示，截至 2020 年第三季度末，行业已有 17 家外资参控股证券公司，其中外资控股证券公司 9 家。前三季度外资券商经营业绩实现快速增长，合计实现营收 224.77 亿元，净利润 73.93 亿元，同比分别增长 35.55%、64.61%；行业占比分别为 6.57%、5.57%，同比分别提升 0.22 个百分点和 0.75 个百分点。17 家外资证券公司第三季度末总资产为 5072.44 亿元，净资产为 1371.52 亿元，同比分别增长 28.90%、17.18%；行

业占比分别为 5.92%、6.12%，同比分别提升 0.31 个百分点和 0.23 个百分点。

此外，内资证券公司加速国际化布局，截至第三季度末，有 34 家证券公司设立境外子公司，境外子公司总资产为 1.13 万亿元，净资产 1152.39 亿元，同比分别增长 46.61%、6.53%。境外子公司前三季度实现营收 235.13 亿元，同比增长 5.59%；实现净利润 38.28 亿元，同比下降 4.09%。境外子公司盈利能力尚需提升，国际竞争力有待进一步加强。

总体来看，金融业开放不仅能增加金融要素供给，还能增强金融制度供给，有利于提升金融服务实体经济的效率和能力，助力中国经济高质量发展，促进国际监管合作。外资进入或将产生“鲇鱼效应”，倒逼证券行业加快改革，内资券商“马太效应”趋势或更将明显，头部机构“强者恒强”，中小券商需以优质特色业务取胜。

（二）资管业务困境中艰难生存

2020 年，券商资管迎来了一些好消息，先是资管新规过渡期延长，再是公募牌照申请放开，让已经愁眉不展 6 年的券商资管暂时松了松神经。在整个大资管的成员里，因为通道、杠杆早在资管新规之前就被管得死死的，券商资管备受约束。时至今日，站在大资管转型的起跑线上，券商资管不得不重新思考自己的定位和方向，未来券商资管对标的不是银行理财和信托，而是在标准化投资中摸爬滚打了 20 多年的公募基金。如何利用自身的优势，在夹缝中求得一席之地，是券商资管将要面对的新课题。

1. 券商资管历年改革

从 1999 年券商资管正式诞生起，经历了多次变革。2001 年，证监会下发《关于规范证券公司受托投资管理业务的通知》，明确综合类证券公司可以开展资产管理业务，自此资管业务正式纳入券商法定经营范围。当时的券商资管业务允许券商开展受托投资，投资股票、债券等标准资产，即委托理财，但不得向委托人承诺收益或分担损失。但是 1999 年“5·19”行情的出现，被利益冲昏头脑的券商没有守住这一底线。违规操作的严重后果随着 2001 年 6 月股市触定下跌而迅速暴露。

从 2001 年 6 月开始，股市持续低迷，证券公司大量的保本委托理财到期无法偿还，于是开始挪用客户资金来弥补委托理财缺口。根据证监会在清理证券公司问题时的估计，当时整个证券行业涉及挪用客户资金超过 600 亿元，而整个证券行业 2004 年的净资产规模也只有 600 多亿元，为了应对每年年末审计报告，证券公司还需要从银行间市场等地方拆借资金以充实账面。违规代客理财导致证券公司经营状况持续恶化，自 2001 年开始，连续 4 年出现行业性亏损。经证监会整治之后，当时的行业巨头南方证券、华夏证券及诸多券商消失在历史长河中。针对资管业务，2003 年证监会陆续出台了《关于证券公司从事集合性受托管理业务有关问题的通知》等监管文件，要求新增的集合产品停发，存量的集合按照规定整改，对受托投资业务进行规范整治。2004 年，证监会下发了《关于证券公司开展集合资产管理业务有关问题的通知》，规定集合理财在当时属于创新业务，仅允许通过证券业协会评审通过的创新试点类证券公司开展集合资管业务，明确集合资管业务按照先试点、后推开的原则，集合产品和 ABS 业务需要发行前审核、发行成立后报备。

当时对券商资管的管控十分严格。直到 2005 年，证监会才开始陆续审批光大证券、东方证券等券商的集合资管产品。在 100 多家证券公司中，2007 年下半年仅产生了 29 家创新类证券公司可以开展集合资管业务。在信托和公募借助 2005—2007 年牛市疯狂扩张的时候，券商资管规模增长非常缓慢，2005 年只有 500 亿元左右，2007 年增至 820 亿元，2008 年增至 919 亿元。

在经历了长达 10 年的低谷期后，终于在 2012 年迎来了转机。在 2012 年 5 月的第一届券商创新大会上，时任证监会主席郭树清公布了“创新十一条”后，不少券商人士信心满满，甚至预测开放后的券商资管业务将逐步蚕食和取代信托公司的市场地位，在资管行业中占据核心地位。“创新十一条”新政总结就是：放宽对券商资管业务的审批管制，改为事后备案制；放宽投资范围，定向产品的投向由合同约定，大集合允许投资中票、银行理财产品，小集合允许投资信托计划、银行理财产品；允许设立分级产品。有了定向产品的投向由合同约定这一松绑政策，彼时恰好做了几年银行通道的信托在银保监会的监管要求下开始控制，于是券商开始抓紧抢占信托的份额，大做“通道”业务，开启银证合作时代。2012 年还诞生了券商的首只现金管理类产品（保证金产品）——“国泰君安现金管家”。自此券商资管行业迅速发展，2012 年当年券商资管的规模就从 2011 年的 2800 亿元增加至 1.89 万亿元，增长约 5.75 倍。而券商的大集合也是过得相当滋润，处于四不管的状态。券商的一法两则只对小集合进行了限制，没管大集合。于是有些大集合就通过修改合同，允许投信托、投股票质押之类的非标资产。错过了上一轮牛市，再也不能放过 2015 年的牛市，券商资管大搞结构化产品、股票质押业务、类信贷的非标收益权。到2016年底，券商资管规模冲至17.58万亿元，与信托只有不到3万亿元的差距，公募基金已经跟券商不在一个量级上。

但5年的好日子随着“新八条底线”的出台戛然而止。伴随规模的快速增长，行业风险终于逐渐爆发。2014年下半年，非标项目的风险先在基金子公司中爆发，让券商资管非常紧张；2015年出现股灾，券商资管搞的大量结构化资管产品爆仓；2016年，券商资管嵌套信托的上市公司贷款接连出现风险，引发了不少上市公司违规担保；2017年，再融资新规、减持新规叠加股市下跌，股票质押频频爆仓，定增破发导致保底定增浮出水面；上市公司屡出问题，涉及上市公司上下游的企业也开始频频爆雷，2018年信用债违约不断创新高。

2016年7月，在“原八条底线”的基础上，出台了针对证监体系的私募资管业务暂行管理办法，俗称史上最严资管“新八条底线”，券商资管从创新模式进入严监管模式。新八条最直接的影响是券商资管高杠杆产品的终结（杠杆比例只能1:1）和资金池业务的萎缩，券商资管逐渐被银行理财打入冷宫。2016年第三季度券商资管规模的增速明显放缓。2017年初，银监会又连续出台了一系列针对银行理财、同业业务的监管文件，券商资管的银行通道业务被迫收缩。没了银行通道业务，券商资管在2017年4月冲到峰值18.58万亿元后，开始连年下降。

最厉害的限制还是来自2018年的资管新规，证监会针对证监体系下的私募资管业务出台了资管新规配套细则，针对存量不合规业务要求进行整改，在过渡期内要逐步压缩，每月上报整改台账；针对大集合，2018年11月28日，中国证监会发布《证券公司大集合资产管理业务适用〈关于规范金融机构资产管理业务的指导意见〉操作指引》，规定存量大集合应比照公募基金进行运作和管理。自此，券商资管开始进入漫长的整改期。

从此以后，券商资管在资管界的声音越来越弱，尤其是原来非标业务占比高的券商资管，基本就在做两件事：一是对私募资管产品（小集合）按照资管新规的主动管理、产品净值化、投资比例限制等要求进行整改；二是对比大集合进行公募化改造，根本无暇做增量业务。

2020年8月7日，券商版《现金管理产品运作管理指引》发布，券商保证金产品的改造路径明确。整改压力主要集中在一次性补足风险计提和不可提取业绩报酬的要求。如果靠规模、靠提高管理费创收，券商资管没有太多优势。好在一直紧绷神经多年的券商资管终于迎来喘息机会。资管新规过渡期延期一年，为券商资管的大集合公募化改造和私募产品整改留出更多时间。据不完全统计，已经有中金公司、浙商证券、中信证券、国泰君安、太平洋证券等 10 家券商完成了 22 只大集合产品的公募化改造。

但券商向主动管理的大方向转型并没有改变。证监会发布《公开募集证券投资基金管理人监督管理办法（征求意见稿）》，进一步放宽了“一参一控”限制。以往，同一家券商只能控股一家公募，如果旗下有基金公司，券商资管就不能申请公募牌照了。这也意味着，更多券商资管有了申请公募牌照的机会，可见监管希望券商资管向主动管理转型的热切期望。截至 2020 年第三季度，已经有 7 家券商资管子公司和 5 家券商有公募业务资格。但是上述征求意见稿要求符合近三月权益类资产的规模不低于 50 亿元的条件才能申请公募基金管理人资格，这又增加了申请难度，倒逼券商资管提高权益投资的比重。

2. 券商资管转型方向

整改艰难，但业务也不能停滞不前。证券公司的转型也离不开资管部门的发展。如果不能利用好这张资管牌照，证券公司只能以经纪、投行这类中介、通道业务为主。最近几年资管业务占证券公司的整体收入比重逐渐提高，随着证券公司向综合财富管理服务机构转型，资管业务势必是转型过程中不可缺少的重要板块。

（1）产品超市 VS 专卖店

是做产品超市还是走专卖店路线？怎样转型主动管理？针对这些问题，券商资管在战略上可以根据资源禀赋选择做全能型还是专业精品型，但是产品线还是要尽量健全。通过有不同时间期限、不同资产类型、不同产品结构、不同投资策略的产品种类，满足不同客户群体根据自身需求选择产品，管理人再通过投研能力、资金性质、产品设立统筹规划帮助投资者获取长期收益。也可以选择做专卖店型，只卖特色、只卖爆款，但这种路线的一个风险是，投资端资产是具有周期性的，如果碰上擅长的领域行情不好，就非常难熬。另外，最近资本市场利好政策频出、热点丰富，建议抓住热点，推出相应策略的产品。比如拥抱科创板、布局新三板精选层、跟踪注册制后创业板的投资机会。

（2）发挥牌照优势，发展资产证券化和股票质押业务

尽管信托一直想挤近交易所 ABS 的市场，但是目前为止也只有两家信托获得了交易所 ABS 的管理人资格。不管是从服务数量、行业广度还是从承做专业

度，券商资管占有绝对优势。有的券商资管嫌弃 ABS 业务不赚钱，资金、资产两头在外，券商只提供一个牌照。但是，跟投资债券股票不一样，ABS 业务客户黏度较高，因为需要定期做投后回访，平常还有各种事项的信息披露工作，也就是说，隔三岔五就要跟客户沟通、接触，如果服务维护得好，客户一般不会想着换人，这样就会有更多的机会了解客户的其他需求，为其提供更多的服务。千万不要认为 ABS 项目的挂牌就是项目做完了，恰恰这才是业务的开始。

再来看股票质押业务。谈起股票质押可能不少券商资管心有余悸。2017 年至今，就像一场噩梦刚醒来，想平仓的股票不是法规限制平不了，就是暴跌停牌平不了，看着击穿最后的本金保障线，能平仓也不能随便平仓了，不然就是实亏。但客观来说，过去的股质灾难不是这个业务本身不行，而是券商资管在展业时步子迈得太大、杠杆放得太高。如果能反思重塑股票质押式回购的业务逻辑和风控标准，随着注册制的推行、新股发行加快，场内股票质押式回购的业务机会非常可观。这也是除券商自营资金外，全市场只有券商资管能做的业务了。

（3）探索创新业务

在非标转标的监管导向下，公募 REITs、标准化票据为券商资管提供新的业务机会。但这些业务需要前期耕耘和布局，比如公募 REITs 项目，规定能够开展的领域主要是仓储物流、机场港口等市政设施、产业园区基础设施，不含住宅和商业地产。一方面这类资产的获取比较考验和当地政府的关系，另一方面这类业务对公司的要求很高，要设立独立的部门、要有基建行业的运营经验等，需要券商资管花力气、花资金引入团队、培育项目。

3. 券商资管转型案例

（1）中信证券：市占率持续提升，投研体系逐步完善

中信证券资产管理业务以“扩大主动管理规模、发展权益产品、服务实体经济”为导向，不断提升投研专业化，持续完善买方投研体系，大力发展企业年金、职业年金等养老业务，有序推进大集合公募化改造，积极推动银行主动管理业务转型。2020 年 7 月 29 日，中信证券发布 2020 年半年度业绩快报，披露 2020 年上半年的主要财务数据指标。数据显示，2020 年上半年，中信证券实现营业收入 267.43 亿元，同比增长 22.72%；实现归母净利润 89.26 亿元，同比增长 38.47%。对于业绩增长情况，中信证券轻描淡写地形容为“2020 年上半年，公司各项主营业务均实现增长，资产质量及经营业绩保持良好”。

未来中信证券资产管理业务将按照“立足机构、做大零售”的总体发展思路，继续提升投研专业化，积极推进投研成果转化，努力提升主动管理规模和权益产品规模，推动长期资金管理规模的稳健增长；优化客户开发体系，保持养老业务良好发展态势，做好银行业务转型，不断丰富产品种类、优化产品结构，推进客户开发的体系化和区域化，不断拓宽客户渠道、做大零售业务。

（2）东证资管：坚守主动管理，权益产品领先

东方证券资产管理业务主要通过全资子公司东证资管开展，东证资管前身为东方证券资产管理业务总部，团队始建于 1998 年；2005 年首批开展券商集合资产管理业务，发行东方红 1 号集合资产管理计划，“东方红”品牌由此诞生；2010 年由一个业务部门成长为国内首家获中国证监会批准设立的券商系资产管理公司；随着公募基金业务牌照的放开，2013 年成为业内首家获得公开募集证券投资基金业务资格的非基金管理类公司，一直走在券商资管行业发展的前列。

东方证券秉承价值投资的理念，精选优秀公司进行长线投资，致力于分享优秀企业成长所带来的收益，同时积极寻找与价值投资相匹配的长期资金，引导客户长期投资。

在 2012 年券商资管通道类业务大放异彩之时，东证资管坚守主动管理战略，不断提升资产管理专业能力，凭借优秀且持续的投资回报率吸引客户，做大资管规模。集合资产管理业务方面，东方证券已推出超过 40 只东方红系列集合理财产品，涵盖权益、固定收益、量化、折价主题、现金管理等投资领域，拥有东方红系列、东方红 – 先锋系列、东方红 – 新睿系列、东方红 – 量化系列、东方红 – 增利系列等不同风险收益的产品系列，东方红系列产品多次出现单日认购超百亿元的盛况。

（3）浙商资管：区域特色明显，私募 FOF 立品牌

浙商证券作为区域性券商，通过全资子公司浙商资管开展资产管理业务。公司持续完善产业布局，稳中有进，以专业的研究能力和不断创新的产品，推动资管业务不断发展。截至 2019 年末，公司存量资产管理规模 1396 亿元，与上年基本持平；其中主动管理规模 747 亿元，占总规模的 54%，同比提升 10%，其中公募固收和公募权益产品管理规模同比增长 4.5 倍。

浙商证券资管业务以投研建设为核心，坚持创新驱动发展，部分产品业绩表现突出：私募权益产品金惠钛晶 1 号、聚焦定增 3 号等产品持续排名同类前

20%，大集合 FOF 汇金 1 号和公募权益产品汇金量化精选分别取得 41.32% 和 33.84% 的收益率，分别位列券商资管主动管理型 FOF 类中排名第一位和同类基金前 2.23%，逐步树立浙商资管主动管理品牌。浙商资管发挥区域优势，2019 年成功发行了全国首只省域上市公司指数基金——中证之江凤凰 50ETF 指数基金，作为券商资管行业首只权益类 ETF 产品于 2019 年 9 月正式登陆上交所；通过金融与企业产融协同，公司发行了国内首单基础设施类 REITs“沪杭甬徽杭高速 REITs”，产生了良好的品牌效应。浙商资管一直坚持精品化、特色化发展之路，努力实现经营特色与产品业绩的良性互动，以求在差异化服务中获得先机，力争使资管业务成为浙商证券的核心竞争力。

（三）国内券商资管业务发展建议

1. 借鉴美国投行资管业务发展

从美国投行资管业务发展经验来看，美林证券资产管理业务建立了可以投资于几乎所有资产的产品线，客户可以根据自己的需要自主选择产品和服务。跨业务部门合作也是美林证券资产管理成功的关键，美林证券资管规模中有一半左右由其他部门客户转化而来；高盛拥有强大的投行业务体系和机构销售能力，机构客户资金来源较为稳定，同时发挥固收传统优势，固收产品占比高于同业；嘉信理财以折扣经纪商起家，抓住基金交易痛点和互联网发展机遇，推出共同基金账户和在线交易平台聚集了大量客户，通过客户分类提供多样性服务，逐步转型财富管理，业务收入不断多元化，资产管理方面通过标准化服务和低费率吸引客户，以被动管理产品为主。

从选取的具有代表性的美国投行资管业务来看，美国投行资产管理业务还有以下几个特点。

第一，客户端注重客户细分。美国投资银行为更好地向客户提供针对性的服务，针对客户的不同特征和偏好进行细分，在多种资产类别中选择预期收益跟踪误差最小的组合以满足客户的长期投资需求，实现个性化、差别化和专业化的服务。采用单独账户管理，利用全产品优势，只需要确定客户的风险偏好和流动性需求，就可以为客户构建出符合其需求的投资账户，使得客户拥有较大的资产选择空间，随时可以获利了结或止损，并进行个性化的调仓换仓。

第二，产品端产品丰富，结构均衡。美国的资产管理工具主要有三种类型：一是针对高净值客户的个性化理财产品，主要包括银行管理的信托、对冲基金和独立理财账户；二是主要面向大众的共同基金产品；三是长期合约性储蓄工具，主要包括养老基金和投资型保险产品。三种类型产品基本可以满足个人和机构投资者长短期资金的理财需求。从产品结构来看，股票型、债券型、货币型、混合型占比较为稳定，债券型、货币型稳定收益资产管理业务占比达 40% 以上，结构均衡收益相对稳定。

第三，资金端自有资金不参与资管业务。美国投资银行不以自有资金参与资产管理业务，资产管理业务资金全部来源于投资者，且投资收益归投资者所有，投资银行只收取管理费和业绩提成费用，这种运作模式较好地回避了投资银行直接进行证券投资的风险，保证了业务收入的稳定性。

根据美国投行资管业务发展的经验，国内券商可以从下面几个方面进行努力：

对于综合实力较强的头部券商而言，可以借鉴美林和高盛的全产业链发展模式。逐步丰富自身资管产品种类，加强客户细分，满足不同客户资产管理需求。同时做好内部协同，与经纪业务、投行等部门合作增加资金来源，借助投行项目资源设立 ABS 等产品，积极开展衍生品等创新业务。另外，充分利用券商研究所研究实力，加强投研体系建设，逐步增强主动管理能力。

对于大量中小券商而言，可以参考嘉信理财从折扣经纪商向综合金融服务商转型的成功经验，通过技术革新、产品创新聚集客户，逐步增加客户黏性，积累流量优势，在具备流量优势的基础上探索变现途径；加强客户精准分类，深入挖掘客户需求，根据客户特点提供个性化定制产品和服务。

区域性券商可以结合自身特点和资源优势，集中力量深耕部分领域，通过特色产品打造品牌优势。参考嘉信理财基于庞大客户群体和透明定价模式，资管业务以低费率被动型产品为主，同时主打另类资产管理和家族信托等业务；而精品投行拉扎德则偏重主动权益类投资，权益类产品规模占比超过 80%。回到国内市场，某券商资产规模排名行业中游，但是抓住了 2014 年 ABS 实行备案制的风口，集中力量主攻资产证券化业务，快速建立相应研究体系，形成标准化运作模式，2017 年 ABS 发行市场占有率超过 30%，资管规模排名也跻身行业前 20%，形成了独特的品牌效应。

2. 产品多渠道多元化，发挥资管协同效应

从成熟市场经验来看，券商资管应满足客户的多样化服务需求，抓住当前证券市场改革创新的契机，推出多种适合市场需求的创新产品，满足客户的多

样化投资需求。不断丰富产品线，实现业务和产品的多元化，持续进行产品创新，针对客户在风险、收益、流动性等方面的不同需求，不断完备集合产品线，提供匹配客户多样化需求的多元化产品；充分发挥个性化定制特色，进一步拓展以银行资金主动管理、股权质押融资及量化对冲投资等为代表的定向资产管理业务；构造高端客户财富管理平台，为客户提供专业化、一站式理财服务。

券商资管除提升产品多样性外，还应加强渠道建设，包括内部和外部渠道。内部渠道方面，应努力拓宽资源，将产品落实到销售层面。券商资管可与金融市场、经纪业务和自营投资等部门进行合作，相互推荐项目资源。比如传统的经纪业务部门积累了大量的客户资源，资管部可以利用这些资源为客户进行更具技术性的理财管理。外部渠道方面可与互联网代销平台深度合作，积极利用网络平台，相较于线下渠道来说受众面更广，用户体验也更加便捷，目前部分券商将一些流动性强的短期产品进行互联网代销，在获得高额销量同时增强了品牌效应。如某互联网券商持续发力基金第三方销售服务业务，2019 年基金销售额超过6500 亿元，其中非货币基金销售额同比增长 91%，旗下基金网站 2019 年度日均页面浏览量超过 400 万次，对券商资管产品来说具备强大引流效应。

同时还要加强和银行、基金等金融机构的合作，一方面，由于银行自身对于资产管理业务也拥有比较成熟的经验，故在筛选受托人时十分慎重，券商资管通过与银行的合作可以充分利用这些优质的客户资源；另一方面，券商资管可以做一些分级 A、权益产品、利率衍生品和量化投资等，银行由于监管的要求或自身能力的缺乏，没有实施的基础，券商资管可以在这些领域做出更有竞争性、更有特色的产品。

3. 提升投研能力，回归主动管理

自 2018 年资管新规发布以来，各项监管规则、配套细则逐步落地。新修订的《证券法》明确了资产管理产品的证券属性。资产管理机构应当回归主动管理本源，培育资产配置、风险定价、产品服务创新能力，逐步完成净值化转型升级；充分认识自身的优势禀赋和专业特长，合理优化资源配置，构建差异化的核心竞争优势。

在资产管理机构回归主动管理本源的背景下，提升主动管理能力成了券商资管的当务之急。券商资管可以从内外两方面着手，内部可以加强投研人才培

养或者以优秀激励机制吸引卓越投研人才加盟；外部则是发挥券商研究所的特长，打通跨部门合作通道，建立资管部门和研究所的联合研究机制，在产品创新策略研究上多下功夫，这一点也是券商相对于银行信托的优势，应当充分利用。就内外两个方面具体分析如下：

内部研究方面，对部分有意愿且有足够资本的券商而言，可建设一个优秀的投研团队，对内可辅助投资管理，对外可作为自身产品与投顾的卖点，更好地帮助客户建立其自身的投研体系。对有些投入有限、成本有限的券商，可针对某一领域布局，打造在某一方面具有较强实力的精简投研团队，以质取胜。

外部协作方面，券商资管部和研究所对于研究人员专业能力的要求不同，研究所对资管业务提供价值判断和技术支持，相互配合实现利益共赢。资管部可以与研究部门协同，利用其人才方面的优势，从以下三个方面推动业务共同发展。首先，结合资管产品设计和投研人员研究，将研究能力产品化、收入化，研究所可利用自身优势，对资管业务的目标行业、项目进行充分研究，为资管部门提供投资建议，降低业务风险。其次，研究所可为资管部门提供交易策略支持，实时跟进突发事件、政策走向等市场变动，提供兼具时效性和专业性的交易策略，为资管业务的开展提供专业的策略研究服务。最后，资管业务相比投行、经纪业务来说起步较晚，无论是在资金端或产品端均有很大发展空间，资管行业政策也在不断完善，而政策变化在很大程度上决定了行业发展方向，研究所可充分发挥其在政策研究解读上的专业优势，为资管业务发展提供更具方向性的建议。

六、保险资管：稳定增长、机构治理

（一）保险业及其资管规模上涨

1. 保险业总资产平稳增长，持续加强金融服务

2020 年，保险行业增长稳定，截至 2020 年第三季度末①，如表 4－12 显示，保险公司总资产 22.4 万亿元，较年初增加 1.9 万亿元，较年初增长 9.1%。其中，财产险公司总资产 2.4 万亿元，较年初增长 3.9%；人身险公司总资产 19.1 万亿元，较年初增长 12.6%；再保险公司总资产 4949 亿元，较年初增长 16.1%；保险资产管理公司总资产 662 亿元，较年初增长 3.3%。

① 本部分数据来源于中国银行保险监督管理委员会。

表4－12　保险业经营情况表　　单位：亿元、万件

项目	本年累计/截至当期
原保险保费收入	39608
1. 财产险	10048
2. 人身险	29560
（1）寿险	21395
（2）健康险	7162
（3）人身意外伤害险	1004
保险金额	73485118
保单件数	3867017
原保险赔付支出	11082
1. 财产险	5427
2. 人身险	5654
（1）寿险	3197
（2）健康险	2202
（3）人身意外伤害险	255
业务及管理费	4526
资金运用余额	208454
其中：银行存款	25403
债券	76907
股票和证券投资基金	27469
资产总额	225741
其中：再保险公司	4935
资产管理公司	674
净资产	26328

注：由中国银行保险监督管理委员会数据整理所得，表中为最新时间更新，与文中描述数据略有差异。

从收入来看，2020年前三季度，保险公司原保险保费收入3.7万亿元，同比增长7.2%。赔款与给付支出9989亿元，同比增长6.1%。保单件数稳步增长。2020年前三季度新增保单357亿件，同比增长7.7%。

从表4－13偿付能力来看，2020年第二季度末，纳入统计范围的保险公司

平均综合偿付能力充足率为 242.6%，核心偿付能力充足率为 230.4%；99 家保险公司风险综合评级被评为 A 类，72 家被评为 B 类，5 家被评为 C 类，1 家被评为 D 类。

表 4－13　2020 年保险业偿付能力状况表（法人）　（%）

指标/机构类别		第一季度末	第二季度末
综合偿付能力充足率（%）	保险公司	244.6	242.6
	财产险公司	288.1	276.7
	人身险公司	237.3	236.4
	再保险公司	290.3	286.1
核心偿付能力充足率（%）	保险公司	233.6	230.4
	财产险公司	255.5	247.6
	人身险公司	229.3	226.6
	再保险公司	273.9	270.9
风险综合评级（家）	A 类公司	102	99
	B 类公司	72	72
	C 类公司	3	5
	D 类公司	1	1

注：由中国银行保险监督管理委员会数据整理所得。

2. 保险资管业务增长较快

2020 年 10 月，15 家保险资产管理机构[①]及 1 家保险私募基金管理人共登记（注册）债权投资计划、股权投资计划和保险私募基金 38 只，同比增加 153.33%，合计登记（注册）规模 658.74 亿元，同比增加 21.92%。其中，债权投资计划 36 只，规模 536.74 亿元，数量、规模同比分别增加 157.14%、57.73%；股权投资计划 1 只，规模 110.00 亿元，2019 年 10 月未有注册；保险私募基金 1 只，规模 12.00 亿元，数量同比持平，规模同比减少 94.00%。

2020 年 1—10 月，31 家保险资产管理机构及 10 家保险私募基金管理人共登记（注册）债权投资计划、股权投资计划和保险私募基金 314 只，同比增加 66.14%；合计登记（注册）规模 6487.19 亿元，同比增加 47.15%。其中，债权投资计划 291 只，规模 5047.84 亿元，数量、规模同比分别增加 60.77%、

① 本部分数据来源于中国银行保险监督管理委员会。

52.66%；股权投资计划9只，规模200.20亿元，数量、规模同比分别增加200.00%、285.00%；保险私募基金14只，规模1239.15亿元，数量、规模同比分别增加180.00%、18.01%。

截至10月底，累计登记（注册）债权投资计划、股权投资计划和保险私募基金1647只，登记（注册）规模38288.33亿元；其中，债权投资计划1542只，规模31872.60亿元；股权投资计划69只，规模3313.48亿元；保险私募基金36只，规模3102.25亿元。

（二）《指引》出台引领保险资管新方向

2020年4月17日，中国保险资产管理业协会发布《保险资产管理产品估值指引（试行）》（以下简称《指引》），促进行业估值制度化、规范化。保险资管协会指出，《指引》是落实《关于规范金融机构资产管理业务的指导意见》《保险资产管理产品管理暂行办法》等文件对保险资产管理产品实行净值化管理要求的重要举措，对于推动行业估值和净值化管理体系建设、提升产品估值和净值计量规范、保护投资者合法权益具有重要意义。据分析，《指引》在内容和形式上具备以下较为鲜明的特点。

一是以提升行业估值能力为导向，引导行业逐步建立健全产品估值的制度流程体系，实现估值工作的制度化和规范化，建立估值能力提升的长效引导机制。

二是以明确估值主体责任为切入，保险资产管理机构作为估值工作的第一责任人，应当遵循一致性原则和实质重于形式的准则，审慎规范开展估值工作，不得通过估值手段规避监管规定或者进行利益输送。

三是以强化估值管理和控制体系为重点，要求保险资产管理机构建立估值工作内部管理和控制体系，通过监督与审计、评估与修正、充分信息披露等方式，确保估值工作规范、有序开展，防范和控制估值风险。

四是以推动行业估值最佳实践为举措，通过细则等方式，给出了适用于不同产品的估值技术及其应用方法，提供估值最佳实践参考，有利于实现行业估值标准的一致性和规范性。

五是以注重估值自律管理为保障，明确了协会可以对保险资产管理机构及第三方估值服务机构的估值工作进行自律管理，并以适当方式向监管部门报告。

（三）新发展格局下保险资管的挑战和机遇

面对资本市场的变局，保险资管公司既面临传统投资模式受到冲击、开放格局下与全球资管公司竞争等挑战，也迎来了市场对资管业务的需求不断增加、资本市场健全完善等带来的更多投资机遇。

具体来看，一是面临新发展格局下保险资金配置的挑战。新发展格局下，经济增长的动力和周期逻辑出现变化，预计长期利率中枢下移，对保险资金的长期配置带来挑战。同时，宏观调控和监管新理念下，预计资本市场将进一步规范和透明，也可能带来信用资产的分化，进一步增加固定收益投资的难度。此外，产业转型和企业价值的新趋势，也对保险资管业传统的投资模式带来了冲击。

二是面临市场开放环境下全球资管公司的挑战。近几年，我国资本市场开放的大门“越开越大”，一方面，A 股正式纳入 MSCI 指数，比例逐年增加，国内市场与海外市场联动更加紧密，并且带来了 ESG（环境、社会、公司治理）等新的投资理念；另一方面，外资机构加快布局中国资管市场，短期内将对保险资管形成竞争和挑战。

三是资管新规的统一监管下来自大资管行业的挑战。2018 年资管新规正式出台，重新拉平了大资管行业的起跑线。对于保险资产管理公司而言，如何充分发挥保险资金在国家经济、金融体系中的价值和作用，在未来大资管市场生态中找准自身的定位，更好发挥优势深度参与财富管理市场的竞争，都是需要认真思考和探索的重大课题。

但同时，挑战孕育新机，新发展格局也为保险资管公司带来巨大的发展机遇。主要表现在两个方面：一方面，经济和社会运行将出现一系列新的变化，市场对资管业务的需求将不断增加。一是居民财富持续积累，配置结构逐渐转向金融资产主导，将为资管业务注入强大动能；二是养老保障第三支柱加快发展，将成为一片巨大“蓝海”；三是全球资本增配中国，外资增持 A 股比例和外资持债规模将快速提升。

此外，资本市场的健全和完善将带来更多投资机遇。资本市场基础制度加快完善，使中长期资金开展价值投资的制度体系更加坚实。一是债券市场提质增量，未来有望保持年均两位数增长；二是股票市场吸引力更趋增强，注册制生态的形成将推动资本市场优胜劣汰机制更加顺畅，险资、外资、年金等长线资金入市渠道持续拓宽，为市场注入源头活水；三是另类市场迎来“新基建”

重大利好，随着国内经济空间结构发生深刻变化，长三角、粤港澳等增长引擎带来广阔的另类投资机遇。

七、基金子公司：持续缩水、加速过渡

（一）基金子公司资管规模继续缩水，内部排名波动大

据中国证券投资基金业协会数据，继 9 月存续规模单月骤降千亿元后，2020 年 10 月基金子公司数据仍延续下跌趋势，截至 2020 年 10 月底，基金子公司存续资产管理规模 36162 亿元，占比为 21.1%。相比 9 月底的 36631 亿元下降 469 亿元（图 4－13）。与此同时，基金子公司平均管理私募资管业务规模从 9 月的 476 亿元下降至 10 月的 470 亿元。

仅隔 20 天，中基协再次公布了新一期的私募资管产品备案月报数据。然而，并没有让业内感到意外的是，基金子公司资产管理规模依然延续止跌，只不过从上月的骤降千亿元收窄至不足 500 亿元。2020 年 11 月 23 日，中基协公布了最新一期私募资管产品备案月报数据，截至 2020 年 10 月底，证券期货经营机构私募资管业务规模合计 17.10 万亿元（不含社保基金、企业年金以及证券公司大集合），较上月底减少 1276 亿元，减幅为 0.7%。

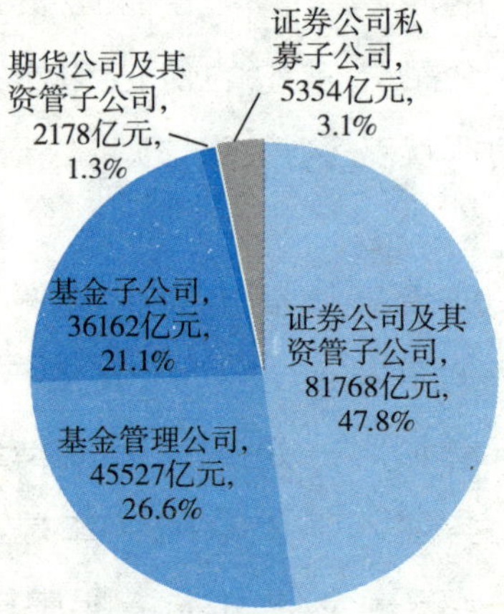

图 4－13　证券期货经营机构存续产品规模分布情况

从产品备案情况看，2020 年 10 月，证券期货经营机构当月共备案私募资管产品 911 只，设立规模 706.32 亿元。其中，基金子公司 9 月共备案资管产品 126 只，设立规模 226.99 亿元。显而易见，基金子公司 10 月备案资管产品的数量和规模均比 9 月有了不同程度的下滑，在证券期货经营机构中的占比也从 9 月的 34.5% 跌至 10 月的 32.1%。

不过，从产品管理方式看（不含证券公司私募子公司私募基金，含基金子公司），通道类产品规模继续下降，主动管理类产品稳步增长。截至2020年10月底，通道类产品规模为6.81万亿元，较上月底下降5.9%；主动管理类产品规模为9.76万亿元，较上月底增长3.0%。

在经历数年的规模缩水、行业洗牌后，基金子公司前二十名榜单也越来越呈现出“银行系”一家独大的格局，凭借厚实的银行股东背景和显著的渠道优势，这些基金子公司渐渐与跟随者拉开了距离。

2020年11月，中基协发布了基金子公司第三季度前二十名月均规模数据，排名行业前十的基金子公司中，有8家为银行系基金子公司。如表4-14所示，建信资本、农银汇理资产、招商财富资产分别以4515.77亿元、3663.90亿元和3083.13亿元牢牢守住了行业前三名。

表4-14　基金子公司私募资产管理月均规模前二十家（2020年第三季度）

单位：亿元

序号	公司名称	月均规模
1	建信资本管理有限责任公司	4515.77
2	农银汇理资产管理有限公司	3663.90
3	招商财富资产管理有限公司	3083.13
4	上海浦银安盛资产管理有限公司	2414.74
5	鑫沅资产管理有限公司	2261.29
6	工银瑞信投资管理有限公司	1753.38
7	交银施罗德资产管理有限公司	1338.12
8	易方达资产管理有限公司	1252.89
9	博时资本管理有限公司	1209.82
10	深圳平安汇通投资管理有限公司	1192.22
11	华夏资本管理有限公司	841.12
12	中银资产管理有限公司	759.01
13	兴业财富资产管理有限公司	758.23
14	北银丰业资产管理有限公司	661.66
15	深圳市红塔资产管理有限公司	607.64
16	上海兴瀚资产管理有限公司	602.38

续表

序号	公司名称	月均规模
17	万家共赢资产管理有限公司	581.48
18	富国资产管理（上海）有限公司	563.76
19	银华资本管理（珠海横琴）有限公司	515.09
20	南方资本管理有限公司	489.13

资料来源：中国证券投资基金业协会。

在前十名中，仅有两家头部公募的子公司——易方达资产和博时资本分别以1252.89亿元和1209.82亿元，从银行系绝对控盘的“铁桶阵”中抢下行业第八名和第九名的尴尬位置。

在经历管理规模持续数年缩水后，基金子公司前十名门槛也跌至千亿元规模，前二十名的门槛更是跌至不足500亿元，而对于证监会获准的79家基金子公司而言，大多数公司仍徘徊在生存边缘。

（二）资管新规过渡期延长为基金子公司带来缓冲期

2020年7月31日晚间，央行发布《优化资管新规过渡期安排 引导资管业务平稳转型》，为平稳推动资管新规实施和资管业务规范转型，经国务院同意，人民银行会同国家发展改革委等部门审慎研究决定，资管新规过渡期延长至2021年底。对于基金资管行业而言，这算是个好消息，此前一直绷紧的弦可以稍“缓口气”，但整改并不会因此而停滞。从市场角度看，过渡期延长是市场一致预期，主要是此前老产品进度太慢，距离过渡期时间太短，而不得不延长；加上2020年以来宏观形势倒逼，也不得不延长。

按照既有工作安排，资管新规过渡期本于2020年底结束，考虑到2020年以来新冠肺炎疫情对经济金融带来的冲击，金融机构资产管理业务规范转型面临较大压力，为平稳推动资管新规实施和资管业务规范转型，经国务院同意，人民银行会同国家发展改革委、财政部、银保监会、证监会、外汇局等部门审慎研究决定，资管新规过渡期延长至2021年底。

2020年以来，受新冠肺炎疫情的影响，业内对资管新规过渡期延长其实早有预期。对基金资管行业来说，年初新冠肺炎疫情暴发，经济下行压力加大，对此前一直在积极推进整改的基金资管行业无疑是雪上加霜，旧的产品在终止，新的产品跟不上，规模只能持续缩水。随着行业整体规模的持续萎缩，基金子公司平均规模也大幅下滑。2020年以来，基金子公司平均管理规模不断下降，“千亿阵营”和“百亿阵营”的数量均大幅减少。对于基金子公司行业而言，过去几年，监管机构出台了一系列法规政策，旨在去通道，防范金融风险，基金子公司也按照相关规定积极推进整改工作——一方面，稳步清理非标产品，探索主动管理转型之路；另一方面，增加注册资本金，强化合规和风控意识。

同时，针对资管新规过渡期延长，为落实有关政策安排，《证券期货经营机构私募资产管理业务管理办法》及其配套规范性文件、《证券公司大集合资产管理业务适用操作指引》过渡期同步延长至 2021 年底。根据实际规范进度及风险状况，公募理财债券基金、公募分级基金的规范整改不做延期，公募理财债券基金规范主要涉及合同变更安排，目前绝大部分已完成规范整改，剩余部分继续按照《关于规范理财债券基金业务的通知》要求于 2020 年底前完成规范，公募分级基金继续在 2020 年底前完成规范整改。这意味着，资管新规过渡期延长至 2021 年底仅针对基金资管行业。

2020 年以来，各家基金子公司各项整改工作一直在按部就班地推进，有些不合规的存续“老产品”自然到期，也有些次新产品已经或正在与投资人积极沟通提前终止事宜。有些产品属于股权投资，部分标的尚未结项，等待正常退出恐怕需要更久时间，正在协商如何妥善处理后续事宜。考虑到这类产品的复杂性，预计净值亏损的可能性较大，各基金子公司同时也做好了投资人维权的相关妥善应对预案。此外，打破“刚性兑付”一直是资管新规的诉求，而在过去几年基金子公司大干快上的基调下，不少在银行无法过审的“次级项目”被基金子公司业务团队揽下，而随着经济下行压力加大，此类项目的风险敞口正步步紧逼本就脆弱的基金子公司。

新冠肺炎疫情从资金端和资产端对资管业务产生了双向冲击，尤其是在资产端，部分行业、企业经营困难加大，一些投资项目原有还款安排面临一定的调整。在余下来的缓冲期，对于基金子公司在内的资管机构而言，应该考虑如何提升新产品投研和创新能力，加强投资者教育和长期资金培育，从而加大对各类合规资产的配置力度。

八、银行理财子公司：主动出击、承担重任

（一）理财子公司权益类投资较少，加速市场调研

近年来，我国金融监管部门持续强调要大力发展直接融资，并多次明确提

出多渠道促进居民储蓄有效转化为资本市场长期资金。随着居民财富总额增加、人口老龄化加剧、财富分层加剧等现象，商业银行资金的属性已经悄然发生了变化，这表现为表内定期存款占比逐步下降，活期存款和表外财富、资管业务占比上升。居民负债期限拉长、风险偏好增加，这为商业银行参与权益市场创造了条件。

而商业银行通过设立理财子公司向直接融资市场渗透，逐步实现间接融资体系向权益市场的导流，成为促进直接融资发展和多层次资本市场建设的重要抓手。据银保监会统计，截至 2020 年 11 月 15 日，已有 21 家理财子公司获批成立、19 家理财子公司正式开业。

从理财产品情况来看，据中国理财网数据统计显示，截至 2020 年 11 月 15 日，银行理财子公司在售理财产品为 72 只，存续理财产品为 2312 只。具体到权益类产品来看，目前没有在售产品，存续产品共有 5 只，分别为工银理财有限责任公司的工银理财·工银财富系列工银量化理财—恒盛配置理财产品，招银理财有限责任公司的招银理财招卓沪港深精选周开一号权益类理财计划，以及光大理财有限责任公司的阳光红 ESG 行业精选、阳光红 300 红利增强、阳光红卫生安全主题精选。不过，部分理财子公司的混合类理财产品亦配有权益类资产，配置比例介于 20% ~70% 之间。另据中国理财网数据统计显示，截至 11 月 15 日，存续中的银行理财子公司混合类产品为 529 只，在售 18 只。综合来看，存续的涉及权益类投资产品占比仅为 23%，在售产品占比为 25%。虽然从占比来看，银行理财子公司权益类投资并不算高，但是据此前银保监会披露的数据得知，截至 2020 年 6 月末，银行理财产品权益类资产配置规模已达 7907 亿元。

目前，银行出于稳定净值表现及产品规模的需要，短期内仍会延续泛固收类产品为主的配置思路，不会贸然大幅提升权益类比重。此外，结合银行理财募集情况来看，短久期和定开产品占七成以上，中长久期占比相对较低，而股票投资短期波动较大、追求长期回报，与当前银行理财产品相对较短的期限结构及追求净值平稳表现的诉求有一定不匹配。

此外，银行理财子公司在 2020 年尤其是下半年加大了对上市公司调研力度，或在为进一步扩大权益类投资进行铺垫。据东方财富 Choice 数据统计，年内农行理财子公司、浦发银行理财子公司、民生理财子公司、华夏理财子公司等多家理财子公司共对上市公司进行了 12 次调研，涉及七彩化学、京沪高铁、科大讯飞、航天宏图等 11 家上市公司。从中长期来看，随着银行理财子公司逐步理顺运营模式、改进激励机制、积累投资经验、完善产品布局，以及居民可投资资产持续增长、投资理念更为成熟，叠加抓住机构客户拓展、养老金融业务发展与金融对外开放机遇，预计银行理财子公司将持续做大 AUM（资产管理规模）并提升权益投资占比，持续为资本市场带来增量资金。

（二）理财子公司积极向权利类市场扩展

资管新规的诞生促使银行理财业务回归到代人理财的本质，理财子公司在很大程度上承担起了这一职责。另外，随着技术的变革和市场环境的变化，银行经营也逐渐减少对利差收入的依赖，正加大力度发展零售业务，扩展非息收入来源。因此，理财子公司具有获客、引流、创利的战略意义，但首家理财子公司于 2019 年 5 月才开始设立，受限于自身的投研能力，短中期内其所发行的产品都将集中于“固收 +”，这类产品的相似度很高，机构间难以拉开差距，故自身具备强大资产管理能力的理财子公司将开始布局权益市场，用产品收益来征服客户，充分展现自身的投研优势，从而获取更多的高质量客户，提高盈利能力。

1. 近期理财子公司权益类产品发行情况

（1）建信理财权益类产品占据半壁江山

自 2019 年 10 月以来，如图 4－14 显示，已有 7 家理财子公司布局权益市场，共计发售了 42 款权益类理财产品，不包含由银行迁移至理财子公司的权益类产品。其中建信理财遥遥领先，截至 2020 年 10 月底，已累计发售了 18 款权益产品，占比 43%。而在股份制银行的理财子公司中，招银理财则拔得头筹，目前已累计发行了 7 款产品，首款产品于 2020 年 4 月发售，可见招银理财在权益市场正加速布局，大有追赶国有大行的趋势。另外，在 2020 年 9 月之前，共有 4 家理财子公司涉足权益市场，9 月新增了杭银理财、信银理财、中邮理财等 3 家机构，其中杭银理财作为城商行系理财子公司的代表发行权益类产品，也展示了该领域未来的竞争压力不可小觑。值得注意的是，目前理财子公司的权益类产品有 90% 的产品通过私募方式发行，仅有 4 只产品公开募集。其中光大理财目前所有已发行的权益产品均采用公募方式发售，从侧面展示了其在投研能力方面的充分自信。随着理财子公司投研风控体系的逐步完善，相信公募权益类产品的数量会逐渐增加。

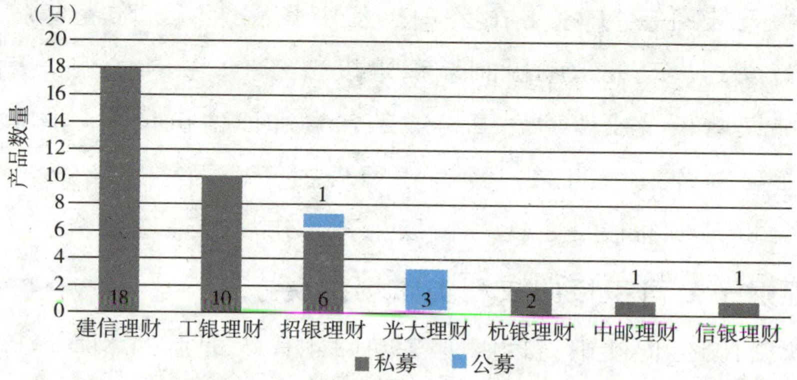

图 4－14　理财子公司权益类产品首发以来各机构的产品数量

（2）2020 年 9 月更多理财子公司参与权益市场

理财子公司首只权益类产品由建信理财于 2019 年 10 月 16 日发行，随后的 5 个月内，如图 4－15 显示，每月仅有 2～3 只权益类产品发售，2020 年 5 月产品数量突增至 5 只，其中有 3 只由建信理财发行，之后 3 个月产品发行节奏恢复至往常水平。直到 2020 年 9 月，权益类产品发行量增至历史以来的最高点，在该月共有 6 家理财子公司发行了权益类产品，其中除建信理财持续发力外，招银理财也在该时段加大了发行力度。可见，随着更多理财子公司开业，权益类产品的数量也有所增长，各机构在该领域的竞争虽然没有“固收＋”激烈，却能充分展示自身的投研实力，是“吸粉”的重要因素。

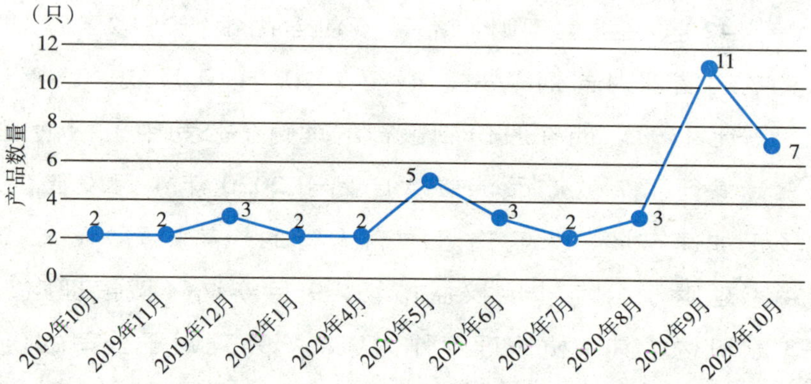

图 4－15　理财子公司权益类产品自发行以来的数量分布

（3）理财子公司权益类产品风险等级开始分化

整体来看，如图 4－16 显示，截至目前，已发行的理财子公司权益类产品风险多集中在三级和四级，即中等风险和中高级风险的权益类产品占比高达 79%。但在 2020 年 9 月及以后，五级的高风险产品数量也增至 6 只，三至五级的产品数量分布较为均匀，表明机构直接参与股票等底层资产配置的程度进一步加深。后续权益类产品的风险等级分化态势或将持续，因各理财子公司的投研实力存在一定差异，机构之间配置权益资产的策略有所不同，会“因地制宜”地选择与自身投研能力相匹配的方式，直接或间接地参与权益市场。

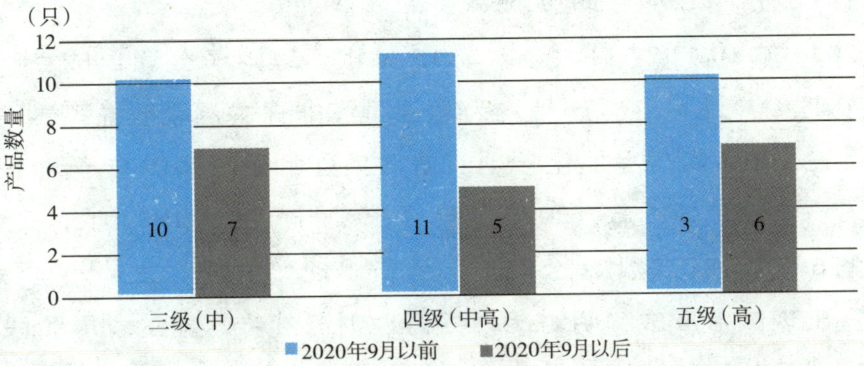

图 4－16　理财子公司权益类产品风险等级分布情况

从产品期限来看，除 7 款产品于 2099 年到期外，其余的非长期权益类产品的投资期限存在一定差异。2020 年 9 月前发行的产品平均期限在 2 年左右，此后发行的权益类产品平均期限延长到 4 年。另外，产品的费率结构也有所变化，2020 年 9 月及以后发行的权益类产品未收取超额收益，而此前发售的产品的费率在 27.5% 左右，但相应地提高了固定管理费率，从此前的 0.54% 升至 1.15%。从费率结构上看，理财子公司发行的权益类理财产品正逐渐向公募基金靠拢。

2. 理财子公司需全面提升投研能力

在理财子公司早期发行权益类产品时，有 8 只产品设立了具体数值的业绩比较基准，均值在 5% 左右，相比同期发行的股票型公募基金，其近一年的平均涨幅为 23.11%，已远超理财子公司所设立的业绩比较基准。目前，理财子公司相对缺乏主动管理权益类产品的经验，后续一方面可以借鉴公募基金行业的薪酬激励制度，吸引人才，从而全面建立起完善的投研风控体系；另一方面也可以在产品设计时，适当降低投资门槛，吸引更多的投资者，对标公募基金。另外，若理财子公司单独建立一套完善的投研体系难度较大，可参考中银理财与外资合作设立资管子公司的方式，亦可增强自身的资产管理能力。

（三）理财子公司承担银行主体理财业务

在资管新规、理财新规的政策要求下，理财子公司背负着银行理财业务整改、转型的重任。目前，各大银行陆续启动存量产品向理财子公司迁移的工作，但在银行理财存量迁移中存在一些问题和风险。从销售端而言，不少理财经理坦言，银行的存量产品向理财子公司迁移中，最大的困难还在于客户对于净值型产品接受度不高。

1. 银行理财“迁移”面临挑战

截至2020年10月27日，全市场15家银行理财子公司自成立以来共发行2207款银行理财产品，这些产品均为净值型和非保本浮动收益型，说明理财子公司的产品已100%实现净值化转型。值得关注的是，2019年全年银行理财子公司共计发行产品仅306款，2020年至今已发行产品达1887款，是2019年全年发行量的6倍。银行理财子公司产品发行出现“井喷”之势，与银行理财产品发行总量出现回落形成鲜明对比，银行理财已然步入新的发展阶段。

伴随理财子公司的陆续获批开业，银行理财产品向理财子公司迁移成为各大理财子公司的首要工作。根据2018年12月银保监会发布的《商业银行理财子公司管理办法》，商业银行可以按照自愿原则通过设立理财子公司开展资管业务，将理财业务整合到已开展资管业务的其他附属机构、子公司后，银行自身不再开展理财业务（继续处置存量理财产品除外）。

但截至2020年9月30日，已有11家银行陆续开启银行产品向理财子公司迁移的工作，6家国有控股银行已全部开启迁移工作。其中，工商银行迁移进度最快，共迁移7个批次产品，迁移产品数量居所有银行之首，共有253只产品。邮政储蓄银行和建设银行迁移进度较慢，涉及产品数量仅为2只和1只。股份制银行中，兴业银行最早开始此项工作，迁移批次达到6次，迁移产品数量达到113只，仅次于工商银行。城商行中，宁波银行和杭州银行迁移产品数量也位居前列；农商行暂未开始理财产品迁移工作。

此外，从银行迁移至理财子公司的产品均为符合资管新规要求的净值型非保本产品，不同银行的产品具有不同特征。投资期限方面，各家银行的迁移产品平均期限均在1年以上，同时也有多款无固定期限产品。风险等级方面，大部分银行的产品风险均较小，等级为1级和2级。不过，部分转移的产品中也包括风险等级为4级的高风险产品。从产品类型来看，主要为固定收益类产品，占比达81.8%，权益类和混合类产品占比分别为7.1%和11.1%。从产品发行对象来看，除少数几款产品是面向私人银行发行以外，其他产品均为面向个人投资者发行。

实际上，具体交接工作面临一些实际困难。一是如何准确完成交接。迁移工作要把握原有业务的特质，保留原始数据，旧业务与新业务所属部门、架构等方面未必保持一致，因此需要精确找准定位。二是如何高效完成交接，将旧业务快速充分“打包”至新业务中。据悉，各家银行在部门设置上也有所不同。有的银行成立理财子公司后，由后者负责发行新产品，并承接母公司银行以前发行的老产品，银行资管部门不再管理理财产品。但有的银行是资管部门管理老产品，理财子公司发行新的理财产品，分别独立运营。

从原有银行资产管理部，到单独成立子公司后，转型难度既表现在存量业务的处置上，也体现在新业务的转型过程中。一方面，银行要不断压降保本理财规模；另一方面，要将预期收益型产品向净值型产品转化。与之前银行理财的管理方式不同，理财子公司单独运行后，对银行理财子公司的运营、产品管理、管理能力等提出很高要求，需要在估值、信息披露、清算、交割、售后等方面建立一套体系化的东西。

同时值得注意的是，银行理财产品在交接过程中会存在风险。普益标准研究员陈雪花表示，目前，理财子公司的金融科技系统尚未完善，迁移至理财子公司的产品仍由银行代销。在理财子公司发展初期，可先将银行理财相关配套服务迁移至理财子公司，以保证子公司顺利度过起步阶段。未来，理财子公司在 BTA（理财登记过户系统）、投资交易系统、估值系统等技术方面，以及建立子公司自身的直销体系、与外部投顾机构的合作上均需投入大量精力，确保产品转移至理财子公司后能够独立运营，与银行完成风险隔离。

2. 转型产品接受度有待提高

银行的存量产品向理财子公司迁移中，最大的困难还在于，客户对净值型产品的接受度不高。总体来看，净值型理财产品销售有难度，投资者对净值型产品的接受度还有待提高，应给予其过渡时间。主要原因是，有老产品在，大家对新产品接受的意愿差一些。但随着老产品越来越少，相信更多的客户愿意接受净值型理财产品，目前主要做好投资者教育工作，提高新老产品衔接效率，并让投资者接受，关键要考虑客户的投资偏好，设计出满足投资者低风险偏好又有较高收益预期，同时还满足资管新规要求的产品。

此外，银行需要加强对净值型理财产品的普及宣传工作，充分揭示产品风险。投资者教育方面，首先，要做好投资者风险承受能力测评，做好风险适配。其次，要做好信息披露，让投资者充分了解产品风险，切忌隐瞒式推销产品。最后，让投资者获得充分的信息，对产品进行判断并做出是否投资的决策。

从风险角度来看，理财产品的迁移对投资者并没带来实质性影响。理财产品管理人的变更与产品迁移，不会对产品投资运作产生实质性影响。如投资者不接受变更及迁移，可在产品开放期赎回所持产品份额。产品迁移后继续持有产品份额，视同对相关产品说明书、风险揭示书、销售协议和投资者权益须知等产品销售文件的确认。

从目前已迁移的理财产品来看，主要以投资标的为标准化产品、风险等级较小的净值型非保本产品为主，不符合资管新规的产品留存银行自行消化。目前，理财子公司还处于发展初期，在产品运作方面需借助母公司的经验，且在过渡期内，提高投资者对非保本产品的接受度是当务之急，也是未来银行理财产品能否继续受到投资者“青睐”的关键所在。因此，在理财子公司创立初期，将产品收益相对固定、风险小的产品迁移至理财子公司，以提高投资者的认可，是确保理财子公司顺利发展的需要。

第二节　2020 年泛资管市场政策解读

在 2013—2014 年那一轮资本市场改革进程被轰轰烈烈的“去杠杆、降风险”进程打断以后，2018 年 12 月召开的中央经济工作会议沿着原来的路径重启了新一轮资本市场改革。2019 年 3 月 1 日科创板推出并实施注册制、2020 年 3 月 1 日新《证券法》正式实施、交易所债市和国家发展改革委企业债实施注册制以及 2020 年 8 月 21 日创业板实施注册制，意味着中国新一轮的资本市场深化改革基本已经进入深水区，并不断焕发生机。同时，2020 年 11 月 3 日发布的“十四五”规划和“2035 远景目标”明确提出“全面实行股票发行注册制，建立常态化退市机制，提高直接融资比重”。因此，2020 年全方位政策推动资本市场改革，也给新一轮资本市场改革指明了方向、奠定了基调。

一、市场改革背景

党的十八大以来，资本市场改革在服务实体经济能力和防控金融风险水平方面均有不同程度的提升，但是从资本市场市值与 GDP 的比值、市场主体参与力度以及资本市场在满足人民群众财富保值增值的需求等层面上看，我国资本市场还有很大发展、优化和提升空间。

（一）国内资本市场与经济总量比重仍有较大提升空间

资本市场能够更有效地配置资源，也是直接融资的最主要载体，因此大力发展资本市场和提升直接融资比重具有同样的内涵。提高直接融资比重，有助于提高金融体系的适配性、稳定宏观杠杆率、防范化解金融风险，这和未来一段时期的政策导向也是比较一致的。虽然我国债券市场规模已经达到 113 万亿元，但股票市场目前规模仅 85 万亿元左右、占经济总量的比值约为 85%，与美国 53.92 万亿美元的股票总市值和 252% 的股票市值/GDP 相比仍有较大差距。和中国邻近的日本的股票市值也达到 623.53 万亿日元，股票市值/GDP 亦有 113% 左右。

（二）股票（权）市场在非金融企业的融资结构中比例较低

发展以股票（权）为主的直接融资可以将不同风险偏好、期限的资金更为精准高效地转化为资本，促进要素向最具潜力的领域聚集，以推动产业基础高级化、产业链现代化。不过我国非金融企业目前 281.28 万亿元的社会融资规模存量中，仅有 8.06 万亿元是通过股票市场获得，占比仅为 2.87%，不到 3%。即便加上 27.53 万亿元的企业债券，资本市场给非金融企业提供的融资比例也仅为 12.65%。再以 2020 年前 10 个月为例，非金融企业合计获得 31.04 万亿元的社会融资规模增量，但在资本市场相对较为乐观的情况下，非金融企业获得的股票融资和企业债券融资仅分别为 7026 亿元和 43522 亿元，占比分别为 2.26% 和 14.02%。意味着我国非金融企业主要通过银行、信托等间接融资体系获得融资，未来直接融资体系仍有较大空间需要挖掘。

以上表明，目前我国资本市场中，非金融上市公司的数量和可获得的融资比例均较低，资本市场在非金融企业的融资结构中，尚处于低位。例如，目前 4085 家上市公司中，虽然只有 118 家属于金融行业、136 家属于房地产，但总市值分别达到 17.08 万亿元和 2.09 万亿元，即 6.22% 的上市公司（金融业和房地产）拥有 22.55% 的股票总市值。特别是考虑到，我国房地产总市值目前高达 400 万亿 ~500 万亿元，是股票市场总市值的 7 ~8 倍，远远超过美国等主要发达经济体，这一畸形结构恰恰反映我国居民和企业的资产配置有较大丰富和优化空间。

（三）中国经济转型升级成功的关键必须依托资本市场

经济转型升级是一个巨大的系统性工程，而社会资源配置效率的高低无疑是决定转型成败的关键。从中长期角度来看，资本市场配置资源的效率远远超越任何其他方式，发展新兴产业、新兴科技行业基本上均意味着科技与资本的深度结合，在通过提升科技水平来推动产业转型升级的同时，并购应成为资本市场的主旋律，而这里仅靠情怀和以银行为主的间接融资体系显然是不够的。

二、新一轮改革的制度框架已见雏形

自 2019 年金融委第七次会议以来，为配合新《证券法》的实施，证监会已经相继发布了 15 部左右的资本市场深化改革配套政策文件，以配合《证券法》的实施，且这些政策在整体基调上是倾向于为市场松绑，具体包括重组和再融资政策、上市公司分拆子公司境内上市试点、基金投顾试点、银行保险机构试点参与国债期货、放松证券公司指标约束、注册制全面推行、新三板改革、建立退市常态化机制等层面。

（一）公募基金投顾试点大幕开启，证券基金投资咨询业务迎来新发展

包括基金投顾在内的投资咨询业务（仅提供投资建议、不代客进行投资决策）在消除资本市场信息不对称、促进中介机构专业化分工、加强投资者教育等方面具有重要作用，在新《证券法》的主导下，证券投资咨询业务也更加规范起来。

基金投顾并不是新鲜概念，其是投资咨询业务的基本形式之一，事实上早在 1997 年，投资顾问业务便已诞生，当时的国务院证券委员会发布《证券、期货投资咨询管理暂行办法》，将证券投资咨询业务纳入监管，随后《证券法》明确证券公司和证券投资咨询机构是从事证券投资咨询业务的两类法定主体，证监会亦制定《发布证券研究报告暂行规定》《证券投资顾问业务暂行规定》等文件。当时的证券投资咨询业务主要区分为证券投资顾问和发布证券研究报告两类。

2019 年 10 月 28 日，证监会发布《关于做好公开募集证券投资基金投资顾问业务工作的通知》，意味着为客户制定理财规划和提供资产配置服务的基金投顾试点正式开启。试点机构主要基于客户财务状况和理财需求，为客户量身

定制专属投顾账户、拟定资产配置方案、构建基金组合，并由投资经理根据市场变化对投顾账户内的底层基金资产进行持续的动态跟踪和调整，帮助客户实现投资目标、获得良好的长期收益。

2020 年 4 月 17 日，证监会发布《证券基金投资咨询业务管理办法（征求意见稿）》，主要有以下几个要点：一是将《证券法》《证券、期货投资咨询管理暂行办法》规定的证券投资咨询业务和《证券投资基金法》规定的基金投资顾问业务整合为证券基金投资咨询业务，并进一步具体划分为证券投资顾问业务、基金投资顾问业务、发布证券研究报告业务等类别。二是明确从事证券基金投资咨询业务应依法经证监会核准或者注册（要求申请开展投资咨询业务的机构净资产不低于 1 亿元），只有证券公司及专业子公司可以开展发布证券研究报告业务。

2020 年 5 月 15 日，证监会主席易会满在 2020 年“5·15 全国投资者保护宣传日”活动上表示“支持权益类基金产品创新，进一步拓展基金投资顾问服务，更好满足大众投资者理财需求”。

截至 11 月底，已有 7 家券商、3 家银行、5 家基金公司和 3 家第三方销售机构获得基金投顾试点，且试点范围仍在进一步扩大。具体来看，易方达基金、南方基金、华夏财富、嘉实财富和中欧钱滚滚等 5 家机构为第一批试点机构；腾安基金销售、珠海盈米基金销售、蚂蚁（杭州）基金销售等 3 家获批为第二批试点机构（2019 年 12 月 14 日）；银河证券、中金公司、中信建投证券、国泰君安证券、申万宏源证券、华泰证券、国联证券等 7 家券商获批为第三批试点机构（2020 年 2 月 28 日）；工行、招行和平安银行成为首批获得基金投顾业务试点资格的商业银行。

（二）积极畅通各类中长期资金入市渠道

积极创造条件畅通各类资金尤其是中长期资金入市渠道是比较明确的政策导向，2019 年 10 月 21 日易会满主席主持召开社保基金和部分保险机构负责人座谈会，并提出一系列要求，整体的方向大致如下：继续推进商业银行发起设立基金管理公司；推动放宽各类中长期资金入市的比例和范围，构建中长期资金“愿意来、留得住”的市场环境，尽快推动实现个人养老金投资公募基金政策落地；推动提高商业银行理财产品权益投资活跃度，进一步提高权益类资产投资比重，壮大专业机构投资者力量；发展投资顾问服务，坚持长周期业绩导向，优化对外部管理人及金融产品的业绩考核和评价体系，推动短期交易性资金向长期配置力量转变；坚持强化投研能力建设，优化投研决策体系、投资制度安排，进一步加强股票市场研究和投资专业队伍建设，充分运用各类风险管理工具。

实际上银保监会在推进中长期资金入市方面也有一定政策鼓励表述：允许保险机构在现有30%上限的基础上适当提高权益类资产的投资比例；银行保险机构要健全与直接融资发展相适应的服务体系，运用多种方式为直接融资提供配套支持，提高直接融资比重；有效发挥理财、保险、信托等产品的直接融资功能，培育价值投资和长期投资理念，改善资本市场投资者结构；大力发展企业年金、职业年金、各类健康和养老保险业务，多渠道促进居民储蓄有效转化为资本市场长期资金。

（三）推动证券行业做大做强

证券公司是资本市场最重要的中介机构和卖方，因此资本市场的发展离不开证券公司同步发展的有力支撑。2019年11月29日，证监会在《关于政协十三届全国委员会第二次会议第3353号（财税金融类280号）提案答复的函》中提出“积极推动打造航母级头部证券公司……积极支持各类国有资本通过认购优先股、普通股、可转债、次级债等方式注资证券公司，推动证券行业做大做强”。

事实上除以上表态外，市场也在蠢蠢欲动（如2020年在市场引起躁动的中信证券与中信建投证券合并、国金证券与国联证券合并等），证监会亦在实践中有所运作。

2020年1月23日，证监会发布的《证券公司风险控制指标计算标准规定》，明确将AA级和BBB级信用债券的市场风险计算比例分别由50%和80%降至15%和50%，并适当放宽上述信用债券的流动性指标计算标准。

2020年3月6日，证监会依据《证券投资者保护基金管理办法》《关于进一步完善证券公司缴纳证券投资者保护基金有关事项的补充规定》，明确A类、B类、C类、D类证券公司分别按照其营业收入的0.5%、0.6%、0.7%、0.7%的比例缴纳2019年度证券投资者保护基金，并适用2020年度。该举措实际上是变相对券商“降准”，要知道上一次下调投资者保护基金比例还是2013年（2012年也有下调），即证监会明确保护基金规模在200亿元以上时，4大类10个级别的证券公司将分别按照营业收入的0.50%、0.75%、1%、1.50%、1.75%、2%、2.50%、2.75%、3%和3.50%的比例缴纳保护基金。

需要提示的是，自 2007 年证监会发布《关于证券公司首次缴纳证券投资者保护基金有关事项的通知》，券商才开始正式缴纳投资者保护基金。

2020 年 5 月 29 日，证监会发布《关于修改〈证券公司次级债管理规定〉的决定》（第 28 号公告），允许证券公司公开发行次级债，同时鼓励证券公司发行减记债、应急可转债及其他创新类债券品种。

2020 年 7 月 10 日，证监会发布《关于修改〈证券公司分类监管规定〉的决定》（第 42 号公告），引导证券公司更加重视资本约束、风险管理的全覆盖、风险监测和风险指标的有效性并适当提高主要风控指标持续达标的加分门槛。2009 年 5 月，证监会出台《证券公司分类监管规定》，并分别于 2010 年 5 月、2017 年 7 月和 2020 年 7 月进行了 3 次修改。

三、重组和再融资政策约束再次放开

（一）放开重组政策约束

2019 年 10 月 18 日，证监会发布《关于修改〈上市公司重大资产重组管理办法〉的决定》（第 159 号令），放开了 2016 年设定的重组政策约束。2020 年 5 月 15 日，证监会有关部门负责人就上市公司并购重组中标的资产受疫情影响相关问题答记者问。2020 年 6 月 12 日，首单科创板上市公司重大资产重组项目（即苏州华兴源创科技发行股份购买资产并募集配套资金）的注册申请获证监会同意。2020 年 7 月 31 日，证监会发布《〈上市公司重大资产重组管理办法〉第二十八条、第四十五条的适用意见——证券期货法律适用意见第 15 号》《监管规则适用指引——上市类第 1 号》（第 53 号公告）。

回顾过去，为遏制投机“炒壳”，证监会曾于 2016 年 9 月 8 日发布《关于修改〈上市公司重大资产重组管理办法〉的决定》，从丰富重组上市认定指标、取消配套融资、延长相关股东股份锁定期等方面进行严格规范。

考虑到目前通过重组上市实现大股东“新陈代谢”、突破主业瓶颈的需求较为强烈，2016 年的相关政策约束已不适应新规，基于此证监会修订了《上市公司重大资产重组管理办法》，以配套资本市场新一轮改革，主要修改内容如下：取消重组上市认定标准中的“净利润”指标；进一步缩短“累计首次原则”计算期限至 36 个月；允许符合国家战略的高新技术产业和战略性新兴产业相关资产在创业板重组上市，其他资产不得在创业板重组上市；恢复重组上市配套融资；重大资产重组的交易对方作出业绩补偿承诺的，应当严格履行补偿义务。超期未履行或违反业绩补偿承诺的，可以对其采取相应的监管措施；只需选择一种证监会指定报刊公告董事会决议、独立董事意见。

（二）放开再融资政策约束

上市公司融资分为首发和再融资。而所谓再融资，主要是指定向增发（定增）、配股、可转债、可交换债和优先股等几种融资方式。2006 年 4 月、2011 年 8 月和 2014 年证监会发布的《上市公司证券发行管理办法》《上市公司非公开发行股票实施细则》以及《创业板上市公司证券发行管理暂行办法》基本奠定了再融资的政策框架。

1.《再融资规则》《科创板再融资办法》等相继发布

为进一步支持上市公司做优做强，证监会放松了上市公司的再融资政策约束。具体来看，2020 年 2 月 24 日，证监会发布三大《再融资规则》，即《关于修改〈上市公司证券发行管理办法〉的决定》（163 号令）、《关于修改〈创业板上市公司证券发行管理暂行办法〉的决定》（164 号令）、《关于修改〈上市公司非公开发行股票实施细则〉的决定》（第 11 号公告）；7 月 13 日，证监会发布《科创板上市公司证券发行注册管理办法（试行）》（171 号令）；9 月 25 日，证监会对上市公司再融资实施分类审核，对新受理的最近连续两个信息披露工作考评期评价结果为 A 的上市公司予以快速审核；10 月 23 日，证监会发布《可转换公司债券管理办法（征求意见稿）》。

2. 拓宽创业板再融资服务覆盖面

《再融资规则》取消创业板公开发行证券最近一期末资产负债率高于 45% 的条件；取消创业板非公开发行股票连续 2 年盈利的条件；将创业板前次募集资金基本使用完毕，且使用进度和效果与披露情况基本一致由发行条件调整为信息披露要求。

3. 优化非公开制度安排，支持上市公司引入战略投资者

上市公司董事会决议提前确定全部发行对象且为战略投资者的，定价基准日三选一，即可以为关于本次非公开发行股票的董事会决议公告日、股东大会决议公告日或者发行期首日；发行价格折价至 8 折，即由不得低于定价基准日前 20 个交易日公司股票均价的 9 折改为 8 折，将锁定期由 36 个月和 12 个月分别缩短至 18 个月和 6 个月，且不适用减持规则的相关限制；将主板（中小板）、创业板非公开发行股票发行对象数量由分别不超过 10 名和 5 名，统一调

整为不超过 35 名；拟发行的股份数量占发行前总股本的上限由 20% 放宽至 30%；将再融资批文有效期从 6 个月延长至 12 个月。

除了相关政策约束放开，再融资规则还进一步提出要加强对明股实债行为的监管，即明确将提供保底保收益的禁止主体范围扩大至利益相关方，即上市公司及控股股东、实际控制人、主要股东不得向发行对象做出保底保收益承诺，且不得直接或通过利益相关方向发行对象提供财务资助或补偿。

4. 支持科创板上市公司便捷再融资

设定上市公司再融资基本发行条件，支持科创板上市公司便捷融资；规定向不特定对象发行股票的积极条件和消极条件，对于向特定对象发行股票仅规定消极条件；优化发行上市审核和注册程序，如最大限度压缩审核和注册期限（交易所审核期限为 2 个月、证监会注册期限为 15 个工作日）；对于“小额快速”融资设置简易程序（交易所在 2 个工作日内受理、3 个工作日内作出审核意见，证监会在 3 个工作日内作出是否注册的决定）。

四、全面启动新三板改革

（一）新三板现状

在新一轮资本市场改革的政策引导下，新三板已由原先的基础层和创新层调整为精选层、创新层和基础层三层，同时从交易方式上也由之前的做市转让和协议转让调整为做市转让、集合竞价和连续竞价三种。截至 2020 年 11 月底，共有 8236 家企业在新三板挂牌，其中做市转让 547 家、集合竞价 7653 家、连续竞价 36 家；精选层 36 家、创新层 1145 家以及基础层 7055 家。

从区域上来看，8236 家新三板挂牌企业中，62% 分布在广东、北京、江苏、浙江、上海和山东等 6 个省市，其中 1189 家在广东、1083 家在北京、993 家在江苏、715 家在浙江、656 家在上海、506 家在山东。此外，安徽（296 家）、湖北（295 家）、河南（291 家）、福建（288 家）、四川（241 家）、河北（202 家）、辽宁（170 家）、湖南（167 家）、天津（148 家）、陕西（135 家）、江西（119 家）、重庆（102 家）等 12 个省市的新三板挂牌企业数量也均在 100 家以上。

这 8236 家挂牌企业中，差不多 1600 家位于各园区中，其中仅北京中关村一个园区便有 884 家（占北京地区的 82% 左右），紧随其后的是武汉东湖（60 家）、上海张江（59 家）、厦门火炬高新区（52 家）、成都高新区（48 家）、西安高新区（41 家）、济南高新区（40 家）、郑州高新区（40 家）。

新三板改革的背景是近年来其融资额下降、交易不活跃、申请挂牌公司减少、主动摘牌公司增加等，同时也无法和主板、中小板和创业板互联互通。

（二）改革的基本路径

从政策导向上来看，此轮新三板改革的政策路径大致如下：

2019 年 10 月 25 日，证监会全面启动新三板改革；

2019 年 12 月 20 日，证监会发布《关于修改〈非上市公众公司监督管理办法〉的决定》《非上市公众公司信息披露管理办法》，允许挂牌公司向新三板不特定合格投资者公开发行（实行保荐和承销制度）、放开挂牌公司定向发行 35 人限制（推出自办发行方式）；

2020 年 4 月 17 日，证监会发布《公开募集证券投资基金投资全国中小企业股份转让系统挂牌股票指引》（第 23 号公告）；

2020 年 6 月 3 日，证监会发布《关于全国中小企业股份转让系统挂牌公司转板上市的指导意见》（第 29 号公告），其明确符合条件的挂牌公司（新三板精选层、连续挂牌一年以及满足转入板块上市条件）可以不经过 IPO 审核环节直接申请转板到科创板或创业板上市。

（三）改革要点

一是优化发行融资制度，改进现有定向发行制度，允许符合条件的创新层企业向不特定合格投资者公开发行股票；充分发挥新三板自律审查职能，支持不同类型挂牌企业融资发展。

二是完善市场分层，设立精选层，配套形成交易、投资者适当性、信息披露、监督管理等差异化制度体系，引入公募基金等长期资金。

三是建立挂牌公司转板上市机制，在精选层挂牌一定期限，且符合交易所上市条件和相关规定的企业，可以直接转板上市，实现多层次资本市场互联互通。

四是加强监督管理，实施分类监管，研究提高违法成本。

五是健全市场退出机制，完善摘牌制度，推动市场出清。

五、私募基金加速改革

（一）《私募投资基金备案须知（更新版）》

2019 年 12 月 23 日中基协发布《私募投资基金备案须知（更新版）》，明确自 2020 年 4 月 1 日起，不再办理不符合要求的新增和在审备案申请，并要求存量不符合的基金在 2020 年 9 月 1 日之后不得新增募集规模、不得新增投资，到期后应进行清算，原则上不得展期。

（二）鼓励“投早、投小、投科技”的创业投资基金反向挂钩政策

2016 年 9 月国务院发布《关于促进创业投资持续健康发展的若干意见》，明确要求“研究建立创投基金所投资企业上市解禁期与上市前投资期限长短反向挂钩的制度安排”，基于此，2018 年 3 月证监会发布相关规定进行明确。2020 年 3 月 6 日，证监会发布《上市公司创业投资基金股东减持股份的特别规定》（17 号公告），对反向挂钩政策修订完善，即明确创业投资基金项目投资时满足“早期企业”“中小企业”“高新技术企业”三个条件之一即可享受反向挂钩政策，并删除基金层面“对早期中小企业和高新技术企业的合计投资金额占比 50% 以上”的要求；完善大宗交易环节反向挂钩政策，取消减持受让方锁定期限制；允许投资期在 5 年以上的创业投资基金锁定期满后减持比例不受限制；在中基协依法备案的私募股权投资基金参照适用。

（三）《关于加强私募投资基金监管的若干规定（征求意见稿）》

2020 年 9 月 11 日，证监会发布《关于加强私募投资基金监管的若干规定（征求意见稿）》，内容上整体坚持“私募”和“投资”两个原则：从四个方面规范管理人名称、经营范围，严格约束集团化私募基金管理人，如私募基金管理人应标明“私募基金”“私募基金管理”等字样，初次开展私募基金业务活动前应在中基协完成登记。私募基金管理人的注册地与主要办事机构所在地应当设于同一省级、计划单列市行政区域内；强调非公开发行、面向合格投资者募集等方面的“私募”属性；明确私募基金投资的负面清单，即严禁私募基金从事借（存）贷、担保、明股实债等非私募基金投资活动，严禁私募基金投向保理资产、融资租赁资产、典当资产等类信贷资产、股权或其收（受）益权；对私募基金管理人、其他服务机构及从业人员等主体提出要求，具体包括规范开展关联交易、严禁基金财产混同、资金池运作、自融、侵占或挪用基金财产、利益输送、利用未公开信息交易、内幕交易、自融行为、操纵市场、不公平对待基金财产和投资者等。

六、科创板率先进行注册制改革

截至 2020 年底，科创板目前共有 129 家上市公司，市值约为 3.34 万亿元，

占全部A股市值的4%左右，这129家上市公司主要分布在新一代信息技术、高端装备、生物医药、新材料、节能环保和新能源等六个领域。

（一）上交所科创板演变历史

2014年3月，时任上交所理事长桂敏杰表示“上交所正在研究推动建立战略新兴产业板，定位于服务规模稍大、相对成熟的战略新兴产业企业”。

2015年12月，国务院明确包括建立战略新兴板在内的资本市场五大任务，证监会副主席方星海提出战略新兴板必须要在2016年推出。

2016年1月，时任上海市市长杨雄表示，将推动上交所设立战略新兴板。

2016年3月16日“十三五”规划纲要决议中，删除了“设立战略新兴产业板”的表述，战略新兴产业板正式消失在官方的表述中。

2018年以来，监管部门还在CDR、战略配售基金等方面推出一系列运作。

2018年3月，证监会发布《关于开展创新企业境内发行股票或存托凭证试点的若干点意见》。同年6月，用于CDR打新的6只战略配售基金开放发售。

2018年11月，习近平总书记在首届进口博览会明确表示将在上交所设立科创板并试点注册制。

2019年1月，深改委通过、证监会随后发布《关于在上海证券交易所设立科创板并试点注册制的实施意见（征求意见稿）》。

2019年3月，证监会发布《科创板首次公开发行股票注册管理办法（试行）》和《科创板上市公司持续监管办法（试行）》。

2020年3月20日，证监会发布科创板科创属性评价指标体系，这一评价指标体系采用“常规指标+例外条款”的结构，包括3项常规指标和5项例外条款。企业如同时满足3项常规指标，即可认为具有科创属性；如不同时满足3项常规指标，但是满足5项例外条款的任意1项，也可认为具有科创属性。

2020年6月12日，证监会同意苏州华兴源创科技发行股份购买资产并募集配套资金的注册申请，这是首单科创板上市公司重大资产重组项目。

2020年7月3日，证监会发布《科创板再融资办法》，即《科创板上市公司证券发行注册管理办法（试行）》（第171号令），对优质科创板企业的再融资给出更为便利的政策措施。

2020年7月10日，证监会发布《关于修改〈首次公开发行股票并上市管理办法〉的决定》（第173号令）、《关于修改〈科创板首次公开发行股票注册管理办法（试行）〉的决定》（第 174 号令）。

至此经过 5 年多的努力，上交所在主板外新增了科创板，并率先试点注册制，走在了资本市场改革的前列。

（二）科创板注册上市流程

科创板的注册上市流程大致可以分为六个环节：

（1）董事会决议和股东大会决议。

（2）根据要求制作注册申请文件，由保荐人保荐并向交易所申报。

（3）上交所受理，并在 5 个工作日内作出是否受理的决定。

（4）上交所通过向发行人提出审核问询、发行人回答问题的方式开展审核工作，并在受理注册申请文件之日起 3 个月内形成审核意见，同意发行后报送中国证监会。

（5）证监会在 20 个工作日内给予审核并做出是否同意注册的决定（若未通过则 6 个月后可以再次提出上市申请）。

（6）发行人发行股票（证监会自做出决定之日起 1 年内有效）。

（三）科创板一级市场进行针对性改革

科创板在一级市场的定价、配售、减持等方面有特殊的规定。

1. 定价：线下倾斜＋保荐跟投

向线下投资者倾斜；明确券商可通过子公司使用自有资金进行跟投，但跟投主体只能被动接受价格（不参与询价和定价），认购比例为 2%～5%，且锁定期为 2 年；发行人的高管及核心员工可以设立专项资产管理计划参与本行发行战略配售，但不得超过 10%（锁定期为 12 个月）。

2. 配售：条件更宽

科创板 IPO 在 1 亿股以上即可战略配售 30%（主板 IPO 需达到 4 亿股才可配售），不足 1 亿股亦可配售 20%；科创板 IPO 初始网下发行比例为 70%～80%（主板为 60%～70%），回拨后仍将达 60% 以上（主板最低可降至 10% 以下）。

3. 减持：需发布减持公告

核心技术人员股份锁定期为 1 年，锁定期满后每年可减持 25%；未盈利企业最长锁定期延长至 5 年，非公开转让受让者锁定期为 1 年；每年二级市场减持不超过 2%。

（四）科创板二级市场交易规则日益优化

一是设定了2年交易经验及50万元资产的个人投资门槛，不符合投资者适当性要求的中小投资者可以通过公募基金等产品参与科创板。

二是科创板“T+1”的交易制度和20%的涨跌幅比例限制（前5个交易日不设涨跌幅限制）。

三是设定了最小200股单笔申报数量。其中，通过市价申报的，单笔申报数量为200~5万股；通过限价申报的，单笔申报数量为200~10万股。

四是退市制度：第一年业绩不达标即ST，第二年不达标即退市。

七、畅通市场入口与出口

资本市场改革的两端分别是上市与退市，即通过注册制改革从源头上提升上市公司质量，同时抓好退市制度改革落地实施。实际上政策层面已经在这样做，如2020年10月9日国务院发布《关于进一步提高上市公司质量的意见》（国发〔2020〕14号），随后证监会、上交所与深交所官网相继发布“坚决贯彻落实《国务院关于进一步提高上市公司质量的意见》”“把推动提高上市公司质量作为当前监管工作首要目标——上交所学习贯彻《国务院关于进一步提高上市公司质量的意见》”以及“认真学习贯彻《国务院关于进一步提高上市公司质量的意见》”等文件。

（一）注册制全面推广

注册制是指主管部门只负责对企业能否上市进行形式审查，不需要对企业基础信息的真实性做判断的一种新股发行体制。目前，中国香港实行真正意义上的注册制，美国则实行国家层面注册、州级政府核准的发行制度。

传统核准制的背景下，上市资源竞争异常激烈，以致使诸如南方航空、宜人贷、迅雷、58同城、微博、唯品会、途牛、腾讯音乐、搜狐、中石化、新浪、搜房网、人人网、中石油、网易、爱奇艺、阿里巴巴、京东、中网在线等知名企业和互联网高科技企业纷纷赴中国香港或美国上市。因此近年来国家层面也一直在推动注册制的改革，事实上中国对注册制的思考可以追溯至2013年。

2013年11月15日，《关于全面深化改革若干重大问题的决定》提出要推进股票发行注册制改革。

2013年11月30日，《进一步推进新股发行体制改革的意见》出台，这是逐步推进股票发行从核准制向注册制过渡的重要步骤，不过 2015—2016 年的股市熊市将这一进程不断往后延。

2019 年 3 月 1 日，科创板推出时便正式实施注册制。

2020 年 2 月 29 日，国务院办公厅印发《关于贯彻实施修订后的证券法有关工作的通知》（国办发〔2020〕5 号），明确提出“分步实施股票公开发行注册制改革……研究制定在深圳证券交易所创业板试点股票公开发行注册制的总体方案，并及时总结科创板、创业板注册制改革经验，积极创造条件，适时提出在证券交易所其他板块和国务院批准的其他全国性证券交易场所实行股票公开发行注册制的方案”。

2020 年 4 月 27 日，中央全面深化改革委员会第十三次会议通过《创业板试点注册制方案》。同日证监会发布《创业板首次公开发行股票注册管理办法（试行）》《创业板上市公司证券发行注册管理办法（试行）》《创业板上市公司持续监管办法（试行）》《证券发行上市保荐业务管理办法》以及《关于创业板改革并试点注册制实施前后相关行政许可事项过渡期安排的通知》等 5 份文件，深交所亦发布《创业板股票发行上市审核规则（征求意见稿）》《创业板上市公司证券发行上市审核规则（征求意见稿）》《创业板上市公司重大资产重组审核规则（征求意见稿）》《创业板上市委员会管理办法（征求意见稿）》《行业咨询专家库工作规则（征求意见稿）》《创业板股票交易特别规定（征求意见稿）》《创业板股票上市规则（修订）（征求意见稿）》以及《创业板投资者适当性管理实施办法（2020 年修订）》等 8 份配套政策文件。

2020 年 6 月 12 日，证监会发布《创业板首次公开发行股票注册管理办法（试行）》《创业板上市公司证券发行注册管理办法（试行）》《创业板上市公司持续监管办法（试行）》和《证券发行上市保荐业务管理办法》，同时，证监会、深交所、中国结算、证券业协会等发布了相关配套规则。

2020 年 8 月 18 日，最高院发布《关于为创业板改革并试点注册制提供司法保障的若干意见》。8 月 21 日，证监会就创业板改革并试点注册制答记者问。8 月 24 日，创业板改革并试点注册制首批企业上市仪式在深圳举行。

交易所债券市场已实施注册制（银行间市场还没有），2020 年 3 月 1 日证监会和国家发展改革委分别发布《关于公开发行公司债券实施注册制有关事项的通知》和《关于企业债券发行实施注册制有关事项的通知》两份文件，标志着债券市场的注册制也正式开启。重要内容梳理如下：公开发行债券应当依法经证监会（公司债券）或者国家发展改革委（企业债券）注册；对企业债而言，受理机构为中债登，审核机构为中债登和交易商协会。对公司债而言，受理与审核机构均为沪深交易所。审核主要通过问询、回答问题方式展开；取消企业债券上报中的省级转报环节。其中债券募集资金用于固定资产投资项目的，应明确省级发改委应对募投项目出具符合国家宏观调控政策、固定资产投资管理法规制度和产业政策的专项意见，并承担相应的责任和做好区域内企业债券监管工作，防范化解企业债券领域风险；企业债的发行主体应当具有合理的资产负债结构和正常的现金流量。

（二）建立常态化退市机制

有进有出、优胜劣汰应成为资本市场的常态与生态，注册制即将全面推行后，建立常态化退市机制变得较为迫切，实际和违约、破产重整相类似，退市本身也是打破刚兑的具体体现。据悉沪深交易所正根据深改委、国务院和证监会的部署，完善退市规则，加速推进配套制度落地。事实上监管部门已经释放出相关信号：

2020 年 11 月 2 日，中央全面深化改革委员会第十六次会议审议通过《健全上市公司退市机制实施方案》。

2020 年 11 月 10 日，证监会召开贯彻落实《国务院关于进一步提高上市公司质量的意见》动员部署会，明确“交易所要切实承担主体责任，各派出机构与地方政府加强协作，坚决打击各类恶意规避退市行为，拓宽多元化退出渠道，重点推动重整一批、重组一批、主动退一批”。

11 月 19 日，证监会上市监管部副主任孙念瑞表示“证监会将优化退市标准，把单一连续亏损退市指标改为组合类财务退市指标”，总体思路应不再是简单考查企业盈利，而是同时注重持续经营能力，即更关注“僵尸企业”和“空壳企业”是否有及时出清。

11 月 20 日，证监会副主席阎庆民表示“要健全常态化退市机制，对于严重财务造假的害群之马、丧失持续经营能力的空壳僵尸，增强退市刚性，决不允许久拖不退”。这意味着常态化退市机制的对象将更集中于不具备持续经营能力的僵尸企业、空壳企业以及恶意规避退市行为的上市企业。

第五章

2020 年信托法律法规评述

2020 年 5 月 28 日，十三届全国人大三次会议表决通过了《中华人民共和国民法典》，自 2021 年 1 月 1 日起施行。《中华人民共和国民法典》共 7 编、1260 条，各编依次为总则、物权、合同、人格权、婚姻家庭、继承、侵权责任以及附则。民法典的通过是每一个人民事生活中的一件大事，而《信托法》作为私法，其功能的发挥和演进都无法脱离《民法典》的框架和制度背景。因此，本评述首先对《民法典》可能对信托法的发展造成的影响进行探讨。《民法典》第 1133 条第 4 款规定“自然人可以依法设立遗嘱信托”，进一步引起对遗嘱信托的关注，所以本次法规评述重点对我国遗嘱信托的理论和实践问题做了一个比较全面的梳理。本评述还归纳了信托公司从事通道业务常常会忽视的风险。本评述最后仍然是对未来立法的展望。

第一节 民法典和信托制度的发展

信托法毫无疑问属于民事特别法，在意思自治、私权保护和个人责任上和民法一脉相承，其只是在民事关系、民事权利、民事主体和民事组织、民事救济等方面展现了一些特殊性而已。民法典作为民事基本法，当然可以是一部“纯粹”的民法，没有必要过多规定如信托法这样的具体而特别的制度。但民法典作为开放的体系，其制定应考虑和民事特别法的协调，为信托法这样的特别法留下自我发展制度的空间。虽然民法典除了在继承编重复了信托法上关于遗嘱信托的规定以外，没有就信托制度有更多规定，但不能认为民法典没有为信托法的发展预留空间。

这里初步探讨民法典的框架下信托法原理和制度的发展空间，以期引起学界和实务界对该问题的关注。

一、信托法是民法的特别法

信托法为私法，属于民法的特别法，信托法中没有规定的，可以适用民法原理进行解释。根据英美法的理论，信托区别于合同①。但是，按照传统民法的解释论，信托中的意定信托采取合同、遗嘱和宣言三种意思表示形式，均可以被称为信托行为，属于法律行为的下位概念②，这样，在信托法就信托行为没有规定的场合，似乎可以适用民法中关于法律行为的一般规定。虽然不能直接把信托等同于合同，但信托合同是一种特殊的合同类型是没有争议的。在信托法就信托合同的成立、履行、效力、变更、终止、无效、可撤销等没有详尽规定的场合，仍然可以合理地参照民法典中的合同法乃至总则中关于法律行为的规定。虽然不能直接把信托等同于合同，但信托合同是一种特殊的合同类型是没有争议的。在信托法就信托合同的成立、履行、效力、变更、终止、无效、可撤销等没有详尽规定的场合，仍然可以合理地参照民法典中合同法乃至总则中关于法律行为的规定。

而根据《信托法》第 13 条第 1 款规定，设立遗嘱信托，应当遵守民法典中继承编关于遗嘱的规定。其实，不仅仅是《继承法》，民法典的总则中关于自然人的规定，另外如《婚姻法》《收养法》都会对信托法产生重要的影响。

对于信托公司而言，未来从事家族信托，出现了一些和传统的金融业务不同的一些特点，其中最重要的变化就是需要重视民商事特别是家事法律的规定。从事家族信托业务需要深入研究民法典。

二、信义关系法

从梅因爵士的名著《古代法》中，大家熟悉了“从身份到契约”的社会关系演进，而在现代社会，似乎存在着一定程度的“从契约到信赖”的转型。至少，人们越来越多地处于信赖关系当中。用信托法所代表的信义关系法原理去调整信赖关系，引入衡平法理，会给民众提供更为充分的保护。民法典在坚持合同（契约）法这种古典意识形态的同时，也规定了大量的关于信义关系的制度。例如，《民法典》的总则编规定了法人（营利法人—公司和非营利法

① JILL E. MARTIN, Modern Equity, 19th edition, Sweet & Maxwell Ltd, 2012, p52.

② 即便在英美法国家，也有更多的学者承认信托中合意的因素及其接近契约的侧面。代表性的观点：K. Gray, Property in Thin Air, (1991)50(2)CLJ 252 at 302. Langbein, “The Contractarian Basis of the Law of Trust”, 107 Yale L. J. 625(1995)

人—基金会）制度、代理制度；合同编规定了委托、行纪、中介和物业服务以及合伙关系；物权编也规定了物业管理关系；侵权编规定了医患关系；继承编规定了遗嘱信托、遗产管理人和遗嘱执行人等制度。另外，妻、亲子、监护和法定代理等和破产管理人等也具有信托关系的属性。可以说，信义关系遍布民法典的全体。民法典中对信义关系特别是信义义务（谨慎义务和忠实义务）虽然缺乏系统化规范，但在解释论上，不能仍然按照公平交易（arm's length transaction）的基本假定来理解民法典的相关规范。虽然信义关系大多通过合同缔结（法定监护关系等是例外），但信义关系是特殊的、超越了合同关系的法定关系，信义义务是超出约定义务的法定义务，仅仅按普通合同法去规范这些法律关系是会出问题的。

三、民事组织和民事主体法

信托原则上没有法人地位，但某些信托（如慈善信托和商业信托）很显然具有组织体（institution or organization）属性，民法典应为这种组织体预留制度空间。不过，如果按照字面的含义严格解释民法典的下列条文，信托这种组织体既非法人亦非自然人，很难被归入非法人组织的范畴。

其一，第 102 条规定非法人组织是不具有法人资格，但能依法以自己的名义从事民事活动的组织。而按《信托法》中的定义，信托不能以组织体自己的名义从事活动，只能借助受托人名义。

其二，第 103 条规定非法人组织应当依照法律的规定登记。而信托的设立原则上不需要进行与非法人组织设立相类似的登记。

其三，第 104 条规定非法人组织的财产不足以清偿债务的，其出资人或设立人承担无限责任。而信托法上的出资者（委托人）原则上是承担有限责任的。至少从以上三点来看，信托很难归属于《民法典》上的非法人组织。

信托本身具有反管制的特点，信托法也因之可以成为非经登记而成立之组织体的备用性规则。而且，在我国商事信托实务中，商业信托计划逐渐取得了一定的“实体”或者组织体的地位。而慈善信托因其复杂的内部组织结构，也被学者称为一种组织体（institution）。在国外，信托在商事和慈善领域的实体化倾向十分明显。因此在解释上，可以承认信托是据信托法在民法典之外创设的一种新型组织形态，是一种新型的非法人组织。不宜将民法典的相关规定理解为对创设民事组织体的严格限制。

针对把信托制度法人化的观点，笔者认为，在民商事领域，信托作为一种灵活的组织法，可以在法人之外以比较低的成本获得财产分割所带来的一系列优点（责任限制、可交易份额、诉讼能力等），把信托一律法人化恰恰会使信托制度丧失其存在的价值。

如此，民法典上的非法人团体——合伙组织、设立中的公司以及其他非法人财团都可以准用关于信托法的规定。

四、财产法和财产权

信托法产生两个和财产法相关的概念：信托受益权和信托财产权。该财产权结构在民法中亦非特殊。

信托受益权是信托法创造的新型财产权利，民法典中关于民事权利的规定中没有对此做出直接回应。《民法典》第五章只列举了物权、债权、知识产权、继承权和虚拟财产权，没有明确规定受益权，但不能说民法典不承认信托受益权的财产权地位，我们可以分别在第 125 条（“民事主体依法享有股权和其他投资性权利”）和第 126 条（“民事主体享有法律规定的其他民事权力和利益”）中找到商事信托和民事信托受益权的规范依据。当然，信托受益权的性质和行使方法等仍然有赖于司法和学理的解释。

根据一物一权原理，在概括财产上不能成立严格意义上的所有权，信托财产可以用“概括财产”“责任财产”或“一般担保财产”这些经典民法概念加以描述，并非新的财产权类型。民法典完全没有采用这些内涵确定的概念来描述民事主体所享有的财产权集合。值得注意的是，民法典第二编第五章把私人所有权和国家所有权及集体所有权并列，而该“私人所有权”并非一种具体民事权利类型，而是一种类似所有制的概念，是对宪法所确立的基本经济制度的一种重申。而把此处的“私人所有权”作为财产权类型看待的误解同样会导致把信托财产看成一种财产权类型。

民法典没有使用责任财产（patrimony）等高效的传统民法术语，使得对信托财产的理解产生偏差，才造成“信托财产所有权”这类术语之流行，仿佛信托财产权是一种新型所有权。这是应该重点澄清的。

五、民事救济和民事责任法

民法典对公司法和信托法中的代表性救济——“归入权”没有做出回应。

《民法典》第 179 条列举了十一种民事责任承担方式，包括停止侵害；排除妨碍；消除危险；返还财产；恢复原状；修理、重作、更换；继续履行；赔偿损失；支付违约金；消除影响、恢复名誉；赔礼道歉。这些责任承担方式在构成要件、救济内容等方面均和归入权存在重大差异。

必须强调的是，把民法典中关于救济的列举做限定性解释是不恰当的，理论界和司法界应重视对信托法等所提供独特救济的研究。

例如，信托法和公司法都规定了归入权制度，民法典对此没有做出回应。归入权制度和英美法上的拟制信托的救济以及我国法上的不当得利制度所提供的救济相比，可以说是“比上不足比下有余”。

第一，在实然（规范）的层面，《信托法》第 26 条的规定就不同于不当得利。不当得利以给一方带来损害为条件，而归入权则不同，这是归入权制度超越不当得利制度最核心的部分。即使受托人没有给信托财产带来损害，受托人利用信托财产取得的非法利益，仍然应按照“入库”原则归入信托财产。即，归入权不以损害为条件，返还的范围以“取得的利益”即“利得”为准。

新施行的《民法总则》第 122 条关于不当得利的规定如下：“因他人没有法律根据，取得不当利益，受损失的人有权请求其返还不当利益”。这是一个比较抽象的规定，和之前《民法通则》第 92 条的规定相比，进步仅仅在于《民法总则》中是从请求权的角度做出的规定，并无根本差异。传统民法关于不当得利的理论无论如何发展，似乎都无法包括信托法中所提供的独特的救济。

第二，在应然的层面，归入权如果能被理解为一种类似拟制信托的制度的话，我国信托法关于归入权的行使要件就显得十分不合理。例如，《信托法》第 26 条规定是利用信托财产为自己取得利益，这就把利用其作为受托人的地位、取得的信息和机会为自己谋取利益的情形排除在外，对受托人显得格外“仁慈”和宽松。《信托法》应该参照《公司法》第 148 条关于归入权的规定，把很多并非利用信托财产但是违反忠实义务而取得财产的行为包含在内，最典型的是利用“公司机会”为自己牟利的行为（“利用职务便利为自己或者他人谋取属于公司的商业机会”）。

整体上，民法的话语体系属于“古典”的话语体系，但古典的体系也能保持开放之姿态，直面接受如信托法这一“鲶鱼”带来的冲击，避免古典话语体系变成过时话语体系。信托法虽然来自英美法，和我们原本倚重的大陆法系的概念体系存在一定的差异，但民众对信托法的需求是客观存在的，因此不能把信托法异国情调化，不能过分强调其差异性而忽视其作为私法规则的普遍性。从解释上将信托法纳入民法典的体系框架之中，必将有利于信托这个良好的制度工具造福于民。

第二节　民法典和遗嘱信托的法律问题

一、遗嘱信托和附义务遗赠相比的强大功能

设例：甲立下遗嘱，遗嘱中约定其遗产房屋一套先由其长子乙继承，其长子死后由甲之幼子丙继承，其幼子丙死后由其长子乙的儿子丁继承。我国研究继承法的文献对于能否通过设立此类遗嘱将遗产在代际间传承，鲜有讨论，至于能否通过遗嘱信托达到类似的目的，论者更是寥寥。[①]

遗嘱信托和遗嘱（遗赠）制度有相互替代的一面，但各自有其独特的制度价值。仅从逻辑上看，遗嘱信托制度应提供超越继承法的部分功能，否则，在遗嘱继承之外另设遗嘱信托制度是否有意义就成了问题。这里姑且不论英美法背景下遗嘱信托在程序简便、税收规避等方面的优点，一般而言，遗嘱信托制度相比于遗嘱（含遗赠）的优越性，体现在以下四个方面：

第一，受益人（这里统指从遗嘱信托或遗嘱、遗赠中取得利益的人）有时可能没有管理能力。例如，受益人可能是无民事行为能力人、限制行为能力人，或者虽然有行为能力但缺乏管理财产之专业技能的人，如果直接采取遗赠或赠与的方式很可能会导致财产的散逸和浪费；而在信托中，可以利用专业的财产管理人的技能，更好地维护受益人的利益。

第二，在信托设定之时受益人可能尚未存在。遗赠虽属单方法律行为，但仍然属于有相对人的法律行为，缺乏现实存在的当事人就不可能进行直接的遗赠。一个明显的例子是：对胎儿虽然可以遗赠，但是似乎无法遗赠与未来可能

① 较早关于这一问题的研究：杨震、孙毅：《论后位继承制度的立法选择和法的构成》，载《求是学刊》2002 年第 5 期。最近的研究请参见王歌雅：《论继承法的修正》，载《中国法学》2013 年第 6 期。国内学者的论文大多是讨论引入“后位继承”的价值，强调该制度弘扬立遗嘱人意思自由的侧面，对该制度对财产法形成的冲击则较少论及。

出生的后代（当然，可以进行附期限的或者附条件的遗赠）。而在信托的场合，设立信托之时以未来可能会出生的“孙辈”作为受益人，信托依然能成立。

或许有人会主张：附条件或附负担的遗赠（《继承法》第 21 条，《民法典》第 1144 条）可以实现与信托类似的目的。但值得注意的是，英美传统的普通法规则是，一个人不能对财产的赠与或转让附加条件，限制该财产的转让，这种条件的设定与遗赠财产之性质是相违背的。[①] 即使允许一定程度的附条件的赠与，也无法进行如信托那样复杂的安排。赠与或者遗赠当事人无法预料未来发生的各种情形，当事人的义务特别是受赠人的义务要靠合同或者遗嘱中事无巨细的约定，因此会出现因约定不明而无法通过解释使之产生约束力的情形。而在信托中，在承认当事人于信托文件中约定事项的优先性约束力的同时，其他事务可以都交由受托人的裁量。而且，在附负担的遗赠场合，若赠与人死亡，缺乏监督受赠人的人，受赠人即使不履行赠与的负担，亦无人可强制执行，为此需要设置第三人对其进行监督，此时的结构和信托有同质化之嫌。

第三，如前所述，受益人即使存在，在欲指定多个受益人连续受益的时候，一般的赠与合同或者遗赠无法达到这样的效果。这种类型的遗赠之有效性和继承法有关，我国理论界对此并没有一致的看法。如果无法用遗赠达到这样的目的，能否通过信托来达到类似的目的，值得研究。在美国，设定多数人连续受益的权利是十分普遍的。例如，指定最初的受益人是妻子，妻子死后由孩子作为受益人。在这种情况下，如果采用赠与，若妻子移情别恋，则有可能无法达成当初的目的。而信托的设定可以保证自己的意愿在很久以后得到贯彻。换言之，信托（在一定的限制内）是为了使委托人的意思约束未来而采用的有效方法之一。

第四，在信托中，不仅可以授予受益人内容相同的权利，也可以授予受益人内容不同的权利。这是把信托作为使受益权多层化、多样化的手段使用。例如，把从财产中所得的收益都归 A，A 只能够取得信托财产的收益，剩余的财产本金归 B。继承法虽然规定可以进行附义务的遗赠等安排，但是，遗赠中若有涉及对多个受益人的时间不同、效力不同的权利安排的话，是否会创设出违背物权法定原则的权利（此举类似创设出附加条件的新物权种类）、该权利能否强制执行、谁能够主张强制执行，这些问题都是有争议的，这也体现出通过

---

① Broadway Nat'l Bank v. Adams, 133 Mass. 170 (1882), p171.

遗赠（单方法律行为）和赠与（契约）进行财产安排（estate planning）的局限性。

如上所述，把将来的财产自由地规划出同时或者异时的、分层的受益权，并且能够得到财产管理专家的帮助，这是设定信托的最基本的理由。

同样是通过法律行为的方式创设的制度，为什么遗嘱（遗赠）不能创设长期附条件的权利，而信托却可以？因为信托法制度作为一种更灵活的财产法制度，可以在一定范围内对财产权进行更为灵活的分割。某种意义上来说，信托法是意思自治边界的探索者和开拓者，信托法创设了很多新的财产权结构（或者物权类型），物权法上所不承认的居住权（《民法典》规定了居住权）、典权等均可通过信托达到类似的效果（当然，和物权公示类似，信托登记制度的不完备也使得当事人的此种创造遭遇一定法律障碍）。但是即使是信托，也不能无限地创设过分复杂的财产权，否则亦可能因违反公共政策而无效。例如，在英美信托法上，存在“反永久权规则（Rule Against Perpetuities）”，这实际上也是财产法上的一个重要原则，即属于对当事人创设权利自由的限制，和“物权法定原则”起到类似作用。或可以说，广义的物权法定原则即属于限制契约自由的制度。

二、遗嘱信托的要式性问题

《信托法》规定信托设立必须采取书面的形式，合同信托和遗嘱信托均如此，因此，不能使用继承法所允许的口头遗嘱形式（《继承法》第17条，《民法典》第1138条）设立遗嘱信托。[①] 在英美法上，采用遗嘱信托的主要目的是规避关于遗嘱的法定形式的要求，在我国，虽不存在如英美法上那样繁复的形式要求和遗嘱检认（probate）程序[②]，但由于信托法对于全体信托类型均采用要式主义，遗嘱信托所采取的形式要求比继承法还要严格，这极大地限制了遗嘱自由。

英美法谚有云：衡平法更重视意图而不是形式（Equity regards the intention rather than the form）。在英美法上，主要讨论是否有确定的设立信托的意图或

① 录音遗嘱虽然采取口头叙述的形式，但因有录音作为可以保存的载体，似可作为特殊的书面形式。

② 验证遗嘱是否有效的司法程序，其内容包括搜集遗产、清偿债务、缴纳税款、向继承人分配遗产等。这些工作通常在遗嘱检验法院或者其他有关权限的法院的监督下由遗嘱执行人或者遗产管理人进行。薛波主编：《元照英美法词典》，法律出版社2003年版，第1098页。

者意思，对设立信托的形式并无一般的要求。但根据《信托法》第8条，我国的信托合同为要式合同。信托不能通过口头设立，也不能通过行为（以默示的方式）设立，在我国信托实践主要是营业信托的背景下，为了保护受益人（委托人）的利益，强调要式性具有一定的合理性，但这在客观上增加了设立民事信托的难度。

个人以为，为了促进民事信托特别是遗嘱信托的适用，在坚持信托法的严格要式主义的基础上，在解释遗嘱信托成立的时候，应认为只要采取了符合要求的书面遗嘱形式，即使在该书面遗嘱中没有出现“信托”等字眼，只要当事人的意愿符合设立信托的条件，亦应解释为遗嘱信托成立。甚至委托人缺乏对信托术语的了解也不影响信托的成立。例如，沈甲（S）将1万元转让给唐乙（T），在一份书面文件里要求唐乙为其外甥包丙（B）投资这笔钱，每年在他生日时将投资的收益交给他，到他30岁时，再将本金1万元全部给他。但是，如果你问沈甲什么是信托，什么是受托人，他可能对此一无所知，此时委托人是否知道信托的概念并不起关键作用。为了促使信托的成立，应对委托人意思做宽泛解释：只要有设立信托的意图，即使书面的遗嘱文件中没有标明“信托”，亦应予以认可。[①] 在整个民事领域，应在合适的场合运用信托法理对法律关系进行解读，把法律行为解释为信托行为[②]。此时亦无必要创设所谓“事实上的信托”的概念，可以根据各方的事实上的权利义务关系，直接把其法律关系解释为遗嘱信托。正如后文的案例所揭示的，我国的法院通过解释把设立遗嘱信托的意愿强制执行，已经成为现实。

甚至就符合条件的口头遗嘱信托的安排，也可以基于民法上的法律行为解释理论承认其信托设立的效力。信托不同于合同，遗嘱信托更不同于合同，但是遗嘱信托是通过遗嘱这种法律行为设立的，因此，可以参照合同法和法律行

① 我国有案例把借贷纠纷按照信托关系处理，法院的主要论证理由是原告的弟弟和被告是同事，存在信任关系，所以是信托。参见河南省封丘县人民法院判决：(2013)封民初字第0006号。此种论证颇为牵强。二审法院则以当事人之间不具备书面信托合同、信托财产不具备独立性、受托人不是以自己的名义对外交易等理由认定信托关系不成立。因此，把原审的恢复原状的救济改判为被告按其过错程度赔偿损失。参见：杨广修与马振华委托合同纠纷案，河南省新乡市中级人民法院(2013)新中民二终字第410号。

② 例如，在日本东京地方裁判所在平成24年(2012年)6月15日判决(金判1406号第47页)中，就甲、乙、丙、丁四人把旅行费用放在甲的账户上积累，法院承认了以甲为受托人，乙、丙、丁为委托人兼受益人的信托成立。在日本最高裁判所2002年1月17日判决中(民集56卷1号20页)，承包人乙承揽地方公共团体甲的公共工程，经保证事业公司丙的担保受领工程预付款，存入银行，法院认定甲和乙之间成立信托关系，预付款为信托财产，当事人之间成立以支付工程必要经费为目的的信托合同。尽管当事人没有明示“设立信托”的意思，信托仍成立。另外，参见，道垣内弘人『信託法入門』(日経文庫、2007年)，第25－26页。

为的相关规定和法理进行解释。《合同法》第36条和第37条的规定对要式合同强制性的弱化，可以用来论证对遗嘱信托要式主义的弱化。该法第36条规定“法律、行政法规规定或者当事人约定采用书面形式订立合同，当事人未采用书面形式但一方已经履行主要义务，对方接受的，该合同成立”，第37条也规定：“采用合同书形式订立合同，在签字或者盖章之前，当事人一方已经履行主要义务，对方接受的，该合同成立。”《民法典》第490条又重申了类似的规则（第490条：当事人采用合同书形式订立合同的，自当事人均签名、盖章或者按指印时合同成立。在签名、盖章或者按指印之前，当事人一方已经履行主要义务，对方接受时，该合同成立。法律、行政法规规定或者当事人约定合同应当采用书面形式订立，当事人未采用书面形式但是一方已经履行主要义务，对方接受时，该合同成立）。在我国，虽然信托法对信托遗嘱的要式性做了严格要求，也需要注意合同的解释论和遗嘱的解释论的不同，但是，如果承认合同法相关规定的解释力，只要能够证明信托设立的意图，且该意图具有明确的内容，即便合意不是以书面的形式达成的，也不能径行认定无效。

三、遗嘱执行人、遗产管理人和遗嘱信托受托人

（一）《继承法》的粗略规范

《继承法》中不存在完善的遗嘱执行人制度。虽然《继承法》规定了遗嘱执行人（《继承法》第16条），但是遗嘱执行人的选任、职责、履职程序等规则都付诸阙如，无法形成一个可操作、可执行的制度，最直接的后果是，被继承人死亡之后无法确定谁是有义务管理遗产的人。在立遗嘱人通过遗嘱设立信托之后，如果立遗嘱人死亡，遗产即成为信托财产（不按法定继承处理），会按照立遗嘱人的意愿执行；此时若没有完善的遗嘱执行人制度，则不清楚谁是把遗产转移给受托人的义务人，遗产若按法定继承处理，则遗嘱和遗嘱信托的制度价值则大打折扣，立遗嘱人的愿望会落空。

《民法典》在这些方面做出了一些完善。

（二）《民法典》完善了遗产管理人的担当

根据《民法典》第1133条，自然人可以指定遗嘱执行人。另根据第1145条，继承开始后，遗嘱执行人为遗产管理人；没有遗嘱执行人的，继承人应当及时推选遗产管理人；继承人未推选的，由继承人共同担任遗产管理人；没有

继承人或者继承人均放弃继承的，由被继承人生前住所地的民政部门或者村民委员会担任遗产管理人。第 1146 条还规定，对遗产管理人的确定有争议的，利害关系人可以向人民法院申请指定遗产管理人。

由上面的规定可以看出，遗嘱执行人是立遗嘱人指定的人，其主要功能是执行遗嘱和管理遗产，成为遗产管理人。除立遗嘱人指定的遗嘱执行人作为遗产管理人以外，遗产管理人可以由继承人推选的人、所有继承人、民政部门或者村民委员会和法院指定的人担任。

从《民法典》的条文看，遗嘱执行人不过是产生遗产管理人的一种途径，几乎没有不同于遗产管理人的职权。《民法典》的上述规定完善了遗产管理人的担当。

（三）《民法典》明确了遗产管理人的职责

《民法典》第 1147 条规定，遗产管理人应当履行下列职责：（一）清理遗产并制作遗产清单；（二）向继承人报告遗产情况；（三）采取必要措施防止遗产毁损、灭失；（四）处理被继承人的债权债务；（五）按照遗嘱或者依照法律规定分割遗产；（六）实施与管理遗产有关的其他必要行为。这些都是关于遗产管理人职责和职权的规定。

另外，根据第 1149 条规定，遗产管理人可以依照法律规定或者按照约定获得报酬。遗产管理人可以依约定取得报酬可以理解，但是，依法律规定取得报酬为何？似乎可以解释为，在遗产管理事务比较复杂和专业的场合，特别是在遗产管理人为法院指定的场合，即可以根据未来出台的细则确定遗产管理人的报酬。

（四）关于遗产管理人责任的规定不妥

《民法典》第 1148 条规定，遗产管理人应当依法履行职责，因故意或者重大过失造成继承人、受遗赠人、债权人损害的，应当承担民事责任。这一点是按照普通侵权责任对遗产管理人的责任做出规定。但是，遗产管理人的职责主要是审核及财产处理，其地位和信托受托人特别是遗嘱信托受托人十分类似，所以，关于遗产管理人的责任应可参照信托法受托人责任的规定。最明显的例子是，如果遗产管理人利用其地位将遗产和第三人进行交易，按信托法原理，这属于违反忠实义务的行为，继承人（受益人）不需要提交证据证明受托人存在过错，也不需要证明遗产管理人的行为给遗产造成实际的损失，这种行为本身具有利益冲突的性质，就应该被禁止，除非有符合《信托法》第28条但书或者类似的情形，继承人（受益人）原则上可撤销交易，甚至让遗产管理人吐出所得。本条没有区分遗产管理人的谨慎义务和忠实义务，一律按侵权法一般规则处理，有失允当。

我国传统民法的研究基本上无视信托法的理论，对遗嘱执行人法律地位的研究并不深入。其实，遗嘱执行人或者遗产管理人的职责类似于信托中的受托人，在英美法的理论上，信托受托人和遗嘱执行人均属于受信人（fiduciary），有时甚至是不予区分的。例如，在英国的 Re Speight（1883）中，著名法官 Jessel M. R. 总结道：在现代社会，法院已经不再区分遗嘱执行人和受托人了，他们依照同样的原则承担责任。①

在我国，信义义务观念的缺乏让我们无法认识到实际控制遗产的人、遗嘱执行人即遗产管理人地位对于财产传承的重要性。虽然可以通过理论解释把实际控制遗产的继承人等视为遗嘱执行人或者受托人，承担受托人的职责，或者，按照所有法定继承人为共同共有人的逻辑，使他们相互之间承担信义义务（fiduciary duties），② 但这并不能有效地解决责任的承担问题，更无法解决法院在适用法律上的不确定性。因此，还需要通过立法来提供完备而清晰的规则，借助信托受托人的理论重塑遗嘱执行人和遗产管理人制度。同时，直接引入遗嘱信托制度，完善遗嘱继承制度，给当事人更灵活高效的制度选择。

四、遗嘱信托中受托人义务的特殊性

遗嘱信托的受托人可以是自然人，也可以是非专业人士，有时甚至是不取报酬的，但是这是否意味着受托人的义务会比较低呢？

一般性地比较遗嘱信托当中的受托人和商事信托受托人之间的义务可能是不恰当的。

受托人的义务标准是客观标准，应该当遵守处在这个位置上的人应当遵守

① 转引自何宝玉：《英国信托法原理与判例》，法律出版社2001年版，第32页。

② 《葡萄牙民法典》的第四编“遗嘱继承编”规定有“信托替换”制度，根据该制度，遗嘱中可以规定某些继承人有义务保存遗产，该继承人死亡之后把遗产转归另一人所有。其中负有保存遗产义务的继承人为受托人，在该信托替换中取得利益的人为信托受益人（《葡萄牙民法典》第2286条），这里的信托受托人同时有遗嘱执行人（受托人）和受益人（类似终生受益人）的双重身份，该条明确地承认了通过遗嘱对遗产的多层安排；但同时为避免创设出过分复杂的分层安排，该法规定“超过一次的信托替换无效”（同法第2288条）。该制度适用于遗嘱继承或者遗赠（同法第2296条）。《葡萄牙民法典》，唐晓晴等译，北京大学出版社2009年版。

的一般规则。在遗嘱信托中，委托人去世遗嘱信托才生效，受托人几乎没有机会通过约定降低自己的义务标准。不过，遗嘱信托的受托人就信托事务的管理有更大的裁量权，受益人的监督权行使客观上也受到一定限制，相比之下受益人的地位更脆弱，对受托人的依赖更严重。

而在商事信托当中，不少委托人是机构投资者，和受托人之间是平等交易（arm's length transaction），即使是非机构投资者，多数也是合格投资者，受托人有更多的机会通过信托文件的约定降低自己的义务标准。在某些集合类的信托中，受益人虽然并无太多磋商的权利，但是会受到更多的法定监管规则和行业自律规则的保护。

所以，整体上而言，民事信托中受托人要更多地受信托法上关于法定的信义义务的约束；商事信托的受托人则有更多的机会通过合同保护自己（作为受益人机构投资者也是如此），但受托人义务的边界受法定的监管规范调整，很难一概地认为商事信托受托人的义务相比遗嘱信托项下的受托人义务会有所削减。

五、遗嘱信托和特留份制度

特留份制度是继承法上的一项制度，比较法上虽然有罗马—德国法系统和日耳曼—法国法系统的区别，但是二者都承认特留份是为了保护法定继承人而限制被继承人之遗嘱自由的一项制度。① 遗嘱信托的安排如果侵害了特留份，其效果是特留份的继承人可以行使扣减权，而遗嘱信托本身并非无效。②

我国继承法上的特留份制度是暧昧不清的。《继承法》未明确使用“特留份”这一概念，只是在其第 19 条规定：“遗嘱应当对缺乏劳动能力又没有生活来源的继承人保留必要的遗产份额。”同法第 14 条亦规定：“对继承人以外的依靠被继承人扶养的缺乏劳动能力又没有生活来源的人，或者继承人以外的对被继承人扶养较多的人，可以分给他们适当的遗产。”在遗产分割时，还要求保留胎儿的继承份额（同法第 28 条），使用了“保留份额”这样的表述。其中第 14 条把享有保留权利的人规定得比较宽泛，不仅是继承人，继承人以外的人也有资格对遗产主张权利。但是严格看来，第 14 条属于法定继承的规定，使用的是“可以”，是授予法官是否分给适当遗产的自由裁量权，很难说这授

① 林秀雄：《继承法讲义》，元照出版公司 2005 年版，第 315－317 页。
② 谢哲胜：《信托法》，元照出版公司 2007 年版，第 81 页。

予了当事人一种完整的权利，因此不能理解为是关于特留份的规定。第 19 条的规定也和域外民法上的特留份制度有极大的不同，该条中虽然用“应当”二字表明了强制性，但是把判断什么是“必要的遗产份额”的权利交给了法院裁量。而比较法上的特留份制度是为特定的人预留了法定的比例，法院鲜有裁量之余地。①

《民法典》第 1131 条把能够取得保留遗产的人的范围从《继承法》第 14 条的“继承人以外的依靠被继承人扶养的人”改为“继承人以外的依靠被继承人扶养的缺乏劳动能力又没有生活来源的人”，扩大了其范围。《民法典》第 1141 条对《继承法》第 19 条没有实质性的改变。

在我国，认识到遗嘱自由观念是契约自由观念的一种体现，是随着民众私有财产权观念的发展而逐渐形成的。过去，私有财产的范围有限，主要是动产，而且法律提供的财产安排手段也有限。将来，随着财产量的增加和质的改变，按照自己的意愿安排遗产的法律结构势必增加并复杂化。过去不会成为问题的遗产处分权的问题就会显现出来。继承法作为财产法规则提供者的重要地位也将重新被人们认识到。② 上述内容所显示的继承法和信托法的关系问题处于不确定状态。

至于遗嘱信托是否存在侵害特留份的问题，虽有观点认为，信托为极富弹性的制度，原则上应不受特留份的限制③，但笔者以为，信托法规定遗嘱信托的设立应遵守继承法，如果继承法关于特留份的制度是强制性的法律规定，也不能通过遗嘱信托规避或者违反该制度。由于我国并没有确立强制性的特留份制度，因此通过遗嘱信托进行财产安排所受的限制要比国外小。

六、遗嘱信托的生效时间和受托人的确定

以遗嘱方式设立的信托为遗嘱信托。在以契约（合同）方式设立信托的时候，受托人之所以负有受托义务，是因为委托人和受托人之间存在合意。但是，通过遗嘱的方式设立信托，并不一定存在这样的合意。委托人可以指定受托人，命其遵照一定的目的从事财产的管理、处分以及其他为了实现这一目的

① 日本民法第 1028 条以下；德国民法第 658 条以下；法国民法第 913 条以下。

② 继承法作为财产权取得的方法和债务转移的方法，属于财产法，只是由于传统的原因作为亲属法的一部分来处理。[日]内田贵：《民法Ⅳ亲族·继承》（补订版），东京大学出版会 2004 年版，第 326 页。

③ 方嘉麟：《信托法之理论与实务》，中国政法大学出版社 2004 年版，第 51 页。

的适当行为。多数情况下，委托人在立遗嘱之前请求对方成为自己的受托人，若对方承诺则成为受托人。不过，有时也会有人在不知情的情况下被指定为受托人，而委托人原本所选定的人并没有承诺的义务。从法律性质上看，遗嘱是单方死因行为，即遗嘱的成立和生效并不取决于相对人的承诺。我国《继承法》虽然没有规定遗嘱生效的时间，但一般认为，遗嘱在立遗嘱人死亡时生效。相应地，遗嘱信托的成立也不应取决于受托人是否承诺，遗嘱信托成立的时间应当是立遗嘱人死亡的时间。

但是，我国信托法上的关于遗嘱信托成立的相关规定违背了遗嘱的这一属性。我国关于遗嘱信托成立时间的规定是《信托法》第 8 条，根据该条，采取信托合同以外的其他书面形式设立信托的，“受托人承诺信托时，信托成立”，这一条的反面解释是，在以遗嘱这种“信托合同以外的其他书面形式”设立信托的时候，若没有得到受托人的承诺则信托不能成立。这样做似乎混淆了契约行为（合同行为）和单方行为，也和英美信托法上的“衡平法不允许信托因缺乏受托人而无效（Equity will not allow a trust to fail for want of a trustee）”的原则不符①。幸好的是，《信托法》第 13 条在第二款同时规定，在遗嘱指定的人拒绝或者无能力担任受托人的，根据遗嘱的规定或者由受益人等另行选任受托人，这恰恰证明遗嘱信托不会因为受托人的拒绝、不能胜任等事由而无效。

在比较法上，《日本信托法》规定遗嘱信托在“该遗嘱发生效力时生效”（《日本信托法》第 4 条 2 项），即使被指定的人没有表示接受的意思，或者拒绝接受，或者遗嘱中根本没有指定受托人这些情形，此时受托人没有确定，但信托业已成立；受托人接受信托的，应溯及被继承人死亡时，也即遗嘱生效之时生效②，否则原本用作设立信托的财产会根据一般的继承规则归属于继承人。为了避免这种情况的发生，原则上应把遗嘱信托的成立时间确定在遗嘱生效的时间。如此一来，信托在委托人（立遗嘱人）死亡之时成立，遗产转化为信托财产，受信托关系之约束，而避免按照法定继承的规则处理，体现了对委托人意愿的最大尊重。

如前所述，《信托法》第 13 条第 2 款之规定似乎缓和了第 8 条的不合理规定。该条款规定：“遗嘱指定的人拒绝或者无能力担任受托人的，由受益人另

---

① 比如按照美国法，只有存在有效的财产转移，即使受托人对此并不知情，信托亦成立。也即，通知受托人或者接受信托的承诺对于信托的成立均非必要。Rest. 3d § 14. 该规则同样适用于非遗嘱信托。

② EDWARD C. HALBACH, JR, Trusts, Gilbert Law Summaries, Thomas/West, 2008. p82.

行选任受托人；受益人为无民事行为能力人或者限制民事行为能力人的，依法由其监护人代行选任。遗嘱对选任受托人另有规定的，从其规定。”结合此条款，在遗嘱指定的受托人拒绝或者不能胜任之时，法律仍然提供了选任新受托人的程序，并不会导致信托的不成立和无效。

《信托法》第13条第2款把选任新受托人的职责授予了受益人。立法者的本意似乎是，允许受益人指定受托人是因为已没有其他的人可以行使指定权——立遗嘱的人（委托人）已经死亡而受托人拒绝行动。但是，在实践中，如果允许受益人选任新受托人，受益人可能会指定和自己有关系的人，这样会导致受托人和受益人之间的制衡关系失效。① 在普通法上，信托受益人永远没有指定受托人的权力；在信托文件没有规定或者没有在任或离任的受托人愿意指定新受托人的时候，法院有权指定②。由于我国《信托法》中没有类似条款，委托人为确保信托成立应在信托文件（遗嘱）中明确规定如何选任受托人，或者指定多个受托人。

在我国遗嘱信托制度中，有关遗嘱所指定受托人的确定程序，以及新受托人的选任程序的规定不甚完善。在《日本信托法》里，利害关系人（受益人、继承人等）可以“在规定的期限内就是否承诺信托，对被指定为受托人者进行催告并要求给以确切的答复（第5条1项。原则上需要对委托人的继承人答复）”，之后，接受的人承担受托人之义务。而就新受托人的选任程序，我国信托法也仅仅规定了受益人及其监护人享有选任权，但没有规定这些选任主体亦不存在之时及各个受益人（及其监护人等）就新受托人人选有争议之时、无法确定之时的救济程序。在《日本信托法》上，在受托人不接受委托的时候，“法院可以根据利害关系人的申请选任受托人”（第6条1项），这样的规定更为全面［若不存在受托人，任何对信托财产有产权资格的人（whoever has title to the trust property）即被认为是受托人。否则，法院会指定一个受托人］，更符合促进遗嘱信托成立生效的原则，也凸显尊重意思自治原则的私法精神。

七、遗嘱信托的可撤回性及破产隔离功能

需要澄清的是，遗嘱信托虽然具有财产规划和财产处分的强大功能，但是

① LUSINA HO，Trust Law in China，Sweet & Maxwell Asia，2003，p81.

② Trustee Act，1925（England and Wales），s. 41；Restatement（Second） of Trusts，§ 108.

因其具有随时可撤回的特征，在委托人死亡之前不能算是完成了财产的处分，遗嘱信托不具备与委托人的财产破产隔离和避债的功能。

不少人宣传遗嘱信托在家族信托中的应用，宣传遗嘱信托在家族信托中的各种强大的功能包括破产隔离功能。这是错误的。遗嘱信托，是可撤回的、动态的。理解这一点非常重要。一个符合法律要求的遗嘱信托可以由立遗嘱人在其生前加以变更，只需要遵照法律对遗嘱变更的形式要求即可。当然，修改的遗嘱和遗嘱信托也会带来很多意想不到的问题，例如，新修订的遗嘱信托如果无效，旧遗嘱信托是否复活?

遗嘱信托是指在立遗嘱人死亡之时生效的信托。受益人在委托人死后取得利益的信托并非都是遗嘱信托。例如，在英国，如果甲宣布自己为自己终生（life estate）持有黑土地，甲的个人代表可以在甲身后为了乙的利益持有财产。这是一个标准的生前信托，该信托在甲宣告之后已经生效，乙已经确定地取得黑土地上的未来权益（future interest）。

遗嘱信托是动态的，意味着妥当订立的遗嘱信托和遗嘱类似，订立之后并不产生确定的效果，只在立遗嘱人死亡时确定地发生效力。在遗嘱订立之后和立遗嘱人死亡之前，立遗嘱人、受益人和信托财产都可能发生很多变化。例如，如果受益人先于立遗嘱人死亡，该受益人的可能权益丧失（lapse），相关财产归于其他受益人（信托或者遗嘱继承）或者立遗嘱人（法定继承）。立遗嘱人生前十分富有，可以立下遗嘱，把自己的特定财产，如汽车、房屋或者存款分别归于不同的受益人，但是等他死的时候可能已经破产，该遗嘱信托的受益人什么也得不到。

遗嘱信托在立遗嘱人死亡之时生效，所以，在立遗嘱人生存期间，他可以随时修订甚至废弃该遗嘱信托。委托人可以在遗嘱信托中约定其特定的财产为信托财产，也可以约定到他去世后所有的遗产都归为信托财产，按遗嘱信托处置。立遗嘱人死亡之时，必须先以其遗产清偿立遗嘱人的债权人，如此一来，成为信托财产的财产可能会减少甚至完全不存在。可以认为，在订立遗嘱信托的当时，直至立遗嘱人死亡之前，其财产没有进行有效的处分，因此没有债务和破产隔离功能。所以期待一个人通过订立遗嘱信托产生将委托人的财产与其他财产隔离的效果是不可能的。

按照我们熟悉的术语，遗嘱信托和遗嘱一样，在立遗嘱人生前，最多只相当于创设了一种期待权。

作为对比，委托人通过生前信托处分了其个人财产，即使该信托是可撤销的，信托也不是动态的和不确定的，因为在该信托所创设的权益在信托被委托人撤销之前不会因为受益人先于委托人死亡而失效——如果某一受益人死亡，其继承人将在委托人死亡后取得（继承）完全的财产权（fee simple）。在立遗嘱人死后如果其财产减少或者破产，信托财产也不构成立遗嘱人的遗产，因为其在其生前已经被处分。(这似乎意味着，遗嘱代用生前信托只是导致受益权被变更撤销的可能性，一般不能回复到委托人手中)

关于可撤销信托，根据传统的英国信托法规则，除非约定，信托不可撤销。而在现代美国法上，委托人可以保留撤回信托的权利变成了一种缺省性规则或者备用性规则（default rule）。根据美国信托法（第三次）重述、美国统一信托法（UTC）以及不采用统一信托法的州成文法，除非信托文件中明确表明信托是不可撤回的，原则上生前信托是可以撤回的。不过在效果上存在一些差异。美国信托法（第二次）重述，只要委托人自己不行使撤回权，委托人的债权人就不能追索信托财产，而在统一信托法典中却允许委托人的债权人直接执行信托财产。在保护债权人的同时能让信托继续存在这一点上，还是比较灵活的。也就是说在美国信托法上，如果信托委托人保留撤回权，此时信托并非无效。正如公司股东滥用其有限责任地位，并不会导致公司无效，而只是导致通过个案揭破公司面纱。

所以，通常的家族信托最好还是采取生前信托为好。

八、遗嘱代用生前信托

通过明确遗嘱信托的内容，就能达到法的安定化之目的，遗嘱信托制度就能得到更好的运用。但是，为了达到这种目的，必须遵守继承法上关于遗嘱继承的严格形式要求；而且，遗嘱信托是死因行为，在立遗嘱人死后发生法律效力，信托财产要在委托人死亡之后转移给受托人，关于遗嘱的执行可能会在利害关系人之间产生纠纷。而如果通过合同签订生前信托（合同信托），该信托一旦设定，委托人原则上不能撤销，这样就不能应对设立信托之后可能发生的变化。为此，可撤销的生前信托越来越多地被采用。[①]

委托人在生前以契约的形式设定信托，转移给受托人，在自己存活期间自

① 高凌云:《被误读的信托——信托法原论》,复旦大学出版社2010年版,第161页。

己为受益人；在自己死亡后，以死亡为始期，以其配偶、子女等作为受益人（死亡后受益人），以信托的方式进行死后的财产分配，这能产生和死因赠与类似的功能[①]。最典型的例子是，《日本信托法》（2006）承认了遗嘱代用信托。《日本信托法》第 90 条第一项规定：（1）信托中规定委托人死亡时被指定为受益人的人取得受益权的，（2）信托中规定在委托人死亡后，受益人接受信托财产之给付的，委托人拥有变更受益人的权利，但信托行为另有规定的，从其规定；该条第二项还规定，前项第（2）号之受益人，在同号之委托人死亡前，不享有受益人的权利（此时该人虽然取得了受益人的资格，但是在委托人想要终止或者变更信托的场合，如果需要得到这些受益人的同意，这违背利用遗嘱代用信托制度之委托人的意思），但信托行为另有规定的，从其规定。

死因赠与的场合，和一般赠与合同的撤销不同，有必要更尊重赠与人意思，应准用遗嘱撤回的规定。死因赠与的赠与人任何时候都可以撤销赠与。而在遗嘱代用生前信托的场合，和死因赠与同样，其目的是死后的财产承继，亦应尊重委托人的意思。但是，由于这种信托契约在委托人生前就产生法律效力，这和因死亡而发生效力的遗嘱和死因赠与等会产生不同的法律效力，因此，不能类推适用撤销遗嘱的规定。参见相关法律：《合同法》第 186 条，《日本民法典》第 550 条亦有类似规定：非依书面的赠与，各当事人可以撤回。但已履行完毕的部分，不在此限。《日本民法典》第 1022 条规定：遗嘱人可以随时按遗嘱的方式将遗嘱全部或者部分撤回。同法第 554 条规定：以赠与人死亡发生效力的赠与，准用关于遗赠的规定。

根据信托法原理，信托设定之后委托人原则上不能变更受益人（《信托法》第 51 条）。而由于遗嘱代用信托的目的是解决委托人死后的财产继承问题，因此，委托人享有和遗嘱以及生前赠与同样的权利，因此，《日本信托法》第 90 条规定了“受益人变更权的特则”，即，即使在信托行为中委托人没有保留变更受益人权利的场合，委托人亦能在其存活期间变更受益人。总而言之，遗嘱代用信托采取的是和遗嘱信托不同的合同信托行为。和遗嘱信托相比，遗嘱代用信托在设定形式上的要求没有遗嘱信托那么严格；又同样能产生死后财

① 新井誠『信託法〔第 3 版〕』（有斐閣、2008 年），第 169 页。

产处分的效果，在这一点上和遗赠及死因赠与的功能又没有大的区别①，因此是十分灵活的制度。

但是，由于我国信托法没有遗嘱代用信托的规定，当事人如果做出这样的安排，无法根据信托法和继承法来判断这种安排到底是生前信托（合同信托）还是死后信托（遗嘱信托）。该安排可能会被解释为违反《合同法》第52条第3款的“以合法的形式掩盖非法的目的”而无效；还可能会因不符合《继承法》的形式要求和其他实质性要求而被宣布无效②。我国应参考国外的相关制度完善我国的遗嘱代用信托制度，给当事人更丰富灵活的选择。

九、遗嘱信托财产的归属

应当研究遗嘱信托财产在转移给受托人之前的归属问题。遗产不能成为没有归属权人的财产，哪怕为其设置的只是技术上的财产权人。否则就只能按照法定继承处理，使委托人意愿落空。

在讨论合同信托的时候，笔者主张区分信托合同的成立和信托关系的成立。前者类似债权行为，后者类似处分行为。或者说整个信托行为属于处分行为。就遗嘱信托而言，这个问题看起来更复杂一些。

遗嘱属于单方法律行为、死因法律行为。遗嘱信托作为一种法律行为也应如此看。遗嘱在立遗嘱人（委托人）死亡时成立生效，此时遗嘱信托行为也生效。原因在于，遗嘱行为本身就是一种处分行为，该种处分行为不以财产权的转移为条件，而是通过遗嘱创设出一种不同于普通遗产的特殊财产，就这一部分财产按照立遗嘱人的意愿分配，不受关于遗产的法定继承规则的支配。

在遗嘱中，遗嘱所涉财产权随着遗嘱生效即转移给遗嘱继承人（日本民法第176条）。同理，在遗嘱信托当中，因遗嘱生效，信托也生效（日本信托法第4条第2项），信托财产不再属于委托人的继承财产。理论上，即使没有采取财产登记等公示手段受托人也得就自己对信托财产的权利对抗第三人。

---

① 死因赠与的场合和一般赠与合同的撤销不同，有必要更尊重赠与人意思，应准用遗嘱撤回的规定。死因赠与的赠与人任何时候都可以撤销赠与。而在遗嘱代用生前信托的场合，和死因赠与同样，其目的是死后的财产承继，亦应尊重委托人的意思。但是，由于这种信托契约在委托人生前就产生法律效力，这和因死亡而发生效力的遗嘱和死因赠与等会产生不同的法律效力，因此，不能类推适用撤销遗嘱的规定。参见相关法律：《合同法》第186条。《日本民法典》第550条亦有类似规定：非依书面的赠与，各当事人可以撤回。但已履行完毕的部分，不在此限。《日本民法典》第1022条规定遗嘱人可以随时按遗嘱的方式将遗嘱全部或者部分撤回。同法第554条：以赠与人死亡发生效力的赠与，准用关于遗赠的规定。

② LUSINA HO, Trust Law in China, Sweet & Maxwell Asia, 2003, p76.

遗嘱信托和合同信托相比的特殊之处在于：合同信托的信托关系欲成立，需要将信托财产从委托人的财产中剥离出来，转移给受托人（宣言信托的场合例外），以达到和委托人的财产相隔离的效果。而遗嘱信托中遗嘱生效和遗嘱信托关系的生效是在一个时间点——立遗嘱人（委托人）死亡。此时，其对信托财产的处分产生效力，遗嘱信托文件中确定的财产（除此之外立遗嘱人可能把自己的遗产设立了其他的信托比如慈善信托，还有一部分按照法定继承处理，等等，其中按照法定继承处理的为一般财产，其他的设立信托的财产都属于特别财产，从其一般财产中分离出来）归属于信托（形式上归属于受托人）。

对此解释的主要疑问在于，信托财产还没有具体归属于受托人，信托关系如何产生呢？

立遗嘱人（委托人）死亡的时候起，作为信托财产之财产已经从立遗嘱人（委托人）的固有财产中剥离出来，委托人（立遗嘱人）的继承人甚至包括其他债权人不能就该特定财产主张权利（通过遗嘱信托处分了不该处分的财产是另外一个问题）。这一点不同于合同信托。合同信托需要委托人把财产转移给受托人以达到处分其财产的目的，只有完成例如不动产转移登记这一过程才能实现剥离该财产于委托人固有财产的效果。

用一句简单但深奥的话总结一下：仅有合同而没有公示不能完成处分行为；而遗嘱加上死亡本身就已经完成处分行为。

而且，合同信托中，信托财产不转移给受托人，受益人不能对信托财产产生一种类似对物的权利。而遗嘱信托因立遗嘱人死亡，其信托财产即使不转移给受托人，遗产信托已经产生不同于立遗嘱人一般遗产的处分效果，受益人已经可以对信托财产这个特别的财团产生一种对物的权利。至于受托人是谁，在理论上并不重要。所需要注意的是，遗嘱信托在立遗嘱人死亡之后、转移给受托人之前的地位和归属如何确定。

由于立遗嘱人死亡之时，对遗产当中的欲设立信托部分财产的处分已经完成，不能因为信托财产没有转移给受托人就认为信托不生效，也不能认为信托文件指定的受托人拒绝或者不能胜任的时候信托就无效，否则就会产生信托财产归属于立遗嘱人的遗产而按法定继承处理的违反立遗嘱人意愿的情况。

此时，立遗嘱人的遗嘱执行人、相关信托财产的实际占有人等有义务将信托财产转移给信托文件约定的受托人。遗嘱执行人和财产占有人对信托财产处于类似受托人的地位。

其实这个问题一点都不高深莫测。在普通的遗嘱场景，在立遗嘱人死亡之后，分配给遗嘱继承人之前的遗产的法律地位和这个基本类似。从技术上，我们需要为任何财产找到归属与其主体，即便这个主体不能从财产中取得任何真实的利益。某些国家民法中关于遗产法人地位的解决方法也是如此。

在美国法上，受托人接受遗嘱信托的受托，则信托财产溯及信托成立之时归属于受托人。受托人拒绝接受也不会导致信托财产的产权归属于受益人，但是应归属于委托人的继承人，不过此时继承人是以受托人的身份持有该财产的产权。①

十、遗嘱信托的应用场景

对于业界所关注的家族信托而言，其涉及的信托财产数额多、类型多，设立目标多元，信托事务复杂，不适合用遗嘱的方式设立，否则会增加很多不确定性。而且遗嘱信托在生前很难产生破产隔离功能。但是，这并不意味遗嘱信托没有价值。遗嘱信托有着特定的适用场景。

（一）家庭信托

家庭信托的信托财产简单，数额少，信托事务处置简单，存续期间较短，不涉及复杂的未来规划，可以用遗嘱信托处理。

（二）目标明确的专项目的信托

在从事家族财富安排的时候，有一些事项内容和目的十分明确，且意欲在立遗嘱人身后发生效力的，可以遗嘱信托的方式做出安排。

（三）避免单独事项的效力影响整个家族信托的效力

有一些特别事项，处在法律效力不确定的地带，为了不影响整个财富规划的效力，可以把这些事项单独设立遗嘱信托。

（四）避免生前生效和委托人产生冲突

基于情感等因素，立遗嘱人不想把冲突直接表面化，可以做出遗嘱信托的安排。

① Bogert，p103.

（五）紧急情况下的不得已之选

此处不赘述。

十一、余论

除上述问题以外，和遗嘱信托相关的问题仍然很多，限于篇幅，只在文末对几个相对重要的问题做简单概括。

第一，遗嘱信托、公序良俗和“反死手原则（anti - dead - hand rule）”。遗嘱信托的违反公序良俗的问题，和普通遗嘱中的违反公序良俗的问题相比，有类似性，也有其特殊之处。原则上，遗嘱和遗嘱信托均为死因行为，在遗嘱中被认定为是违反公序良俗的行为，通过遗嘱信托如此行为也会产生同样的后果。也即，信托并无“神奇的魔力”去“规避”法律的强制性规定。把违反公序良俗行为作为确定违法性边界的行为来理解似乎是有道理的。和遗嘱信托相关的一个重要理论问题是反对恣意的信托目的（capricious purpose）原则，即“反死手原则”。该原则防止财产的所有人通过遗嘱或者遗嘱信托去做他活着期间原本可以自由去做的事情。例如：委托人生前可以毁坏其所有的伦勃朗画作（Rembrandt），但是他不能立下遗嘱让受托人去这样做。另如，在“泸州遗赠案”[①] 中所显示的，如果立遗嘱人在其活着期间把个人财产全部赠与“情人”，似乎没有法律能阻止他这样做[②]，但是他通过遗嘱这样做甚至通过遗嘱信托这样做，其行为都有可能会因违背公序良俗等而被宣布无效。如何解释对转让人（赠与人、遗赠人、设立遗嘱信托的人的行为本质上都属于对财产的转让）生前和死后行为的区别对待？一个可能的理由是：一旦进入坟墓，一个死去的人就不能在一个愚蠢行为的后果显现出来的时候，或者情况发生变化的时候重新考虑[③]，如果财产所有人能对劝告和变化的环境做出反应的话，死手控

① 泸州市中级法院民事判决书，(2001)泸民一终字第 621 号。

② 对此可能会有不同的观点。但笔者依然认为，赠与附条件，如果构成对于相对人施加的非法的约束的话，如以保持非法的性关系为条件进行赠与的话，可能会产生该约定是否因违背公序良俗无效的问题。但是，如果是纯粹的财产赠与行为，并没有给对方的行为施加约束，即使受赠方是婚外保持不当关系的第三人，也不应影响赠与的效力。处分财产是财产权人的自由，不应因接受处分的对象不同而区别对待。例如，有人将财产赠与大街上乞讨的人，我们会对其有积极评价，把财产赠与大街任一个身高超过一米八的人，将财产赠与大街上长相出众的人，都不影响其赠与的效力；如果把财产赠与自己的私生子，即便是道德主义者也似乎不会争议其效力，因为孩子毕竟是无辜的。同样，如果赠与人赠与的是自己的财产，没有侵害共有人的利益，即便把自己的财产赠与自己的所谓的第三者，似乎没有人可以对此提出争议。

③ R. A. 波斯纳：《法律的经济分析》，蒋兆康译，中国大百科全书出版社 1997 年版，第 544—46 页。

制的恶果就不会出现①。而且，转让人从事反常行为所产生的人际成本——在家庭成员或者其他受影响的人之间所产的反感——可能会限制这种行为的发生②。

第二，和继承制度有关的税法问题。信托有合理避税的功能，但是，我国的税法制度还不健全，没有征收继承税（包括与此联动的赠与税），降低了信托制度的吸引力。

第三，继承人的范围过于狭窄（《继承法》第10条，《民法典》第1127条和1128条）。这导致如果没有遗嘱继承或者遗嘱信托的话，或者遗嘱、遗嘱信托无效的话，因过分狭窄的法定继承人范围，遗产很可能被归公。和《信托法》相关的一个十分具体的问题是：多个受益人的信托，其中某一受益人死亡，没有留下遗嘱，该受益人又没有法定的继承人，那么其受益权是按照《继承法》第32条（《民法典》第1160条）的规定归公呢？还是参照《信托法》第46条规定确定？若把受益权视为和受益人个人的债权类似的财产的话，按照《继承法》处理似乎是必然的选择。但是，基于尊重信托目的和委托人意愿的立场，个人以为，此时可把受益人死亡的情形视为受益人放弃受益权的情形而准用《信托法》第46条的规定，根据该条规定，部分受益人放弃其受益权的，被放弃的受益权依次归属于信托文件规定的人、其他受益人、委托人或其继承人（第46条第2款），似乎更为合理。但令人遗憾的是，从条文解释很难得出这种结论。最终还需要修改《民法典》来保护私人的财产权。

第三节 我国遗嘱家族信托的司法认可

目前，我国的信托法在商业领域有着广泛的应用，但不少人对家族信托在国内的运用场景缺乏认识，更缺乏信心，认为现有的法律只是停留在纸面的法律，无法被用来进行实际操作。实际上，几年前媒体就有报道普通家庭运用遗嘱信托工具进行财产安排的案例。目前，用信托安排家庭和家族财产的事例逐

① Restatement(3d) of trust §29(c)cmt. i(2003).

② R. A. POSNER, Economic Analysis of Law, 6th ed. Aspen Publishers, 2003. pp519 - 521; ADAM J., HIRSCH, WILLIAM K. S. WANG., A Qualitative Theory of the Dead Hand. 68IND. L. J. 1. 13(1992).

渐增加，纠纷也日渐出现，只是基于家族信托的私密性，如果不产生纠纷很难进入公共视野。本文所讨论案例支持了当事人的遗嘱信托安排，该案无论是从财产规模、财产规划的内容还是从法院的论证逻辑方面，都具有一定的代表性，所以笔者对此典型案例进行了详尽分析，以澄清对家族信托的几点误解，或能增强人们对我国家族信托制度的信心。

一、案例概要

李某4 于2015 年8 月1 日写下亲笔遗嘱一份，内容如下：（一）财产总计：1. 元普投资500 万元月月盈招商证券托管；2. 上海银行易精灵及招商证券约500万元；3. 房产：金家巷、青浦练塘前进街、海口房产各一套。（二）财产处理：1. 在上海再购买三房两厅房产一套，该房购买价650 万元左右，只传承给下一代，永久不得出售。现有三套房产可出售，出售的所得并入李某4 家族基金会，不出售则收租金；2. 剩余350 万元资金及房产出售款项约400 万元和650万元房屋和其他资产约1400 万元，成立“李某4 家族基金会”管理。（三）财产法定使用：妻子钦某某、李某2 女儿每月可领取生活费1 万元整、现房租金5000 元（注：判决原文如此），再领现金5000 元，所有的医疗费全部报销，买房之前的房租全额领取。李某2 国内学费全报。每年钦某某、李某5、李某6、李某7 各从基金领取管理费一万元。妻儿、三兄妹医疗费自费部分报销一半住院大病。（四）以后有补充，修改部分以日后日期为准。财产的管理由钦某某、李某5、李某6、李某7 共同负责。对于新购650 万元房产钦某某、李某2、李某1 均有权居住，但不居住者，不能向居住者收取租金。（注：钦某某为立遗嘱人李某4 的现任妻子；李某1 是李某4 和前妻所生女儿，1983 年生；李某2 为李某4 和现任妻子所生女儿，2006 年生；李某5、李某6、李某7 为李某4 之兄弟姐妹）

两审法院都认为：本案的自书遗嘱符合继承法的要件，遗嘱的内容符合信托法对遗嘱信托的要求，虽有部分遗嘱的内容因客观原因不能执行，但不妨碍在剩余的财产上继续执行。法院依照《继承法》和《信托法》做出判决，李某4 所立遗嘱信托有效。①

① 李某1、钦某某等遗嘱继承纠纷二审民事判决书，上海市第二中级人民法院（2019）沪02 民终1307 号。

二、遗嘱信托的效力

（一）基金会还是信托？

该案的遗嘱中明确规定，要把其个人财产装入“家族基金会”，用于其家庭成员的生活。立遗嘱人很明显搞混了基金会和基金。所谓基金会，在我国是指利用自然人、法人或者其他组织捐赠的财产，以从事公益事业为目的，按照《基金会管理条例》的规定成立的非营利性法人。根据该定义，基金会是慈善法人，所有财产要完全用于公益慈善目的，这显然和本案中为了家庭成员利益的目的是相矛盾的。而且，基金会为法人，需要按照非常严格程序经民政部门批准方能设立。在本案中，立遗嘱人很显然并不清楚什么叫基金会，但是其把个人财产设立一个独立的基金用于家庭成员生活的目的非常明确。所以，法院通过合理解释立遗嘱人之意愿，尽力辨别出符合立遗嘱人“真意”的法律形式，帮助私人意愿得以实现。

理论上看，信托本身就是一个独立目的财产，不管是私人目的、公益目的还是其他特殊目的，该财产只为其目的而存在。这个独立财产无论被称为“基金”“财团”（patrimony）或者“信托”，都不妨碍信托法的适用。可以这样说，每一个非法人基金或者非法人财团，都具备信托的特征，都可适用或参照适用信托法。

（二）遗嘱的效力

本案中的遗嘱为自书遗嘱。自书遗嘱必须全部由遗嘱人亲笔书写、签名，注明年、月、日，本案所涉李某4在2015年8月1日所立遗嘱为其最后遗嘱，符合《继承法》要求的形式要件，且不存在遗嘱无效的情形，因此一审法院认定该遗嘱有效。

（三）遗嘱信托的效力

根据《信托法》的规定，信托文件应当载明信托目的、委托人及受托人姓名、受益人范围、信托财产范围、受益人取得信托利益的形式和方法。该遗嘱在内容上包含了一个有效信托的全部条件。

第一，其遗嘱中详尽列举的财产为信托财产，“不对遗产进行分割，而是要将遗产作为一个整体”，这是一个独立存在的、确定的财产。虽然部分财产后来价值减损降低，但无损其确定性。

第二，李某 4 所立自书遗嘱明确其信托目的为管理遗产，并进一步在购买房屋一事上阐明其目的是“只传承给下一代，永久不得出售”，判决认为这“就是要求实现所有权和收益权的分离”，实现家族财富之传承。该信托具有明确的信托目的。

《信托法》还要求信托目的必须合法，李某 4 的信托目的在于根据其意志管理遗产并让指定的受益人获得收益，符合法律规定。

第三，委托人为立遗嘱人李某 4，自无疑问。

第四，遗嘱要求其财产由一个第三方进行管理，组成人员为钦某某、李某 5、李某 6、李某 7，管理方式为共同负责管理，这是对信托共同受托人的指定。遗嘱中还明确了受托人或管理人的报酬。

第五，遗嘱中还指定了受益人，指定了部分财产的用途。受益人为钦某某、李某 2、李某 1，这符合受益人确定性的要求。遗嘱中还规定了受益人以居住、报销和定期领取生活费等方式取得信托利益。

第六，信托应当采用书面形式。李某 4 立有自书遗嘱，符合书面形式的要求。

法院还指出，李某 4 在 2014 年 11 月 23 日自书遗嘱中也明确表示了“信托”二字，与 2015 年 8 月 1 日遗嘱可相互印证。因此，该份遗嘱的效力，应当根据继承法和信托法进行认定。

需要注意的是，只要一个法律行为具备了信托生效的全部要件，不管相关法律文件是否采用了“信托”的名称，甚至采用了错误的名称——如本案中立遗嘱人使用了“基金会”，法院都可以根据促进法律行为生效的原则去辨识出立遗嘱人的真实意图。

作为对比，在另外的一个案例（抚州市中级人民法院，〔2015〕抚民一终字第 266 号）中，“被继承人曾金生的遗嘱为‘剩余财产成立曾氏基金，由侄子曾某甲、曾某丙管理使用’，从遗嘱来看，该遗嘱对曾氏基金如何设立，以及曾氏基金设立的目的、基金如何运转，财产如何分配、使用等均没有明确，对遗产具体由曾某甲如何管理使用也没有明确的要求。现曾某甲以自己名义提起诉讼，请求分割立遗嘱人曾金生的财产，并将分割后的财产按遗嘱交付其管理使用缺乏法律依据，本院不予支持”。该案中信托被否定的主要原因是立遗嘱人意思表示的内容过于简略，无法操作；从人民法院的角度看，也似乎无法用一个模糊的公益目的来剥夺其配偶的法定继承权。

（四）遗嘱信托的可执行性

一审判决还探讨了遗嘱信托的可执行性问题。李某1主张，遗嘱中提及了购买一套650万元的房屋，“只传承给下一代，永久不得出售”，李某1认为，这应当是指该650万元的房屋或钱款由“下一代”继承，钦某某不属于“下一代”，说明李某4就该部分剥夺了钦某某的继承权。至于“永久不得出售”，这只是李某4的一个愿望，实际无法实现。

而钦某某、李某2则认为，李某1对遗嘱的理解是错误的，李某4做出这个安排是为了保护未成年人的成长。分割夫妻共同财产后，遗产已经没有650万元，因此遗嘱实际无法执行，不能成立信托。

针对当事人的上述主张，法院认为，“对遗嘱的理解，应当结合遗嘱的目的和上下文来进行。从遗嘱的目的来看，李某4的目的在于保持其继承人及直系后代能够获得稳定收益，将遗产的处分权与收益权相分离。从上下文来看，李某4在遗嘱中明确要把650万元房产并入‘李某4家族基金会’，由管理人统一管理。因此，遗嘱对该650万元房产的安排与其他资产一致，既没有剥夺钦某某的继承权，也没有安排李某1、李某2直接继承。遗嘱中的‘只传承给下一代，永久不得出售’在法律上并非不能实现，这恰恰正是信托制度的功能之一”。因此，一审法院没有采纳李某1的主张。

法院认为，由于股市波动等客观原因，李某4的遗产总值已不足650万元，因此遗嘱中关于购买650万元房屋的内容已无法执行。但遗嘱中还有设立信托以及钦某某、李某2可收取信托利益等内容，上述内容与购买650万元房屋之间没有因果关系或前提关系。只要信托财产符合法律规定，即具备执行条件，可获执行。

三、家族信托受托人问题

根据《继承法》和《信托法》的规定，立遗嘱人有权在遗嘱中指定遗嘱执行人，信托委托人有权指定受托人。从遗嘱的上下文来看，李某4指定的管理人即为遗嘱执行人和信托受托人。

我国《继承法》和《民法典》都规定了遗嘱执行人，但是对于遗嘱执行人的职权、义务和责任等语焉不详，这对于继承纠纷的解决非常不利。在英美普通法上，遗嘱执行人和信托受托人法律地位类似，都是受信人（fiduciary），因此似乎可以参照信托法的规定来规范遗嘱执行人的行为。本案中无论是立遗嘱人还是法院都没有特别区分遗嘱执行人和受托人，并无大碍。

钦某某亦为被指定的管理人之一，但其已向法院明确拒绝该指定，一审法院没有将其列为遗嘱执行人和受托人。二审审理期间，钦某某在二审阶段向本院递交《信托管理人申请书》，称："若贵院判令以被继承人李某4 自书遗嘱设立信托，必须成立合法中立的信托机构，申请人申请作为该信托管理人之一。"二审法院认为，在一审期间钦某某已经明确拒绝了指定，二审在此提出申请有违诚信，不宜再列为遗嘱执行人、管理人和受托人。

本案非常值得关注的一点是，受托人为立遗嘱人的亲属，均为自然人。遗嘱中明确受托人每人每年取得 1 万元管理费用。取得信托报酬并不能使这些自然人的行为变成"经营信托业务"，因此无必要受银保监部门的监管。根据《信托法》第 24 条规定，非信托机构充任家族信托受托人并无障碍，过去的一些判决错误地理解《信托法》第 4 条，造成了不少混淆，借本案再次澄清。

自然人等充任家族信托的受托人有其独特的优点，例如，熟人甚至是亲属关系能很好地解决信任问题。自然人充任受托人的主要问题在于专业性欠缺，而在法律层面并不存在问题。例如，自然人也有权对信托财产进行合理的投资，如果自己不具备专业投资能力，也可以根据《信托法》第 30 条转委托投资事宜。如前所述，自然人受托人从事投资并不必然构成"经营信托业务"。

家族财富管理的核心是法律问题，这一点逐渐会被人们所认识到。

四、信托财产的转移和运用

（一）资金信托

根据法院判决，经抵扣，李某 4 的遗产中，将银行和证券账户中的资金、房屋折价款和证券折价款纳入信托范围并应交由受托人管理。由于信托登记的欠缺，以不动产等需要登记的财产设立信托的，面临着信托财产不易登记的困境。而根据信托法的规定，以需要登记的财产设立信托的，没有经过登记，信托无效。所以本案中将不动产和证券折价为资金转移给受托人是可行的操作。这似乎也是遗嘱中的要求。

（二）财产名义

接下来的问题是，信托财产的名义归谁？对于这些资金如何开设账户？以所有受托人的名义开设共同账户是否可能？判决中看不到具体的安排。

在目前的银行实务中，已经存在关于个人共同账户的操作。例如：中国工商银行官网上关于个人联名账户业务有如下简介：个人联名账户（以下简称联名账户）是指由2～5名（含）个人客户，为实现经营资金、家庭财产等多人共管的需要，而在我行开立共有的本外币个人定活期账户，从而实现共管存款的目的。

其他银行大多也能进行类似的操作。至少按照目前的银行账户开户实践，多个受托人可以开设联名账户，成为信托财产的名义上的共同所有人，如此可以确保信托财产的安全和信托目的的实现。

（三）信托财产独立性问题

很多人关心的一个问题是：如果一个或者多个受托人固有财产对第三人有负债，如何确保信托财产不被强制执行？

遗嘱信托中关键的是信托财产和受托人的破产风险相隔离。如果综合分析《信托法》第8条和第13条，认为遗嘱信托在立遗嘱人死亡时生效（而非受托人承诺时生效）可能是合适的。立遗嘱人虽然已经死亡，信托财产还不一定完成转移到受托人名下的操作，或者虽已经转移到受托人的名下，受托人还没有（或还没有来得及）采取必要的措施进行分别管理和信托登记。如本案的情形，假如多个受托人只把信托财产存入某一个受托人个人的银行账户，把信托资金和受托人自己的其他存款混同一起，没有开设独立的账户，若该受托人破产，受托人能否以该数额的资金属于信托财产对抗债权人呢？信托法原理上看，对于不需要登记的信托财产，采取合适的分别管理和公示手段即可，如金钱，原则上分别做账即可产生对抗第三人的效力（学理上无争论。另参见日本信托法34条1项2号），并不必要如信托公司的资金信托实务中被要求的那样开设独立的第三方托管账户。不过，由于我国信托法对此没有明确的规定，法院和当事人对信托财产的独立性往往有误解，实践中有因信托财产没有在信托专户而被强制执行的案例。

在中国工商银行的个人联名账户开设提示中规定，“在开立联名账户及签订协议时，各联名账户所有人必须明确记载账户资金共有方式，即各联名账户所有人对联名账户内资金的拥有形式及占有份额。账户资金共有方式是作为纠纷发生时联名账户资金的处理依据”。如果能在签订协议的时候明确标明“该共有账户的财产属于信托财产，不属于各个受托人的固有财产”，应该能产生对抗第三人强制执行的功能。

本案也从一个侧面证明了，是否产生独立性并不是信托的生效要件。分别管理，进行适当的公示或者登记使信托财产产生独立于其固有财产的效力，是受托人应当履行的义务。

（四）关于信托财产独立性的质疑和回应

有论者认为，上述关于银行账户的独立信托财产约定的设想有问题。在这个模式下，不引入持牌信托公司，不进行包括中信登在内的任何登记（当然也有文章认为家族信托不适用中信登登记，但这是理论层面的说法，实践中信托公司的家族信托产品是要登记的）；而是在受托人名下开一个银行账户，受托财产由信托委托人转移到受托人的这个账户里，开户时注明这是独立于受托人财产之外的信托账户，并且在信托文件里也进行约定。这从民事诉讼实践的角度，是不可落地的。而且多名诉讼律师也都认为：当受托人（甚至委托人）遇到债权人申请法院强制执行时，几乎不可能通过一个私下的账户转移安排在银行内部注明的双方所谓的信托文件，而达到对抗效力。很遗憾，目前在中国，要达到这种对抗第三人的效力，必须要进行登记。

关于信托财产如何能产生独立于受托人固有财产的效力，的确如上述观点所表述的，需要某种公示。但是，这种公示不必然是登记。把公示和登记等同起来，继而认为未经登记即不可产生使信托财产独立于受托人的固有财产的效力，这种认识在实践中具有普遍性，却和法理不合。

《信托法》第 10 条规定：设立信托，对于信托财产，有关法律、行政法规规定应当办理登记手续的，应当依法办理信托登记。该条只是要求按法律、行政法规规定应当办理登记手续的，才“应当依法办理信托登记”，而即使根据最宽泛的解释，“应当依法办理信托登记”的信托财产也不应包括资金。

对于以资金作为信托财产的信托，根据日本信托法（第 34 条）的规定，甚至仅仅进行分别记账即可，并无必要进行登记。在我国信托法上亦应如是，实际上也不存在对资金信托进行登记的部门。似乎不能因为不存在这样的登记部门，就认为民事（遗嘱）信托无法设立。

商事金融信托中，为确保金融投资者投入的信托财产的安全，增筑防火墙，对集合信托等强制要求第三方托管，可能确有其必要性。

但是，对民事信托特别是遗嘱信托的信托财产，如果一律要求托管或者登记，势必增加设立信托的成本。因此，民事信托中，当事人以不动产等需要登记的财产之外的财产设立信托，可交由当事人选择采取他们认为适当的方式进行公示，而非模仿商事信托，一律进行托管，更不宜要求一律进行信托登记。顺便重复一下之前的观点，质疑观点所提及的到中信登进行登记虽然有一定的公示作用，但并非信托法所要求的信托登记。民事信托不需要到中信登进行登记。中信登可能也不愿意接受这种遗嘱信托的登记。

不少实务界的同仁接触较多的是商事信托，对司法如何认定民事信托的公示效果也没有信心，这是可以理解的。

但是，这种担心是没有必要的。笔者之前的确见过法官创造出一种共同账户来确保遗产安全的案例。在这里评论的案例中，法院也正在尝试这样做。而且，根据目前的银行开户的实践，开户文件应能证明该账户具有不可逆的信托性质，并非户主的固有财产（当事人如果还担心的话可以对信托文件进行公证等处理），从法理上就能产生对抗受托人之债权人的功能。在上述情形，法院如果依然支持债权人的强制执行的话，这无疑是错案。在信托领域内和信托领域外，经常能看到法官运用法理做出明智的判决，而无须仰仗法律做出详尽指引性规定，所以对司法的过分担心是没有必要的。

在实践中设立民事信托（包括遗嘱信托）的确面临很多难题。最大的难题其实不是法律的不明确，而是民众甚至包括专业人士对信托的不理解。因为的确可能会有部分法官不能理解信托法的法理，并因此做出错误判决。但是这涉及对信托法法理的普及问题，而法理不能迁就现实中的一些对法律的不妥当理解。

我们不能等到所有人都理解信托法了才去在实践中应用信托法。况且，似乎永远不可能等到一些为资金信托进行登记的信托法规则。

（五）受托人能否进行适当的投资运用？

对于本案中价值几百万元的信托财产而言，按照普通活期存款或者定期存款来存储于银行，对于受益人而言不是最有利的。虽然本案是民事信托或者家族信托，在信托文件没有禁止的情况下，受托人也可以在确保流动性的前提下，利用信托资金配置一些安全性比较高的金融产品，让信托财产增值（现代信托法上的备用性规则是，受托人有权决定进行任何合适的投资）。当然，为保险起见，受托人应取得全部受益人的同意。

五、法院的新角色

（一）申明受托人义务

二审法院在判决中特别向受托人申明："三人均应当遵守信托文件的规定，为受益人的最大利益处理信托事务，而受托人管理信托财产，必须恪尽职守，认真履行诚实信用、谨慎有效管理的义务。受托人如若违反信托目的处分信托财产，或因受托人违背管理职责、处理信托事务不当，致使信托财产遭受损失，或者出现受托人将信托财产转为其自有财产等违法行径，受益人均可依法要求受托人承担恢复原状、赔偿损失等法律责任。"虽然以上均属于重复信托法对受托人的要求，但考虑到普通人对信托法和受托人义务比较陌生，法院对受托人重申其职责和义务殊为必要。

（二）督促遗嘱信托的执行

判决中最后指出，负有金钱给付义务的当事人，如果未按本判决指定的期间履行给付金钱义务，应当依照《民事诉讼法》第 253 条之规定，加倍支付迟延履行期间的债务利息。这是一个适用于所有民事纠纷的法条，法院重申该规定对于促使信托财产的顺利转移和信托事务的顺利开展，都非常重要。其实，负有将信托财产转移给受托人的当事人如果不及时履行义务，在占有信托财产期间给信托财产带来损害的，应予赔偿；利用该财产取得利益的，应归于信托财产。

在家族信托中，和在很多家事法律领域一样，法院可能会扮演一些新的角色和职责，这些都是未来需要进一步研究的。

第四节 信托公司应重视通道业务中的巨大风险

通道类信托和消极信托、事务管理类信托这三种表述虽然存在一些差别，但为了简化问题，本文不区分对待。通道类的业务并非信托业的本源业务，有时还会被用作掩盖风险，规避资金投向、资产分类、拨备计提和资本占用等监管规定的工具，也有企业通过信托通道将表内资产虚假出表，因此一直被监管机构严格监管。不过，由于通道业务仍然是一种合法的业务，而且由于其风险低，收益稳定，也有提升业务规模的作用，所以仍然被广泛运用。

但是，认为通道业务中信托公司不存在风险的观念是错误的。信托公司通道业务中的部分交易仍然可能面临极大风险。

一、通道业务中信托公司仍然有对委托人的信义义务

信义义务是一种法定义务，虽然可以通过约定进行削减，但绝不可以通过约定排除。受托人对委托人没有任何义务的信托不是信托。

1. 关于尽职管理义务。受托人至少也保有最低的对信托事务的管理权限，例如开设账户、拨款、接受回款、分配信托利益等。受托人至少要有“提供必要的事务协助或者服务”的义务。再如，尽职调查报告是体现受托人履行信托义务的一个重要的方面，若非有证据证明是经过信托文件授权或委托人同意，仅仅以该信托是通道类信托并不能否认受托人该义务的存在。

2. 关于忠实义务。受托人对信托的忠实义务是不可以通过约定排除的。例如，受托人利用自己作为受托人的地位而取得信息为自己谋取利益的，仍然构成忠实义务违反；受托人和信托财产进行关联交易的，也构成忠实义务违反。

更容易被忽视的是，在信托关系之外，受托人也可能面临对第三人的责任。

二、信托公司对第三人承担个人责任的情形

第一种情形：信托财产以增资方式进入融资企业后，受托人完全不对融资企业加以控制和管理，任由其实际控制人挪走资金，融资企业的债权人可能会要求信托公司承担抽逃出资的责任。

第二种情形：信托公司受让某公司股权，但委托人的股权本身有出资不实之瑕疵，信托公司被其所持股权之公司的债权人起诉，要求根据公司法承担出资不实的责任。

第三种情形：信托公司以明股实债的方式向交易对手融资，后来融资主体还款，但该企业事后破产，之前的清偿行为构成破产法上的撤销权的对象，信托公司被要求吐出已经得到的给付。

这三种情形都不是笔者虚拟的场景，而是真实的、已经生效的司法裁决。

其中不少都是通道类或者事务管理类的信托。

三、导致信托公司承担责任的两大误解

这种巨大风险源于信托公司两个严重的误解：对信托财产独立性的不当认识和对《信托法》第 37 条的不当理解。

（一）独立的信托财产能对抗信托债权人？

信托财产独立性的含义是：有效成立的信托经过有效公示，能够产生对抗委托人、受托人及受益人之债权人强制执行的功能。由于信托财产在受托人名下，信托法需要特别强调信托财产不是受托人自身的偿债财产，特别强调信托财产对抗受托人之债权人强制执行的功能。但是，信托财产的独立性不能产生对抗信托债权人的功能。理由很简单：受托人管理信托事务中对第三人产生债务，该债务是信托财产的负债，债权人自然能够强制执行信托财产。

可以说，信托财产的独立性是不彻底的，至少不像公司法人一样有独立的法律人格。我们无法像说“信托财产独立于受托人的固有财产”一样说“受托人的固有财产独立于信托财产”。需要特别强调的是，信托财产的债权人可以对固有财产强制执行，是几百年以来信托法上的基本规则。我国《信托法》第 37 条也承认了这一规则。

（二）受托人对外承担有限责任天经地义

从世界各国的信托法来看，受托人对外承担个人责任（非有限责任）是基本原则。随便翻开一本英文信托法著作，都可以看到这一基本原则。作为我国信托法立法重要参考的日本旧信托法也坚持这一原则；该法在 2006 年大修后仍是如此（有限责任信托是其信托法上的“特则”）。目前只有美国统一信托法等有了一些改变的迹象，而这些改变也仅仅是示范法的改变。

从法条的文意分析来看，《信托法》第 37 条第一款规定“受托人因处理信托事务所支出的费用、对第三人所负债务，以信托财产承担”，该款并没有像第 34 条赋予受托人对受益人的有限责任那样特别标明以信托财产“为限”，这并非无意之失。该条也没有赋予信托公司对债权人强制执行固有财产的抗辩权。第 37 条第一款和第二款的区分也仅仅是受托人就对第三人负债不存在过错的，可向信托财产求偿，但信托财产不足以偿债的风险仍由受托人承担，而非受托人只有存在过错的时候才以固有财产承担个人责任。

另外，《信托法》第 32 条规定，“共同受托人处理信托事务对第三人所负债务，应当承担连带清偿责任”，该条虽是关于共同受托人的特殊规定，但已清晰展现了受托人对第三人承担个人责任的规则。

四、让信托公司对外承担个人责任的正当性

信托公司可能会认为，自己只取得了微薄的信托报酬，承担如此巨大的对第三人责任是不公平的。笔者认为这个理由并不充分。

第一，对信托财产的债权人而言，其债务人是受托人，而信托财产和固有财产都是受托人的责任财产，可被强制执行是很自然的。

第二，即使是通道类信托，受托人也应本着审慎原则审查信托财产是否有瑕疵，是否附有义务，信托是否被滥用，是否有“外部性”。信托一旦被居心叵测的委托人或融资人滥用，信托公司如不承担这一风险的话，无辜的第三人债权人将陷于无助之境地。不让受托人承担个人责任，信托就极可能成为当事人规避法律、侵害债权人利益的工具。

第三，多数情况下，受托人原本有机会向第三人申明或者约定，自己是以信托财产为限承担责任的。或者说，受托人在以信托财产对第三人主动负债的时候，自己是有选择的机会的。

总之，信托公司应意识到从事消极信托业务也可能包含巨大风险，不要再轻率地从事这种业务。

第五节　我国未来信托立法展望

一、概述

由于信托法为英美法制度，立法当时坚持“宜粗不宜细”的原则，再加上对“法律移植”和“本土化”如何进行衔接客观上有难度，20 年前我国制定的《信托法》虽然引入了成熟信托法律制度中的大部分原理和规则，但因配套制度的欠缺，整体上操作性较差，仅仅依靠出台行政法规和其他规范性法律文件，无法从根本上解决信托法律制度的完整性问题，更不能满足社会发展对民

事信托、营业信托及公益信托的多样化需求。现行《信托法》除大量细节性条款需要修订外，还有三个制度性问题亟须解决：

一是信托登记制度。《信托法》第 10 条规定的信托登记制度，与我国现行法律规定的特定财产或财产权的设立、变更或终止的登记或注册制度之间缺少衔接和配套的法律制度。目前，我国尚未形成统一规范的信托登记制度，但在信托实践中，涉及信托登记的领域越来越多。《信托法》对于信托的登记机构、登记主体、登记内容、登记程序等问题均没有明确规定，现行财产登记机构一般以没有相关规定为由，对于相关信托活动的财产登记均不予办理，导致许多需要登记才能设立信托的财产和财产权，被排除在信托活动之外。国务院在 2014 年出台了《不动产登记暂行条例》及其实施细则没有解决信托登记的问题；之后的中国信托登记公司的成立没有也不能解决信托财产特别是不动产的登记问题。这些都严重抑制了信托功能的发挥和信托活动的开展。

二是信托税收制度。信托本身原则上没有法人地位，但在国外也有立法赋予商业信托以一定的实体地位以方便税收征缴。信托涉及委托人、受托人和受益人三方主体，存在信托设立、信托财产运营和信托利益分配三个环节，在征税的对象和征税的环节方面都需要一些特殊的规则。但是，由于配套的税收制度不健全，可能导致重复征税或者少征税的后果。信托税制的不完善是制约我国信托业发展的第二大瓶颈。

三是信托业法制度。现行《信托法》没有对信托业做出具体规定，仅在第四条中授权国务院制定具体管理办法，但是国务院至今尚未出台信托业的管理办法。信托是国际上资产管理活动的基础制度安排，信托业是我国发挥信托功能、从事资产管理活动的主要组织，《信托法》对于信托业规定的长期缺位，一方面，导致资产管理行业“政出多门”，目前各金融部门均在从事信托或者类似信托的资产管理业务，但在市场准入、监管规则等方面，极其不统一，致使行业竞争环境不公平，不利于行业的健康发展；另一方面，也不利于保护投资者。具有信托本质的各类资产管理产品，缺乏统一的法律标准，导致实践中对于管理人的责任机制、投资者的权利保护机制具有巨大的差异性，宽严不一，极不利于对投资者的保护。目前，我国资产管理市场“乱象丛生”，与信托业立法内容的欠缺有着直接关系。根据全国人大五年立法规划，信托法和信托业法的修改和制定工作均没有提上日程，但据称有关部门在推动制定信托公司条例，希望该条例的制定能为规范信托公司的经营活动和监管提供更明晰的行为指南。

信托法为资产管理基本法的观念正在逐渐确立起来。如前所述，我国目前从事营业信托活动的机构有三大类：第一类是信托公司，被称为“信托综合店”，根据《信托法》和《信托公司管理办法》等法律法规开展各种形式的营业信托活动。第二类是基金管理公司等，属于“信托专营店”，根据《信托法》《证券投资基金法》和《基金管理公司管理办法》等法律法规开展公募的证券投资基金信托业务。第三类是保险公司、银行等也可以成为企业年金信托的受托人，也可以兼营部分信托业务，被称为“信托兼营店”。事实上，保险公司从事的资产管理业务以及商业银行从事的理财活动在本质上也属于信托关系。但是，值得关注的是，基金公司、资产管理公司、基金公司、保险公司、银行甚至信托公司在现实中适用的基本上是监管部门制定的相关行政规范和部门规章，信托法基本上被闲置。

资产管理行业整体上属于广义上的信托业，其各个行业在功能划分、监管体制、监管规则上应有一个统一的、高阶位的规划，否则法出多门，无法保证规则的统一和体系的协调，也会导致业界适用规则方面的混乱，不利于整个行业的健康有序发展。

事实证明，资管新规作为临时性的监管文件，虽然被期待承担统一资管市场规则和监管的功能，但是实际上无法胜任，它只能承担政策宣示功能，不能提供可操作的规则。最高人民法院在2019年出台的《九民会议纪要》关于信托的部分也只能在推动事后裁判规则发展方面产生一些影响。

为此，应在行业内外澄清以下基本观念：

1. 应逐步确立《信托法》作为资产管理领域的基本法地位。并在时机成熟之时制定《信托业法》，统一规划资产管理行业的业务类型、市场划分、监管模式等，加快完善资产管理行业的顶层设计。

2. 应确立资产管理行业整体上遵守的法理为信托法理。信托关系多是根据合同关系设立，但是并非合同债权债务关系，而是一种财产管理关系，资产管理行业从业者的责任为受托人责任，而非简单的约定的合同责任。

3. 受益人原则上为资产的剩余受益人，资产管理者（受托人）原则上仅能取得固定报酬。

4. 相应的，根据权责一致原则，除非受托人违反义务，受益人也是资产最终风险的承担者，此即“买者自负”原则；受托人亦无所谓“刚性兑付”

责任。

为适应社会对信托制度的急迫需求，充分挖掘和发挥信托制度的经济和社会促进功能，促进信托业的健康发展，充分保护资产管理产品投资者权益，防范金融风险，法学理论界、实务界和监管部门应在民众特别是投资者中普及信托法的原理和观念，信托法修改和信托业法制定工作也应尽早提上日程。

二、继续期待《信托公司条例》的出台

《信托法》第 4 条规定："受托人采取信托机构形式从事信托活动，其组织和管理由国务院制定具体办法"，授权国务院制定《信托机构条例》。但是信托法实施后的十四年间，《信托机构条例》并没有出台，信托公司作为狭义的信托业一直由央行和银监会先后制定的《信托投资公司管理办法》和《信托公司管理办法》调整，抱怨调整信托业的规范层级较低的声音一直不绝于耳。如果能尽快出台《信托公司条例》，可以认为是对《信托法》第 4 条的一个姗姗来迟的回应。

虽然业界对条例的制定充满期待，但是，条例似乎无力解决制约信托业发展的几个瓶颈问题。

第一，信托财产登记制度和信托税制问题。根据现有的立法和规则制定程序，从银监会的层面无法实质推动信托财产登记和信托税制的建立和完善。银监会在 2016 年推动设立中国信托业登记公司，2017 年出台的《信托登记管理办法》主要规范信托产品及其受益权的集中登记、统一发行交易、信息披露与行业监测等，仍然解决不了信托财产登记特别是不动产作为信托财产登记的问题。由于信托法的修改和信托业法的制定遥遥无期，人们期待这些问题可以在国务院的层面得以推动解决。

关于信托财产登记中的不动产登记，本可以在早些时候颁行的《不动产登记暂行条例》中加以规定，但是《不动产登记暂行条例》中没有相关规定，其实施细则中也没有解决这一问题；在《信托业条例》（征求意见稿）中只有两个条文的原则性规定，并且仍然有混淆信托财产登记和信托产品登记之嫌。

关于信托税制，即使考虑到税收法定的原则，由于信托税制几乎无关"税种的设立、税率的确定和税收征收管理等税收基本制度"（《立法法》第 8 条第 6 项），似可由国务院推动解决，但是在本条例的草案中并无任何相关迹象。

第二，信托业的分业经营和分业监管体制的重新梳理问题。银行、证券、保险、基金等金融行业从事的资管业务，和信托公司的信托业务并无本质区别，各监管部门出台的监管规则亦和信托监管的规则暗合。基于此，由国务院出台条例，按照“行为监管”的原则，把包括信托公司在内的广义的从事信托行为（信托业务）的金融机构纳入统一监管范围，把本条例（改称为“信托机构条例”）和《信托法》作为资管行业的上位法，是非常值得期待的。但是，本条例很显然不想也没有能力解决这一复杂的、涉及监管政策选择和监管权力分配的问题。在没有理顺现有的金融监管格局、没有理顺现有的立法（规则制定）体制之前，《信托公司条例》（或者信托机构条例）在短期内很难出台；即便出台，也无法解决上述信托业的核心问题。

从之前银监会一系列的监管规范的出台来看，显示出对信托业有从严监管的迹象。严格监管对于维护金融稳定、维护交易秩序和保护投资者均属必要之举，不过，立法者更应注意基本制度设施的完善，为市场主体提供便捷的、可预期的制度工具，让信托制度以其灵活性为社会、经济的发展提供动力。

第六章

焦点探析：新监管分类背景下信托业转型方向与趋势[①]

① 本章内容系根据长安国际信托股份有限公司合规法务部副总经理、中国信托业协会特约研究员邓婷和著名信托专家邢成博士的相关论著改编而成。主体内容改编自邓婷《进一步完善新信托业务分类的改进建议》。

第一节　我国信托实务分类的发展与沿革

一、信托业务分类的历史演进

在中国大陆，信托业自 1979 年开办就被赋予了鲜明的金融属性。之后由于在同期，无论是日本还是中国台湾地区，信托业都被定位为“中长期融资类机构”，所以从一开始，我国信托业就承担着融资的功能，本源的业务基本搁置。在社会经济体制改革变迁和金融业逐步走向市场化的发展过程中，信托业跌宕起伏，先后经历了五次大的行业整顿，直至 2001 年的《信托法》以及 2007 年“两规”出台后，信托业才真正回归“受人之托代人理财”的本源。信托本源的理财是一个广义概念，既包括以保值增值为目的的理财，也包括以财产安全、保障等为目的的财产管理事务性服务。2007 年之后，我国信托业进入了长达十年的黄金发展期，但在此期间信托主要发挥的是融资及投资理财功能。由于跨市场及资金运用方式灵活的优势，信托成为综合金融服务的提供者，并被冠以“金融百货店”之称。在 2012 年步入大资管时代后，信托的制度优势虽然受到了券商资管、基金子公司的挑战，但是这并没有阻止整个行业发展壮大的步伐。制度赋予的灵活性、市场需求的驱动以及内在的创新基因使得信托业务的多样性、复杂性超过了其他金融同业机构。也正因为如此，近些年来，对信托业务进行准确分类归类，建立完善的基于业务分类的政策指引和监管制度成为监管机构一直在探索的问题。2007 年至今，对信托业务的分类探索主要经历了三个阶段，具体如下。

（一）基于 1104 表的业务分类

目前的信托业务分类主要是信托业协会定期公布的行业数据口径，即将信托业务按照资金来源分为单一资金信托、集合资金信托及管理财产信托；按照功能分为融资类、投资类、事务管理类信托。前者主要是基于信托财产形式的分类，而后者主要是根据信托公司在信托关系中所负责任义务及实际承担的风险的差别进行的分类。另外还有一些特色业务统计比如银信合作业务、政信合作业务等。资金信托按照投向也可具体分为基础产业、房地产、证券市场（含股票、基金及债券）、金融机构、工商企业及其他。这一分类以信托公司上报的1104表为基础，从2009年起信托公司年报也开始基于此分类披露一些业务的具体情况，而信托业协会自2010年第一季度开始按照这一业务分类按季公布全行业信托业务开展的情况。这一分类作为官方版的分类标准，一直沿用至今。目前，对于信托业务的监管也主要是按照这个分类来实施，比如信托公司净资本管理办法主要是区分集合、单一以及对融资类信托业务、投资类信托业务、事务管理业务提出了不同的风险资本计提要求。这一分类操作较为简单，较好地体现了信托公司过去十年的主要业务结构，因此一直沿用至今。但是，这一分类也存在问题，其主要是从受托人的角度进行的分类，既没有体现委托人信托目的的多样性，也没有体现受托人的功能实质。无论融资信托还是投资信托，其信托目的都是财产保值增值，只是资金运用不同；而事务管理信托则较为笼统，把传统同业通道业务、家族信托、公益慈善信托、消费信托、资产证券化等全部涵盖在内，没有体现信托在账户管理、财产传承、分配、资产流转、安全保障、资金清结算等方面的功能多样性。同时，出于与资管新规中所指的资金信托产品分类相衔接的要求，现有的业务分类也存在调整的需要。

（二）八大信托业务分类的探索

随着2012年进入大资管时代，资产证券化、家族信托、消费金融等创新业务逐步崛起，信托公司与同业机构的业务合作也越来越频繁和深入，信托业务更加多样和复杂，这也使得原有的信托业务分类难以对信托业务发展情况进行准确的分析和判断，也不便于对信托业务进行有效监管。在此背景下，监管机构对于信托业务分类开始进行新的研究探索。在2016年底召开的信托业年会上，原银监会主席助理杨家才在其“信托可持续发展之路：业务分类和商业模式”的主旨讲话中提出了新的八大信托业务分类，即债权信托、股权信托、标品信托、同业信托、财产信托、资产证券化信托、公益信托/慈善信托和事务信托。这一业务分类以资金运用端为逻辑起点，兼顾资金来源，追溯资金和财产的流向以及运用风险，希望可以此统一会计核算体系、统一信托术语、统一核算。这一分类标准存在的问题在于分类所依据的逻辑不统一，比如债权信托、股权信托和标品信托是从资金运用的角度进行的分类，而同业信托（指信托资金来源于或运用于银行、证券、保险等金融同业机构的信托业务）则是从资金运用或投向的客户类型进行分类；资产证券化及公益慈善信托是基于委托人信托目的的分类，财产信托是基于信托财产类型的分类，而事务信托则是从受托人责任角度进行的分类，这种分类逻辑的不一致使得八类业务之间边界不清晰，相互交叉，在实际操作中会存在归类困难和分歧，使得各家信托公司的数据缺乏一致性和可比性。2017 年 4 月，银监会曾下发《信托业务监管分类试点工作实施方案》和《信托业务监管分类说明》，但此后基于种种原因，八大业务分类并未真正得以推行。

（三）新的三大信托业务分类

2018 年，在资管新规出台的背景下，为了与资管新规进行有效衔接，监管部门着手制定配套的信托监管制度，并推动对新的信托业务分类的研究。2019 年初，新的信托业务三大分类即资金信托、服务信托及公益慈善信托初步成型。虽然没有官方的正式宣布，但是资金信托管理办法制定的推进以及业界对于服务信托的关注度持续升温都间接印证了上述分类的可靠性。而 2020 年 5 月 8 日《信托公司资金信托管理暂行办法（征求意见稿）》对资金信托、服务信托及公益慈善信托的定义则首次正式确认了按照三大类业务分类进行监管的逻辑。尚未公布的《信托公司净资本管理办法》也将按照这一分类对信托公司的业务提出差异化的风险资本计提要求。

根据资金信托管理办法中的定义：资金信托业务是指信托公司作为受托人，按照投资者的意愿，以信托财产保值增值为主要信托服务内容，将投资者交付的资金进行管理、运用、处分的信托业务活动。资金信托应当为自益型信托，委托人和受益人为同一人。服务信托业务是指信托公司运用其在账户管理、财产独立、风险隔离等方面的制度优势和服务能力，为委托人提供除资产管理服务以外的资产流转、资金结算、财产监督、保障、传承、分配等受托服务的信托业务。公益（慈善）信托业务是指信托公司依照《中华人民共和国信托法》《中华人民共和国慈善法》《慈善信托管理办法》等有关规定，按照委托人的意愿对信托财产进行管理和处分，依法开展公益（慈善）活动的信托业务。

资金信托、服务信托、公益（慈善）信托业务主要是从委托人目的、受托人为委托人提供的服务内容的维度进行分类。资金信托服务于委托人的财产保值增值目的，受托人提供的是与财产保值增值相关的服务，但受托人扮演的角色包括主动及被动两类；服务信托满足的是委托人在财产流转、资金结算、财产保障、传承、分配等非保值增值方面的财产管理需求，信托公司只提供财产的事务管理服务；公益（慈善）信托满足的是客户的公益慈善目的，信托公司根据信托合同的约定管理信托财产和执行慈善项目。上述三大信托业务分类可以统一在信托目的的逻辑之下，即最上层为私益信托和公益信托，私益信托下再按照信托目的的不同，分为以财产保值增值为目的的资金信托和以财产流转、安全保障、传承等非保值增值型需求为目的的服务信托。

资金信托业务定位为基于信托法律关系的资产管理业务，银保监会有关部门负责人在就《信托公司资金信托管理暂行办法（征求意见稿）》答记者问时对资金信托的特征进行了明确概括，即资金信托具有以下特征：一是由信托公司发起且以信托财产保值增值为主要信托服务内容。二是将投资者交付的财产进行投资管理。对于以非现金财产设立财产权信托，若其通过受益权转让等方式向投资者募集资金，也属于资金信托。三是投资者自担投资风险并获得收益或承担损失。四是对于以受托服务为主要服务内容的信托业务，无论其信托财产是否为资金形式，均不再纳入资金信托，包括家族信托、资产证券化信托、企业年金信托、慈善信托及其他监管部门认可的服务信托。从以上表述可见，此次资金信托办法所定义的资金信托业务与此前行业统计数据中公布的资金信托（分为单一资金信托和集合资金信托）是两个概念。此前的资金信托是指以资金作为信托财产设立的信托，这个完全是基于交付信托财产类型进行的分类，以资金设立的家族信托、企业年金等服务信托以及公益慈善信托都被包含在其中。按照协会公布的最新第二季度行业统计数据，资金信托规模为 17.66 万亿元，这其中既包括作为资产管理产品的资金信托，也包括服务信托及公益慈善信托。新的三大信托业务分类更多是从信托本源功能的角度对业务进行分类，这样分类，一方面实现与资管新规的衔接，另一方面避免将所有资金信托等同于资产管理产品，突出信托在服务和社会方面的功能。

二、三大信托业务的商业价值及转型导向意义

资金信托业务、服务信托业务、公益慈善信托业务的分类对应三种不同的商业模式和业务定位。资金信托业务为资产管理业务，资金信托产品作为资管产品，要受资管新规定统一约束。考虑到资金信托产品在信托公司业务中的规模占比和收入贡献，信托公司在本质上应是以资产管理为核心主业的金融机构，这一点是信托与银行、保险、券商的最大不同，不过信托也不是纯粹的资产管理机构，三大信托业务分类中的服务信托、公益慈善信托业务彰显了信托

的特殊性，信托并非如同基金管理公司一般，只从事资产管理业务，而是综合性的金融服务机构。

（一）资金信托

资管新规统一了资产管理业务的法律基础和监管标准，信托的制度优势大幅削弱，未来各类资管机构的竞争将更多地基于专业能力而非牌照红利，但资金信托管理办法在遵循资管新规绝大多数基本原则的同时，还是保留了信托特色，这其中最重要的为信托公司仍是唯一可以以贷款方式运用资金的资产管理机构。此外，信托还是唯一可以提供财产传承及非金融目的的财产管理服务的金融机构。虽然资金信托管理办法给信托的灵活性新加了不少“紧箍儿”，但不可否认，信托公司仍然是具有自身特色的资产管理机构，其功能覆盖资产挖掘、产品创设、发行及募资、运营管理等资产管理业务的全链条，向前可以延伸至私募投行领域，向后可以占据财富管理市场一席之地。

信托制度运用于资产管理领域已有一百多年历史，资产管理已经是非常成熟的商业模式，具有持久不衰的生命力。资产管理是信托的本源业务，是当下以及未来信托公司的生存基石，也是我国信托业作为独立子行业持续存在的核心依托。由于资金信托的商业价值和对信托公司生存发展的重要性，资金信托的转型无疑是信托公司成功转型的关键。从资金信托管理办法和压缩融资类业务额度所传递的监管导向来看，信托公司的资金信托业务面临着空前的转型压力。一方面，非标债权融资类业务的空间已经被堵死，只能依赖存续到期、转换释放出一点额度；另一方面，由于专业能力的培育非一朝一夕，无论是非标股权还是股票、债券的组合投资管理，信托公司都很难挣到主动管理的钱。盈利模式从信用利差向管理费的转变背后需要思维模式、业务模式、人才结构、专业能力、组织架构、客户结构、募资能力的配套提升，融转投注定是一条较为艰辛的蜕变之路。未来摆在信托公司面前的核心问题是在充分了解各类资金信托业务性质和风险特征的基础上，确定开展资金信托业务的总体战略和政策，依据自身的能力、资源和风险偏好，在监管划定的红线范围内，推动资金信托业务向融资、投行（夹层）、投资的合理配置组合转变。

（二）服务信托

服务信托是一个新概念，最早由中信信托提出，近两年业界对服务信托进行了不少研究，也给出了不同定义。比如在 2019 年协会重点课题《服务信托业务研究》中，中信信托对服务信托的定义为“服务信托是指以信托财产独立性为前提，以资产账户和权益账户为载体，以信托财产安全持有为基础，为客户提供开户/建账/会计、财产保管/登记、交易、执行监督、结算/清算、估值、权益登记/分配、信息披露、业绩归因、合同保管等托管运营类服务的信托业务”。监管机构从信托目的和功能的角度对服务信托进行了定义，其功能范畴更广，涵盖了除资产管理服务以外的资产流转、资金结算、财产监督、保障、传承、分配等受托财产管理服务内容，包括但不限于资产证券化、家族信托、企业年金等。服务信托这一概念的引入实际上借鉴的是美国、日本信托银行开展的资产服务型业务（Asset under Adiministration）。在美国和日本，上述资产服务型业务主要是指托管、基金行政服务、企业年金等。比如，美国纽银梅隆银行 2019 年末托管/行政管理（简称 AUC/A）的资产规模达 37 万亿美元，北方信托的此类业务规模也达 12 万亿美元。再比如日本三菱日联信托银行拥有四大板块的业务，其中信托业务主要对应的是资产管理及投资者服务业务，投资者服务业务主要是指为国内外投资者提供的托管、基金管理等事务性服务。其并表子公司 The Master Trust Bank（三菱信托银行持股 46.5%）就专业从事上述投资者服务业务，其是日本最大的托管银行，截至 2019 年 3 月末，其在日本境内的托管资产规模达 408.9 万亿日元。日本还有一类专营信托公司即管理型信托公司（Custodiantype Trust Company），该类信托公司仅根据委托人或委托人授权方的指令，对信托财产进行保管和提供其他事务管理服务。从境外来看，托管、企业年金业务的规模是非常庞大的，尽管服务费非常低，但由于规模足够大，其收入能上体量，所以这类服务型业务已经形成可持续的盈利模式，其商业模式被证明具有可行性。

不过对于国内信托公司而言，其在托管、企业年金这类本源的服务信托业务上已经失去了先机。目前，托管业务已经是商业银行（公募基金、各类资产管理产品）和券商（私募基金）的天下，而规模达 1.8 万亿元的企业年金也基本上是银行和养老保险公司主导，仅有华宝信托、中信信托作为受托管理人参与，2019 年末两家公司管理的企业年金为 104.5 亿元和 3.1 亿元，市场占比仅 0.6%；此外华宝作为账户管理人管理 21.11 万个账户。而我国的养老保险第三支柱即个人商业养老年金（相当于美国的 401K）还处于研究推进的初期。年金业务对系统、效率要求高，由于信托公司缺乏银行强大的资金清算、结算、账户管理基础，所以在这类业务上不占有优势。从境外发展来看，服务信托业务类型繁多，但可规模化、标准化开展具有商业价值的业务仅有托管、基金运营行政服务、企业年金、资产证券化信托这几项。家族信托业务潜力比较大，可以做到一定规模体量，但作为高端财富管理载体，其具有定制化、个性化、非标准化特征，对服务的品质要求高，很难进行批量复制，存在规模瓶颈。除此之外，类似预收款信托、员工持股信托、资金结算信托这些小众型业务，都难以规模化、复制化，商业价值欠佳。由此可见，服务信托虽然代表了信托公司的特色，表明信托公司不是纯粹的资产管理机构，但是服务信托很难挑起信托公司塑造可持续盈利模式的大梁。

（三）公益慈善信托

公益（慈善）信托本质上不属于营业信托业务，《信托法》将信托活动分为营业信托、服务信托、公益信托三类。公益信托是独立于营业信托的信托行为，但由于2016年实施的《慈善法》赋予了信托公司担任慈善信托受托人的资格，这使得信托公司慈善信托成为信托公司营业范围内的一项常规信托业务。经历了近4年的发展，信托公司设立的慈善信托已经达到近500单，信托财产规模合计超30亿元。不过，由于公益慈善信托业务具有鲜明的公益属性，所以其拓展的社会价值远大于商业价值，其商业价值的挖掘在于与慈善财产的保值增值需求以及家族慈善需求与家族信托的结合。

三、新业务分类的完善建议

三大信托业务分类一方面实现了与资管新规的有效衔接，另一方面也彰显了信托特殊的服务与社会属性。新的分类不仅为未来更精准地对信托业务进行分析、评价、监管提供了基础，也代表了监管逻辑和指导方向的转变，为信托转型及作为独立子行业持续发展指明了路径。预计未来随着资金信托新规的发布以及新的净资本管理办法的出台，新的分类将正式推行。不过，考虑到信托业务的多样性与复杂性，以及资金信托和服务信托本身就存在交叉，未来具体推行并进行分类监管中可能会存在一些问题或争议，需要予以明确，以利于更好地发挥信托功能的优势：

一是资金信托与服务信托的区分问题。由于资金信托中可能包含多种服务，而服务信托可以资金形式设立，所以未来在实操中必然会遇到混合型的、归类难的业务，这就需要明确分类的首要和次要依据，清晰定义业务的边界，提高监管的精细化程度。以资金信托为例，其分类的首要依据应是委托人设立信托的目的是否是财产保值增值，无论受托人在资金运用上承担的是主动还是被动的角色，都应属于资金信托。比如在信托与私募合作的证券投资信托中，委托人参与信托是为了投资增值，信托公司与投资者建立直接的信托关系，信托公司不进行主动管理，其提供的主要是开户、执行交易（根据投资顾问的建议）、风险监控、估值核算、信息披露、清算等服务。如果按照信托公司提供的服务内容和属性来看，这类业务应属于服务信托业务，但考虑到委托人设立信托的目的是财产保值增值，信托公司也提供了保值增值相关的服务，所以这类业务还是应归为资金信托业务。设立服务信托的信托财产可以是资金形式，也可以是财产或财产权。资金形式的服务信托需要与资金信托进行区分。此前监管明确提到对于以受托服务为主要服务内容的信托业务，无论其信托财产是否为资金形式，均不再纳入资金信托，包括家族信托、资产证券化信托、企业年金信托及其他监管部门认可的服务信托。未来应尽可能地明确服务信托的具体业务种类，避免将本应属于服务信托的资金型信托归为资管产品，更好地发挥信托公司在服务方面的功能优势。

二是通道类事务管理信托的归类问题。截至 2020 年第二季度末，事务管理信托规模达 9.58 万亿元，这其中大量的事务管理信托是以资金形式设立。按照目前的监管分类标准，事务管理信托主要包括两类：一类是指信托公司作为受托人主要承担事务管理功能，为委托人（受益人）的特定目的提供管理性和执行性服务的信托，如企业年金等。信托公司以中间人角色出现，履行保管信托财产和投资监督的职责。另一类是信托项目的目的是资产管理或者投融资运作，但仅需要受托人提供事务管理服务，这就是我们通常说的通道类业务，比如银信通道。

从信托目的的角度来看，以投融资为目的的通道类业务符合资金信托的定义；但从受托人服务内容的角度来看，信托公司提供的主要是财产监督及运用方面的执行性服务，属于服务信托。如果把这类通道类业务全都归类为服务信托，那么就意味着其不需要受资管新规的约束，这显然不符合资管新规的初衷，毕竟资管新规的核心目的之一就是去杠杆、去通道。但如果不区分业务的具体性质，将这些通道类业务全部归为资金信托业务也存在不合理性。比如对于银行通过信托公司开展的股票质押及结构化证券投资信托业务，信托公司提供的是合法合规的非监管套利的事务执行性服务，从本质上来看不应该按照资产管理产品来监管。如果都归为资金信托，信托公司服务信托业务的发展空间将很难打开，其商业价值的挖掘就会受到很大的限制。考虑到境外信托银行的资产服务型业务主要是为机构投资者的投资活动提供服务，基于此，我们建议应区分是具有影子银行性质的融资类通道业务还是投资类通道业务，将投资类通道服务归为服务信托，使得服务信托业务能更真实地反映信托公司的业务实质，从而扩大服务信托业务的商业价值，提高信托公司开展服务信托业务的积极性。

三是资金信托产品的分类有待根据信托特色进一步细化。资金信托管理办法中提到的资金信托分类为按照投资者人数区分的单一资金信托和集合资金信托，按照是否开放区分的开放式资金信托与封闭式资金信托，以及按照投资性质的不同区分的固定收益类资金信托、权益类资金信托、商品及金融衍生品类资金信托和混合类资金信托。这三种分类都是比照资管新规，没有体现资金信托产品的特色。比如固定收益类资金信托包含了非标债权和标准化债券，笼统地分为固定收益资金信托无法反映资金信托的风险差异。为满足对资金信托业务进行更好分析、评价及监管的需要，资金信托业务还需要根据业务性质和风险的不同，引入特色细化分类。比如从受托人提供的服务和角色来看，资金信托业务还应区分为主动管理型和被动管理型资金信托业务；按照资金投向区分，同时结合资金信托管理办法对集合非标债权投资所设置的红线，可以分为非标债权融资、非标股权投资、标准化证券投资（区分股票、债券及股债混合型）这三大领域。

四是财产权信托的分类问题。财产权信托如何按照三大业务进行分类也是可能存在争议的问题。资金信托管理办法对资金信托业务及资金信托产品的定义都明确了信托财产为资金形式。因此，财产权信托不应属于资金信托业务，应根据信托目的，归入服务信托或公益慈善信托之列。财产权信托设立的目的一般是盘活存量资产，主要包括资产证券化业务和准资产证券化业务两种形式，两者的差别主要在于是否标准化，资产证券化业务已经明确为服务信托业务。在资金信托管理办法发布记者会上，银保监发言人在答问中提出，对于以非现金财产设立财产权信托，若其通过受益权转让等方式向投资者募集资金，也属于资金信托。我们认为这样规定是为了防止信托公司利用财产权信托规避资金信托的监管限制，但这样的划分存在明显问题：一是与资金信托委托人的目的相悖。三大类业务分类的主要依据是信托目的，资金信托委托人的目的是财产保值增值，而财产权信托的委托人目的是通过资产流转获取流动性。二是虽然这类业务具有融资属性，可以比照融资类资金信托来监管，但不应归入资金信托之列。我们认为在监管实践中，对准资产证券化不应该一刀切，还需要具体区分资产流转目的的财产权信托和融资目的的财产权信托，如果信托受益权仅是向单一方转让、质押或是作为支付手段，信托公司仅扮演 SPV 角色，应该按照服务信托来监管；如果涉及向一个以上的投资者转让募资，则应比照融资类资金信托监管，受资金信托管理办法、融资额度管控等政策的约束。如图 6－1 所示。

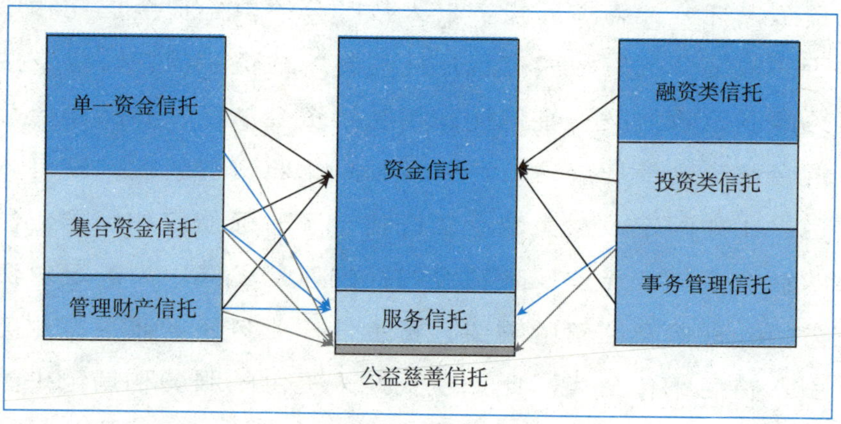

图 6－1　新旧信托业务分类对应关系

五是新的三大信托业务分类为信托公司指明了转型的方向，但是还需要监管机构为信托公司转型开启新的窗口，为转型提供助力。

首先，需要为信托公司培育发展股权投资、证券投资资金信托业务提供政策空间和支持。压缩融资类业务整体规模、根据能力和资源优化资金信托业务的资产组合是长期趋势，但是行业过去十余年发展融资业务所形成的思维惯式和业务模式、能力及经验、人员结构、组织架构的转变不是两三年可以完成的，至少需要 5 至 10 年的时间。因此，信托公司投资业务的培育需要时间、人力、财力的投入，需要在确保生存的基础上谋转型，所以应为信托公司融转投的转型设置一个合理的时间区间，使其逐步推进，平稳过渡。另外，也需要为信托公司的投资业务提供政策支持。比如股权投资业务，鉴于信托计划作为“三类股东”在 IPO 退出中面临的政策风险以及不能直接参与上市公司定增融资，建议重新开放信托公司设立 PE 专业子公司的申请，允许信托公司通过子公司开展一级、一级半市场股权投资的专业化运作。这样一方面可以吸引更多资金支持实体经济的发展，促进直接融资；另一方面也可以发挥信托投贷联动